Thomas Fischermann

DER SOHN DES SCHAMANEN

Die letzten Zauberer am Amazonas kämpfen um das magische Erbe ihrer Welt

HEYNE ‹

Penguin Random House Verlagsgruppe FSC® N001967

Originalausgabe 2021

Copyright © 2021 by Wilhelm Heyne Verlag, München,
in der Penguin Random House Verlagsgruppe GmbH,
Neumarkter Straße 28, 81673 München
Redaktion: Kerstin Lücker
Umschlaggestaltung: Hauptmann und Kompanie, Zürich
Umschlagfotos: Giorgio Palmera / Fotografi Senza Frontiere
Satz: Satzwerk Huber, Germering
Druck und Bindung: GGP Media GmbH, Pößneck
Printed in Germany
ISBN:978-3-453-21823-9

www.heyne.de

Für Elsa,
Agnes,
Hermann und
Joseph

Inhalt

1

Wir waren Zauberer

Wenn du zaubern[1] willst, musst du erst sterben. Dann darf in deinem Körper kein Leben mehr sein. Du sinkst zu Boden und fühlst, wie das Blut deine Adern verlässt, und du spürst deine Arme und Beine nicht mehr. Bald liegst du einfach so herum, wie ein Stück Holz, und es ist besser, wenn deine Verwandten dich nicht sehen. Sonst machen sie sich Sorgen und weinen um dich. *Unser Angehöriger ist gestorben!*, klagen sie. *Er liegt wie ein Toter da und bewegt sich nicht mehr!*

Aber du, der Zauberer, hast keine Angst. Du weißt, dass ein neues Leben in dich fährt und dass ein anderes Blut deinen Körper durchströmt. Es ist das Blut unserer Götter, der Saft der Pflanze *Pariká*, die für die Menschen wächst, damit sie reisen können. Weil du keinen Körper hast, darfst du hinauf in die Andere Welt. Dort leben die Götter und die unsterblichen Seelen[2], aber auch du bist willkommen, weil du gestorben bist. Unsere Seelen können viele Welten besuchen, nur unsere Körper halten uns zurück.

Deine toten Augen erblicken die Sonne eines alten Himmels, deine lahmen Beine tragen dich durch die Häuser der Toten. Du kannst sie um Rat und Hilfe bitten, und wenn du viel Mut hast, steigst du bis zu unserem Gott Kuwai hinauf. Vielleicht gelingt es dir, seinen mächtigen Pelz zu umarmen, dann erlangst du große Macht.

Wenn du ein Zauberer bist, kannst du mehr erreichen als gewöhnliche Menschen. Vielleicht wird ein Angehöriger in deiner Familie krank? Dann kannst du ihn heilen, du reist zu Kuwai und reißt eine Arznei aus seinem Fell. Kuwai wird dir helfen, wenn er es will, denn er herrscht über alle Krankheiten der Welt. Vielleicht hast du Feinde in deiner Familie oder im Nachbardorf? Dann wirst du ihnen gefährlicher als jeder große Krieger, denn du findest tödliche Waffen auf deinen Reisen in die Andere Welt. Von dort aus kannst du sogar in die Zukunft und die Vergangenheit blicken, weil du die Welt so siehst, wie sie ist. In deinem Volk bringen die Menschen dir Respekt entgegen. Mächtige Zauberer werden zu Häuptlingen[3] gemacht.

Mein Name ist Dzuliferi, und ich spreche hier aus einer Position der Autorität. Nicht jeder in dieser Gegend kann dir solche Auskünfte erteilen, aber ich bin in den *Huhuteni*-Clan geboren, was mir gewisse Kenntnisse und ein gewisses Ansehen verschafft. Wir sind der erste Clan des Baniwa-Volks, Kinder der Sonne, Großenkel des Vogels *Inambú*[4]. Es gibt viele Baniwa, aber nur wenige Huhuteni. Seit vielen Generationen bringen wir die *Malirinai* hervor, die Jaguarschamanen, die echten *Pajés* der alten Art. Wir waren Zauberer, sind es immer gewesen. Als ich noch ein Kind war, arbeiteten in meinem Heimatdorf drei Malirinai, aber nur mein Vater hat bis heute überlebt. Die Leute unternehmen Bootsreisen von mehreren Tagen, bloß um meinen Vater zu sehen.

Aber da hast du es schon, da fangen die Probleme an. Mein Vater ist nicht mehr der Gleiche wie früher. Siehst du, wie die Kleider um seinen Körper schlottern? Seine Arme und Beine sind dürr geworden, sein Tabak ist schwach, und anständige Mengen Pariká verträgt er nicht mehr. Manchmal liegt er tagelang in seiner Hängematte herum. Was sollen wir mit diesem Greis gegen die Krankheiten ausrichten? Wie sollen wir unsere Feinde besiegen?

Seit Jahren schon kommen Landvermesser in unsere Gegend, und Politiker, die mit uns Geschäfte machen wollen. Einige haben Interesse am Holz, andere wollen nach Gold oder Diamanten graben. Sie locken die jungen Leute in die Städte, und die Regierung in Brasilia sagt dazu: Für uns Indianer[5] ist das der richtige Weg. Wir sollen uns an der allgemeinen Kultur orientieren und mehr wie die Weißen leben. Einigen meiner Verwandten gefällt das sogar gut, auch einigen Leuten aus meinem eigenen Dorf. Ich habe eine andere Meinung darüber. Ich frage mich, was in den Städten aus uns werden soll. Ich finde, wir sollen auch weiter so leben dürfen wie früher. Jeder soll das für sich entscheiden können. Mit meinem Vater habe ich mich deshalb viel gestritten.

»Sie sind ein Lehrer für uns!«, sagte ich ihm. »Können wir nicht unsere Kräfte nutzen, um unsere Feinde zu bekämpfen, und die Welt wieder so erschaffen, wie sie war?«

Aber mein Vater hat lange geschwiegen. Er behielt sein Wissen und seine Macht für sich und verriet uns Söhnen davon nichts. Die Jahrzehnte vergingen, und demnächst bin ich selber ein alter Mann. In ein paar Tagen wollen wir meinen 60. Geburtstag feiern. Von der Anderen Welt habe ich wenig gesehen, zu ein paar Ausflügen war ich dort, ein paar Reisen in meinen Träumen. Mein Vater hat immer gesagt, dass er Gründe für sein Schweigen hat. Bei der Ausbildung zum *Maliri* könnte ich sterben. Er sagte, dass ich zu schwach für die Pflanze Pariká sei, dass ich beim Bier und beim Schnaps bleiben solle, aus Gründen der Sicherheit.

Aber wie könnte ich damit einverstanden sein?

»Die Zukunft unseres Dorfes hängt an mir und meinen Brüdern«, erwiderte ich ihm. »Du wirst bald sterben, und dann muss es eine neue Generation von Zauberern geben. Wir wollen die Krankheiten heilen und unser Dorf verteidigen. Ich mache mir Sorgen um meine Töchter und Söhne.«

Und dann, im Jahr 2009, hat mein Vater uns alle überrascht.

2

An den Ursprung der Welt

Im Juni 2017 stand ich in einem klimatisierten Büro in der Amazonas-Kleinstadt São Gabriel da Cachoeira und starrte auf einen Felsen. Ich sah ihn am Ufer eines Flusses stehen, er schien von beachtlicher Größe zu sein, und im Hintergrund erhob sich ein Wasserfall. Das Poster in den Diensträumen der indigenen Selbstverwaltung[6] war schon alt, und seine Druckfarbe hatte sich grünlich verfärbt, aber die Oberfläche des fotografierten Felsens war deutlich zu erkennen. Zeichneten sich da Reliefspuren ab? Sollten das Schlangen, Schnecken oder Blumen sein? Was bedeuteten die vielen runden Punkte, die unbekannte Bildhauer, mal zu Gruppen sortiert, mal nebeneinander aufgereiht, in den Fels geschlagen hatten?

Mit etwas Fantasie konnte ich mir eine Sternenkarte vorstellen, vielleicht blickte ich aber auch auf ein überkommenes Kalender- oder Zählsystem. Der Bildunterschrift auf dem Poster war zu entnehmen, dass der Reliefstein am Ayari-Fluss steht, und von dem hatte ich schon viel gehört. Der Ayari ist ein gewundener Transport- und Reiseweg, der Hunderte Kilometer weit durch den tiefsten Amazonaswald führt. Die Bootsleute der Region meiden diesen Fluss, weil sie seine tückischen Felsen und unberechenbaren Stromschnellen fürchten, aber mit einem Kanu oder einem schmalen Boot kann man auf dem Ayari weit kommen.[7] Der Weg führt von Brasilien bis nach Kolumbien, über den Äquator hinweg.

Das Foto des Felsens bannte meinen Blick, weil ich damals auf der Spur einer schwer glaubwürdigen Geschichte war. Der brasilianische Amazonasexperte und Dokumentarfilmer Davilson Brasileiro hatte mich nach São Gabriel gelockt und allerlei fantastische Versprechungen gemacht. Er erzählte von einer uralten Zaubererfamilie, die tief im Regenwald lebt und die wahlweise schwerste Krankheiten heilen oder mit bloßer Gedankenkraft ihre Feinde töten kann.

Ich hatte mit Davilson schon seit 2013 mehrere große Regenwald-Expeditionen unternommen, erst für das *ZEIT-Magazin* und dann für ein Buch mit dem Titel *Der letzte Herr des Waldes*[8], das den Widerstandskampf eines jungen indigenen Kriegers dokumentiert. Jetzt wollte Davilson unbedingt diese Zauberer treffen. Er berichtete von greisen Schamanen, Malirinai genannt, die aus Amazonaspflanzen eine der stärksten Psychodrogen der Welt herstellen. Er sprach von Goldschätzen, blutigen Initiationsriten und ungeklärten Todesfällen im Regenwald.

Ach ja, und außerdem hätten Archäologen am Ursprungsort dieses geheimnisvollen Volkes, an einem Amazonasfluss namens Ayari, jahrtausendealte Reliefzeichnungen und Höhlenmalereien entdeckt. Die Symbole könnten sie nicht recht entziffern und ihre Herkunft nicht genau erklären. Die Malirinai sagen, dass es Wegweiser der Götter für ihre Seelenreisen sind.

Mir klang das zu sehr nach einem kitschigen Fantasyroman. Aber immerhin schien es solche Felsen zu geben.

Die Aussicht auf eine Begegnung mit dieser alten Amazonaskultur interessierte mich aber noch unter anderen Gesichtspunkten. In den vergangenen Jahren hat sich die

Zerstörung des Regenwalds erneut dramatisch beschleunigt. 2019 und 2020 gingen erschreckende Bilder von Großbränden am Amazonas um die Welt: von Flammenmeeren im Regenwald, heimatlos gewordenen Volksgruppen und wilden Tieren auf der Flucht. Die Zerstörung war zu erwarten, denn die Regierungen von Brasilien, Venezuela, Kolumbien, Bolivien und anderen zuständigen Staaten unternehmen kaum etwas Wirksames gegen den Vormarsch der Holzfäller, Goldgräber und der brandrodenden Viehwirte. Allein in Brasilien, wo der Großteil des Amazonasgebiets liegt, ist seit den Sechzigerjahren ein Fünftel des ursprünglichen Regenwalds den Kettensägen zum Opfer gefallen.[9] Ein weiteres Fünftel gilt als beunruhigend stark ausgedünnt. Viele indigene Völker bangen um ihr Überleben, weil sie den Eindringlingen im Wege stehen. Menschenrechtsorganisationen melden Jahr für Jahr schreckliche Morde an aufrechten Häuptlingen und gewaltsame Angriffe auf ihre Dörfer.[10]

Von der 40.000-Einwohner-Kleinstadt São Gabriel aus wacht die indigene Selbstverwaltung FOIRN über ein Indianerschutzgebiet von der Größe Österreichs. Diese Region ist bisher noch außergewöhnlich unberührt geblieben. Wenn man sie auf Satellitenfotos betrachtet, blickt man auf gleichmäßiges, sattes Dunkelgrün, ein Meer von Baumkuppen, das hin und wieder von kleinen Berggruppen und gewundenen Flüssen unterbrochen wird.

Der Anblick ist untypisch, denn die meisten Satellitenbilder aus dem Amazonasgebiet sehen heute anders aus. Wo der Vormarsch der Eindringlinge beginnt, erkennt man auf den Aufnahmen zunächst ein paar fein verästelte Lehmstraßen im Regenwald. Ein paar Jahre später kommen größere Schneisen hinzu, und bald macht man wachsende Siedlungen für Sägewerksarbeiter aus. Irgendwann erblickt man dann die

Karomuster von Vieh- und Weidebetrieben, die überall auf den abgeholzten Flächen entstehen. Diese Verwandlung geht heute so schnell voran, dass manche Klimaforscher dem Amazonasgebiet nur noch wenige Jahre geben, bis sein fragiles Ökosystem unter der Belastung kollabiert. Sie sagen voraus, dass dann eine weitgehende Versteppung einsetzt, die auch erhebliche Folgen für das Erdklima haben wird.[11]

Im äußersten Nordwesten aber, rings um São Gabriel, kann man den Amazonaswald noch so wie vor der großen Vernichtung erleben. In dieser satten Naturlandschaft mit ihrer überbordenden Vegetation, ihrem schwülheißen Klima und ihrem Soundtrack aus Tierstimmen und Insekten begreift man schnell: Den Wert des Regenwalds kann man nicht nur in Kilotonnen Holz ausdrücken, in seiner Aufnahmefähigkeit für das Klimagas CO_2 oder in seiner Funktion als gigantischer Wasserschwamm, der das Weltklima mit reguliert. Das Roden und Brandschatzen in diesem Teil der Welt setzt auch eine unwiederbringliche Wissensquelle aufs Spiel.

Ich traf auf meinen Reisen Naturwissenschaftler, die geradezu panisch damit beschäftigt sind, noch schnell ein paar Tier-, Pilz, Pflanzen- und Mikrobenspezies zu erforschen. Sie wissen um die riesige Artenvielfalt in dieser Region – und sie befürchten, dass in ein, zwei Jahrzehnten nur noch wenig davon übrig bleibt und dass dann alles Wissen über diese Spezies verloren geht.

Die bedrohte Artenvielfalt ist neben der allgemeinen Klimabedrohung in der breiten Öffentlichkeit zu einem viel diskutierten Thema geworden,[12] und Menschen mit einem Herz für den Umweltschutz ist seine Bedeutung leicht zu vermitteln. Doch auch hartgesottene Pragmatiker, die aus wirtschaftlichen Gründen eher eine Erschließung des Amazonaswalds durch moderne Infrastruktur befürworten, lassen sich bisweilen für die Vorteile der Artenvielfalt erwärmen: Entdeckungen im Amazonaswald haben in den vergangenen Jahrzehnten das Leben der Menschen immer wieder bereichert und Milliardenindustrien geschaffen, deren Erträge über jede denkbare forstwirtschaftliche oder bergbauliche Nutzung hinausgehen.[13]

Ein frühes Beispiel ist die Kautschukpflanze, die im 19. Jahrhundert die Massenproduktion von Dampfmaschinendichtungen und Autoreifen möglich machte. Ein jüngeres sind ACE-Inhibitoren für die Blutdrucksenkung, die auf der Basis eines Amazonas-Schlangengifts entwickelt wurden. Sie sind aus der modernen Behandlung von Herz-Kreislauf-Erkrankungen nicht mehr wegzudenken und haben wohl Millionen Menschen das Leben gerettet. Scouts von Pharma- und Industrieunternehmen, mit denen ich vor Ort sprach, waren sich im Grunde alle einig: In der Vielfalt des Biosystems am Amazonas stecken noch zahllose Entdeckungen dieser Art, aber sie sind bloß noch möglich, solange der Wald existiert.

Wenn westliche Forscher im Amazonaswald ihre Entdeckungen machen, stoßen sie regelmäßig darauf, dass ihnen irgendein indigenes Volk schon zuvorgekommen ist. Sie begegnen Schamanen oder Dorfältesten, die aus diesen Naturstoffen Heilmittel, Waffen, Gifte oder Werkstoffe für die Landwirtschaft machen. Das entsprechende Wissen geben sie mündlich in Erzählungen und Liedern weiter, Generation für Generation, über Jahrhunderte oder gar Jahrtausende hinweg.

Auch deshalb zog es mich 2017 nach São Gabriel. Ich stellte mir vor, dass ich mit den Helden aus Davilsons Geschichten solche Fragen besprechen könnte: Wie viel altes Wissen, zum Beispiel über Naturheilmittel, schlummert noch in ihrer Kultur? Oder: Wissen die Malirinai vom Rio Ayari etwas, das westlichen Forschern nicht bekannt ist? Über die Huhuteni und ihre Heilerfähigkeiten hatten schon frühe Amazonasreisende voller Bewunderung berichtet, zum Beispiel der deutsche Forscher Theodor Koch, der 1903 auf dem Ayari-Fluss unterwegs war.[14] Der Besucher aus der hessischen Ortschaft Grünberg berichtete davon, wie »die Indianer« das Augenlicht seines Expeditionsteilnehmers Schmidt von einer schweren Entzündung befreiten. »Schließlich, als alle Mittel aus meiner Reiseapotheke nichts helfen, kurieren ihn die Indianer in kurzer Zeit, indem sie ihm den Saft einer gewissen Schlingpflanze in die Augen träufeln«, schrieb Koch vor mehr als 100 Jahren.

Davilson und ich flogen in die brasilianische Amazonasmetropole Manaus und fuhren mit einem Passagierdampfer 850 Kilometer den Rio Negro hinauf. Wir bezogen zwei fensterlose Zimmer im *Deus-me-Deu*-Hotel, was in der portugiesischen Sprache so viel wie »Gott hat es mir gegeben« bedeutet. Das Gästehaus von Gottes Gnaden verfügt über einen finsteren Treppenaufgang, extrastarke Klimaanlagen und einen Balkon mit Blick auf die belebte Hauptstraße. Von dort aus konnten wir klar erkennen: Ein Ort für Indianer-Romantiker ist São Gabriel nicht.

Die Kleinstadt am Rand des Regenwalds hat zwei kleine Häfen, eine Flugpiste, zahlreiche Tankstationen und Reparaturbetriebe für Schiffe und Boote. Mehrere Einheiten des Militärs unterhalten ringsherum Kasernen und Übungsplätze. Das liegt daran, dass São Gabriel Grenzgebiet ist. Kolumbien und Venezuela liegen – für amazonische Verhältnisse – nicht weit entfernt. Bewaffnete Drogenschmuggler reisen manchmal durch die Stadt, und in den Wäldern sind Rebellengruppen aus Kolumbien unterwegs.

Entlang der Hauptstraße haben drei Banken ihre Geldautomaten aufgestellt, es gibt mehrere Supermärkte, Behördengebäude und ein Internetcafé. Die Läden bieten ihre Waren ausgesprochen teuer an, was ihre Besitzer damit begründen, dass alles über den Fluss herangeschafft werden muss. Immerhin verkaufen sie sämtliche Güter des täglichen Bedarfs: Buschmacheten, Angelschnüre, Gummistiefel, Hängematten, Spitzhacken für Goldgräber. Es gibt ein Fachgeschäft für E-Gitarren und Kettensägen. In einer Markthalle bieten Familien, die mit dem Kanu anreisen, Waren aus ihren Dörfern feil: Maniokmehl, geflochtene Körbe, Pfefferschoten, exotische Kräuter und Früchte, Paka-Fleisch und mit Speeren erlegte Fische. Zu ihren Delikatessen gehören Soßen aus Maniokgift, die durch einen Fermentationsprozess genießbar gemacht werden und die Fischsuppen eine exotisch-säuerliche Note geben. Sie verkaufen essbare Ameisen, die beim Draufbeißen wie Beeren zerplatzen. Ihre fetten Köpfe enthalten eine nährreiche, eiweißhaltige Paste.

Wir verbrachten viel Zeit in dieser rauen und farbenfrohen Welt, aber an die Malirinai aus Davilsons Geschichten kamen wir monatelang nicht heran. Stattdessen wurden wir erst mal, trotz guter Referenzen, von den örtlichen Behördenvertretern misstrauisch überprüft. Ein Armeegeneral befahl uns in seine Kaserne und klopfte uns im freundlichen Tonfall auf verdeckte Interessen ab: Waren wir ausländische Spione, die es auf die Goldvorkommen in diesem Gebiet abgesehen hatten?[15] Oder waren wir – schlimmer noch – Umweltschutzaktivisten?

Die Indianerschutzbehörde FUNAI und die indigene Selbstverwaltung FOIRN, bei der das Poster des geheimnisvollen Felsens hing, unterstützten uns hilfreich, aber ohne eigenes Interesse an der Sache. Ihre jungen, aufstrebenden

Funktionäre wollen vom Schamanismus eigentlich nichts wissen, ihre Anliegen sind moderner Natur. Sie setzen sich für mehr Rettungshelikopter für die entlegenen Dörfer ein und für mehr Ärzte auf den Krankenstationen der Stadt, sie wollen besseres Lehrmaterial für die Schulen und anständige Löhne für indigene Kunsthandwerker. Die Mehrheit der Völker in dieser Region ist schon Mitte des vorigen Jahrhunderts zum Christentum konvertiert, angeleitet von katholischen und evangelischen Erweckungspastoren, die die alten Rituale, Heilungstechniken und Weltanschauungen als Teufelszeug betrachteten. Selbst bei der FOIRN sind die Funktionäre Christen.

Doch endlich, bei einem Wiederholungsbesuch, erhielten wir eine Nachricht von den Malirinai. Informanten kündigten uns an, dass ein besonders angesehener Schamane aus dem Huhuteni-Clan, Manuel da Silva Baniwa, in der Kleinstadt erwartet werde. »Mandú« da Silva gilt bei seinem Volk als ein Jaguarschamane, also als ein voll ausgebildeter Praktiker der alten Schule, der in die Zukunft schauen und besonders schwere Krankheiten heilen kann. Er verbringt einen großen Teil des Jahres bei seiner Tochter, die ein mückenumschwärmtes Häuschen am Flussufer bewohnt, in einem ärmlichen Randbezirk der Stadt. Wir trafen dort einen Greis, dem ein kariertes Herrenhemd locker um den ausgemergelten Körper saß. Er hatte wache Augen und wirkte gebrechlich, ein einziger Zahn war ihm geblieben, der schief aus seinem Unterkiefer ragte. Die Beine des Mannes waren gelähmt. Still hörte er sich unsere Erklärungen an, warum wir seine Kultur kennenlernen wollten, und er lud uns ein, mit ihm auf einem Holzbänkchen zu sitzen.

Über viele Tage hinweg erzählte Manuel da Silva uns von seiner Jugend im Regenwald. Die Familie datiert seine Geburt um das Jahr 1920 herum, im staatlichen Geburtenregister und in den Aufzeichnungen von Anthropologen steht aber 1933. So genau weiß man die Dinge am Amazonas manchmal nicht. Unstrittig ist, dass der heranwachsende da Silva als Zwangsarbeiter durch die Wälder am Oberlauf des Ayari gescheucht wurde, während Europa im Zweiten Weltkrieg versank.[16]

Die kräftigen jungen Männer seines Volkes wurden damals im Kautschukboom von erpresserischen Händlern zu Schuldknechten gemacht, also mit Darlehen zur Zwangsarbeit verpflichtet, sobald sie gerade mal das Teenageralter erreicht hatten. Sie mussten den Wald im Laufschritt durchqueren, von einem der weit auseinanderstehenden Kautschukbäumen zum nächsten, um ihre Rinde anzuritzen und Latexmilch daraus zu sammeln. Die Milch kochten sie auf Feuerstellen zu Gummibällen. Selbst für erfahrene indigene Waldläufer war diese Arbeit wegen der vielen Schlangen, Skorpione und Giftameisen lebensgefährlich.

Da Silva erzählte, wie er sich später bei mehreren Meistern zum Schamanen ausbilden ließ, weil es die Tradition in seiner Familie war. Es sah diese Berufswahl aber auch als einen Weg aus der Knochenarbeit für die Kautschukhändler. Elf Jahre lang verbrachte er bei verschiedenen Lehrern in Brasilien und Venezuela, um ein Maliri zu werden. Er lebte während dieser Zeit in Askese, fernab der Gesellschaft und auf eine Minimaldiät beschränkt, die hauptsächlich aus Wasser und Maniokmehl bestand. Nahezu täglich nahm er die Psychodroge Pariká und brach zu Traumreisen in jenseitige Welten auf.

Da Silva ist der Meinung, dass es mit den Malirinai zu Ende geht. Seine eigene Kraft schwinde, erzählte er, und es ließen sich kaum geeignete Nachfolger finden. Der alte Schamane stellte uns seinen Sohn vor, einen Mann von damals

Ende 50 in lockerer Stadtkleidung. Er hatte einen sauberen Seitenscheitel durch seine pechschwarzen Haare gezogen, und seine kurzen fleischigen Arme steckten in einem gepflegten Polohemd. Im brasilianischen Personalausweis wird er unter einem weitverbreiteten portugiesischen Namen geführt, als Alberto de Lima da Silva, aber der Vater hat ihn auch in der Baniwa-Sprache getauft. Sein Name Dzuliferi, den man »Dschu-li-we-ri« ausspricht und dabei die zweite Silbe betont, hat im Huhuteni-Clan einen bedeutsamen Klang. Auch der Urschamane aus den Mythen und Erzählungen wird so genannt. Er ist der ältere Bruder des Schöpfergottes Niaperikuli, eine Art Chefverwalter der magischen Kräfte, der in einer dichten düsteren Wolke lebt. Die Wolke wird in den Erzählungen der Huhuteni darauf zurückgeführt, dass Dzuliferi fortlaufend Zigarren qualmt. Wenn ein Schamane seinem Sohn einen solchen Namen gibt, setzt er große Hoffnungen in ihn.

Wir wussten bei diesen ersten Treffen nicht recht, was wir von Alberto alias Dzuliferi halten sollten. Was konnte uns dieser lebenslustige Kerl wohl vom Schamanismus erzählen? Bei unserer ersten Begegnung wollte er sich erst mal Geld von uns leihen, später erzählte er uns von seinen zahlreichen Jobs als Transportfahrer auf verschiedenen Flüssen, als Hilfslehrer in fernen Dörfern und von seinen Erfahrungen in der illegalen Goldgräberei. Alberto bildete in vieler Hinsicht einen Kontrast zu seinem ernsthaften, bedächtig redenden Vater.

Doch gleich vom ersten Tag an übersetzte der Schamanensohn begeistert bei unseren Interviews. Das war eine große Hilfe, weil der Vater das Portugiesische nicht gut beherrscht, in der Baniwa-Sprache drückt er sich sicherer aus. Alberto kannte die Erzählungen seines Vaters bereits genau und konnte sie uns mit großer Präzision erläutern. Er ergänzte auch jede Auslassung seines Vaters gleich um ausschweifende Interpretationen, und hinterher erzählte er noch ganz eigene Geschichten.

Nach einigen Tagen erteilte uns Manuel da Silva seine Genehmigung dafür, unter der Aufsicht Albertos zu den heiligen Stätten der Huhuteni zu fahren, den Ayari-Fluss hinauf. Wir mieteten ein Boot mit einem starken Außenbordmotor, weil wir mehr als 1000 Kilometer zurücklegen wollten, bis an die kolumbianische Grenze und wieder zurück. Für die wochenlange Reise auf dem Fluss luden wir 600 Liter Benzin auf das Deck und viele Pappkisten voller Proviant.

Vom ersten Tag an überraschte uns unser Reisebegleiter durch seine tiefen Kenntnisse all der Orte entlang der Flüsse. Es schien, als könne er jeden Felsen, jeden weißen Sandflecken in einer Flussbiegung und jeden Mangrovenwald mit einem Namen belegen und eine Geschichte dazu aus der Mythenwelt hervorholen. Routiniert navigierte er unser Boot durch die gefürchteten Stromschnellen auf den Flüssen Içana und Ayari, und in den Siedlungen am Uferrand verhandelte er Preise für geräucherte Hühnchen und Fische. Wenn unser Boot wieder mal samt Benzinfässern und Proviantkisten einen Wasserfall hinaufgeschleppt werden musste, heuerte er kräftige Träger und Helfer an.

Alberto wusste genau, an welchen Bächen wir gefahrlos unsere Wasservorräte auffüllen konnten, und er sprach Empfehlungen für Plätze aus, an denen wir zum Übernachten unsere Hängematten aufhängen konnten. An heiligen Orten sagte er lange Beschwörungsformeln auf, um seelische Gefahren abzuwenden. Auf manchen Felsen, erläuterte er, erhöben sich unsichtbare Städte mit Wesen aus anderen Epochen. Ohne die richtige Begrüßung würden sie uns für

Feinde halten und sich mit Flüchen wehren. Wir könnten dann schwer erkranken.

Damals ahnten wir schon, was unser Reisebegleiter uns erst später offenbarte: Es war ihm gelungen, den jahrzehntelangen Widerstand seines Vaters zu brechen. Er hatte selber eine Schamanenlehre begonnen. Alberto hofft darauf, dass er trotz seines vorgerückten Alters noch ein Maliri werden kann, ein Heiler, Gedankenkrieger und Seelenreisender in andere Welten.

Er fühlt sich auch als Wächter eines bedeutsamen Ortes. Seine Familie hat stets am doppelten Wasserfall von Hipana gelebt, einem Naturspektakel im Dreiländereck zwischen Brasilien, Kolumbien und Venezuela. Etliche Amazonasvölker gehen davon aus, dass der Schöpfergott in Hipana die Menschen erschaffen hat und dass sich an diesem Ort die Andere Welt über den Wolken, die Unterwelt der Ungeborenen und unser irdisches Diesseits berühren. An den Wasserfällen findet sich ein ganzes Ensemble bedeutsamer Felsen, ähnlich dem auf dem Foto in São Gabriel. Einige Forscher vermuten, dass sie von weit her nach Hipana geschleppt und mit Reliefzeichnungen versehen worden sind.[17]

Dieses Buch umfasst Dzuliferis Erzählungen auf unseren Reisen. Der Schamanensohn berichtet über sein ereignisreiches Leben, das ihn schon früh an weit entlegene Orte im Amazonaswald geführt hat, und über die traditionsreiche schamanische Praxis seiner Familie. Auf langen Bootsfahrten und über viele Zigarren vor seiner Dorfhütte erinnert er sich an weise Großväter, freundliche Missionare und feindliche Krieger. Er erzählt davon, wie suspekte FARC-Rebellen, Goldsucher und Drogenschmuggler seit Jahrzehnten sein Dorf besuchen, und auf Ausflügen im Kanu führt er uns an versteckte heilige Orte im Wald. Er demonstriert alle

Arbeitsschritte für die Herstellung der Psychodroge Pariká, und er stellt uns die ärgsten Feinde seiner Familie vor: die Schamanen im Nachbarort Pana-Pana, die er ausnahmslos für Hexenmeister und Giftmischer hält.

Albertos Familie lebt heute verteilt über mehrere Dörfer und in der Stadt São Gabriel, aber er selber hat eine Entscheidung gefällt. Er will mit seiner gesamten Verwandtschaft reden, so viele wie möglich nach Hipana zurückbringen und am Ort seiner Kindheit die alten Traditionen neu beleben. Er ist davon überzeugt, dass die Malirinai den Schlüssel zu einem gesunden, glücklichen Leben besitzen und dass die Zerstörung der alten Kultur und des Waldes aufgehalten werden muss. Dafür will er kämpfen, notfalls mit Zauberkraft.

3

Estrago – Fluch aus einer anderen Zeit

Du fragst, wo man hier zur Toilette gehen kann. Es gibt aber keine Toiletten in Hipana, es tut mir leid. Wir sind ein kleines Dorf, und niemand hat Kanäle gebaut wie in der Stadt. Für die Toilette gehst du in den Wald. Alle Dorfbewohner machen es so, jeder hat seinen eigenen Platz. Ich schlage vor, du läufst von hier aus etwa 200 Meter weit und suchst dir eine gute Stelle aus. Es gibt auch Leute, denen 100, 30 oder 15 Meter reichen. Das ist eine persönliche Angelegenheit. Der Wald wächst dicht rings um unser Dorf, also hab keine Sorge, dass du gesehen wirst. Eine gewisse Privatsphäre ist garantiert.

Ich finde es ungefährlich, in den Wald zu laufen, du machst dir zu viele Sorgen. Achte nur auf die Schlangen und Skorpione. Die *Tucandera*-Ameisen[18] sind ein Ärgernis, weil ihr Biss sehr schmerzhaft ist, aber das Fieber dauert meistens nur einen Tag. Kleine Kinder können am Biss der Tucandera sterben, aber erwachsene Menschen halten ihn gut aus. Die Leute werden dich sehen und warnen: Setz dich nicht an diesen Ort! Auf diesem Hügel, unter jener *Açaí*-Palme wird dich die Tucandera in den Hintern beißen! So bringen sie das auch ihren Kindern bei. Du wirst also genug Hilfe finden, wenn du auf die Toilette gehst. Hab keine Angst, du bist nicht allein. Hier wohnen fast 80 Menschen im Dorf.

Es gibt auch die Möglichkeit, die Tucanderas zu töten. Früher haben die Leute es so gemacht. Da war es üblich, dass ein Mann seinen Toilettenplatz gegen die Ameisen verteidigt, aber heute haben die meisten davor zu viel Angst. Früher habe ich es selber so gehalten, und ich finde es auch nicht schwer: Du erhitzt einen Topf mit Wasser auf dem Feuer und gießt es mit Schwung in das Ameisenloch. Danach rennst du erst mal schnell weg. Die Ameisen krabbeln heraus, um dich anzugreifen, aber später kommen sie nicht mehr zurück.

Bevor du zur Toilette gehst, suchst du dir einen Stock. Damit kannst du ein Loch ausheben, 20 Zentimeter tief sollte es schon sein, und hinterher schüttest du es wieder zu. Wenn später jemand an dieser Stelle vorbeiläuft, wird er nicht merken, dass du dort auf der Toilette warst. Davon bleiben kaum Spuren zurück, nicht mal ein übler Geruch. Aus meiner Sicht ist es eine gute und saubere Vorgehensweise. Auf dem Weg zurück ins Dorf kannst du im Bach baden gehen, das Wasser ist kühl und es erfrischt. Ich komme gerade von dort.

Unsere Fahrt über die Flüsse ist anstrengend gewesen, und ich bin froh, dass ich mich in meinem Heimatdorf ausruhen kann. Aber lass mich dir erst noch den Obstgarten zeigen, den mein Vater angelegt hat. Gleich hinter dem Haus steht der Orangenbaum, der voller reifer Früchte hängt. Ich will sie in den kommenden Tagen pflücken und bringe sie meinem Vater in die Stadt.

Daneben steht ein Brotfruchtbaum, von dem wir Kastanien ernten, die wir in heißem Wasser kochen. Dahinter wächst eine Açaí-Palme, aus deren Beeren du einen Brei zubereiten oder einen Wein ansetzen kannst. Drüben siehst du den kräftigen Baum, an dem die goldgelben *Umari*-Früchte wachsen, und hier gibt es auch einen *Uirapixuna*-Strauch.

Seine Früchte haben einen großen harten Kern, und das Fleisch unter der Schale ist ganz dünn. Trotzdem ist die Uirapixuna besonders nahrhaft, du kannst die Früchte roh essen oder sie mit Wasser aufgießen. Wir haben Lieder über die Uirapixuna in meinem Volk.

Ich weiß noch, wie mein Vater diese Bäume gepflanzt hat. Damals war ich ein Kind, und ich habe mitgeholfen, alles zu tragen. Wir pflanzten die Setzlinge ins ausgehobene Loch und traten die Erde fest. Dann sahen wir zu, wie sie größer wurden und ihre ersten Blüten und Früchte bekamen. Heute sind diese Bäume sehr groß und alt.

Für mich ist es schön, sie hier zu sehen. Die Bäume sind eine Erinnerung an meine Kindheit im Dorf, aber sie stehen auch für meine eigenen Söhne und Enkel hier und für alle anderen Kinder der Nachbarschaft. In Hipana gibt es keine Beschränkungen, von welchen Bäumen die Kinder Obst ernten dürfen. Sie sollen sich frei bedienen, die eigenen Kinder und die fremden auch. Hipana liegt auf *Terra Firme,* so wird bei uns der feste Waldboden genannt. Er wird nicht von den Flüssen überschwemmt und eignet sich deshalb für Obstbäume gut. In den kommenden Jahren will ich es wie mein Vater halten und noch viele weitere Obstbäume pflanzen.[19]

Einige Arten von Obstbäumen müssen wir setzen, andere wachsen von selber draußen im Wald. Sie heißen *Patauá, Bacaba* oder *Açaí do Mato,* und jeder darf sich an ihren Früchten bedienen. Du musst bloß wissen, wo diese Bäume stehen, denn die Wege zu ihnen führen quer durch den Wald, also trägt jeder von uns eine Karte mit Obstbäumen in seinem Kopf. Wenn du die Früchte ernten willst, musst du auch wissen, in welcher Woche sie reifen. Bei manchen Sorten ist das nicht leicht.

Der *Ucuqui*-Baum zum Beispiel ist eine verwickelte Sache. Bei dem irrt man sich oft. In dem einen Jahr hängt er voller Früchte, im nächsten erntest du gar nichts von seinen Ästen. Bei der Uirapixuna ist es ähnlich schwierig und auch beim *Uacu*. Wenn sie aber Früchte tragen, hat man viel zu schleppen!

Für uns ist es wichtig, alles über das Leben der Obstbäume zu wissen. Wenn die Früchte reif werden, füllt sich der Wald mit Tieren, also ist es ein guter Zeitpunkt für die Jagd. Die Tiere wollen die Früchte essen, auch unsere größte Jagdbeute, der Tapir. Reife Früchte locken viele Vögel an, also kannst du am Flug der bunten Papageien sehen, wie der Zustand der Obstbäume ist.

Ich werde mich ein paar Tage lang in der Hängematte ausruhen. Ich habe sie zwischen den Holzpfosten in diesem Haus befestigt, das ist mein Lieblingsort. Wie du siehst, ist es ausgesprochen gemütlich hier. Links und rechts neben meiner Hängematte laufen Familienmitglieder vorbei, die Frauen, Kinder und Hühner. Von draußen weht der Holzrauch des Herdfeuers herein, weil der Maniokbrei zubereitet wird. Warum sollte mich das beim Schlafen stören? Wir haben immer schon in großen Gruppen von Menschen gelebt.

Die Frauen, die hier die Arbeit verrichten, sind Angehörige meines jüngeren Bruders Eugenio und meines Onkels. Meine Familie hat stets auf dieser Seite des Dorfes gelebt, das Haus meiner Kindheit lag ein paar Schritte von hier. Heute ist davon nichts mehr zu sehen, denn unsere Häuser werden alle paar Jahre neu gebaut. Wir reißen die alten dann ab. Die Sache mit den Häusern ist also ständig im Fluss. Wenn ein Haus gebaut wird, holen wir Holz für die Pfeiler und Streben aus dem Wald. Einige Familien backen selber noch Mauersteine aus Lehm, andere schaffen fertige Steine mit dem Kanu heran, sie kaufen sie in São Gabriel oder Kolumbien. Die Dächer decken wir mit Aluminiumblechen oder *Caraná*. Die Zweige der Caraná-Palme zu beschaffen ist eine harte Arbeit, aber ich finde, sie lohnt sich sehr. Die Tiere fressen diese Pflanze nicht, und Insekten nisten sich nicht ein. Ein Dach aus Caraná hält bis zu 30 Jahre lang, wenn man es gut pflegt.

Die Familie meines Urgroßvaters hat dieses Dorf begründet, aber damals war das Leben noch anders hier.[20] Mein Vater hat uns häufig erzählt, dass es in seiner Kindheit bloß ein einziges großes Langhaus gab, eine *Maloca*, in der die Familien zusammenwohnten. In der Maloca wurde nicht mal nach Männern und Frauen getrennt, so war es die Sitte in allen Dörfern hier. Dieses Haus war an der Front und der Rückseite mit Holz beschlagen und in bunten Farben bemalt, mit allen Mustern und Zeichen, die für die Huhuteni eine Bedeutung haben. Meine Vorfahren trugen noch keine Bermuda-Badehosen und T-Shirts, sondern Gürtel aus Baumwolle, an denen eine Art Unterhose befestigt war. Für die Männer und die Frauen war es in etwa gleich. Natürlich haben alle ihre Körper bemalt, in roter und schwarzer Farbe, wir trugen solche Bemalungen damals noch jeden Tag.

Als ich sieben oder acht Jahre alt war, lief ich noch splitternackt durchs Dorf. Wir hatten keine Schule und konnten den ganzen Tag lang spielen. Die meiste Zeit haben wir an den Wasserfällen verbracht, sie liegen ja nur wenige Schritte weit weg. Überall im Dorf kannst du ihr Tosen hören. Ich weiß nicht mehr, wie viele Tausende Male ich dort schon ins Wasser gefallen bin! Mit acht Jahren hat man ja noch keine Angst. Aus heutiger Sicht war es ein Glück, dass keiner von uns Jungen gestorben ist. Wir lernten, mit einem Kanu den See oberhalb der Fälle zu überqueren, von einer Seite zur anderen, ohne dass die Strömung uns wegriss. Mir hat das immer viel Spaß gemacht. An einigen Stellen steht das Wasser fast still, und das Boot bewegt sich nicht, also musst du es kräftig mit dem Ruder anschieben. An anderen Stellen erfasst die Strömung das Boot, und du musst mit dem Ruder dagegenhalten. Ein paarmal habe ich mein Kanu auch verloren, dann stürzte es den Wasserfall hinab. Aber ich konnte gut schwimmen und rettete mich an Land.

Na schön, wenn ich mich recht erinnere, bin ich schon zusammen mit dem Kanu hinabgestürzt, und mein Jugendfreund Plinio auch. Es ist schwierig, über ein Boot die Kontrolle zu behalten, wenn mitten in der Strömung das Ruder bricht. Aber am Wasserfall passten mein Vater und mein Großvater auf uns auf. »Seid vorsichtig«, riefen sie jedes Mal. »Das ist ein Wasserfall und kein Kinderspiel! Da sind schon viele zu Tode gekommen!«

Wir waren jung und nahmen nichts davon ernst. Wir wussten ja auch, dass mein Großvater, mein Onkel und mein Vater alle Arten von Verletzungen wieder richten konnten. Einmal ist ein Junge, der zehn Jahre alt war, beim Klettern aus dem *Abiu*-Baum auf den Dorfplatz gestürzt. Phommm! hat es da gemacht. Von oben aus der Spitze ist er herabgefallen, und alle im Dorf haben den Aufprall gehört. Wir rannten herbei, und der Junge lag einfach da, er schien tot zu sein. Mit einem Schwall kaltem Wasser haben wir ihn wieder aufgeweckt. Seine Beine waren hässlich gebrochen, die Knochen traten an beiden Oberschenkeln durch die Haut, auch sein Arm stand in einem fürchterlichen Winkel ab.

Mein Vater versammelte uns Kinder und sprach mit uns. Er gab uns Maniokbrei und fragte, wie das passieren konnte. Er erklärte uns, wie wir die Äste beim Klettern besser anfassen können und dass wir immer noch einen zweiten Ast greifbar haben sollen. Dann hat mein Vater mit den anderen zwei Alten zusammen die Formeln gesprochen. Sie haben den Jungen in eine Hütte weit weg vom Dorf getragen, damit sie mit ihm allein sein konnten, und da haben sie die Knochen wieder gerichtet. Gegen die Schmerzen bereiteten sie Kräuter und Schalen der Brotfrucht zu. Sie bestrichen den ganzen Körper mit Brennnesseln, damit der Schmerz auf der Haut zu spüren war und nicht mehr nur in den Beinen. Nach einem Monat lief unser Freund wieder langsam herum, aber den Baum haben die Alten gefällt. Sie haben seine Früchte der Familie des verunglückten Jungen gebracht.

Einmal bin ich selber schwer erkrankt, mir steckte ein Pfeil in der Brust. Es war kein Pfeil von der gewöhnlichen Art, so wie ein Jäger ihn mit seinem Bogen schießt. Mich hatte ein Dornenpfeil getroffen, wie ihn die Zauberer schicken. Ich war etwa 15 Jahre alt und fühlte mich schon drei Tage lang schlapp. Da sah ich im Traum einen Mann mit Pfeil und Bogen, er schoss auf mich, und ich spürte den Schmerz in meiner Brust. Am nächsten Tag fiel mir das Atmen schwer, und ich begann mich zu übergeben. Damals floss aus meinem Magen viel Blut, und ich kann noch hören, wie meine Mutter geschrien hat. Dreimal hat mein Vater versucht, die Krankheit aus mir herauszusaugen, aber dann rief er meinen Onkel herbei. Bei seinem eigenen Sohn erreicht ein Maliri nicht viel. Die Alten haben viel Pariká genommen, mein Onkel und mein Vater, und am Ende zogen sie gemeinsam den Dornenpfeil aus mir heraus.

Mein Vater ging häufig zur Jagd, und ich lief hinterher. Die Jagdausflüge gefielen mir gut. In unserer Gegend gibt es keine Gefahren im Wald, also kann schon ein Kind in Ruhe alles erkunden und sich umschauen gehen. Das einzige Tier, das einem Menschen gefährlich wird, ist der Jaguar. Natürlich ist auch die Vipernschlange *Jararaca* ein Problem. Mein Großvater hat mich außerdem noch vor dem *Curupira* gewarnt, aber so ein Curupira ist mir nie begegnet. Er ist wohl gar kein richtiges Tier, eher ein Geisterwesen im Wald, ein Zauber, ich weiß bis heute nicht genau, was er ist. Jetzt fragst du mich, wie man im Wald solchen Gefahren entgeht? Das ist nicht schwierig, lauf einfach vorsichtig, pass ein bisschen auf.

Wenn du zum Beispiel einer Klapperschlange begegnest, ist es gut, wenn du es rechtzeitig bemerkst. Eine Klapperschlange kann sich aufrichten und dich auf der Höhe der Hüfte zu packen kriegen. Dann beißt sie viele Male hintereinander zu. Gegen die Klapperschlange haben wir keine Medizin, kein Volk hier am Ayari kann den Biss einer Klapperschlange heilen. Ich habe aber lange nicht mehr davon gehört, dass jemand von einer Klapperschlange getötet worden ist. Bei den Verwandten, die an Schlangenbissen sterben, ist normalerweise eine Jararaca schuld. Mein Bruder zum Beispiel ist von der Jararaca getötet worden, ganz in der Nähe hier. Sie hat ihn auf einem Jagdausflug gebissen, und zwei Tage später lebte er nicht mehr.

Mein Vater wusste damals noch nicht, wie man einen Jararaca-Biss heilt, und mit dem Boot braucht man viele Tage bis in die Stadt. In dieser Zeit waren die Malirinai unsere einzigen Ärzte, und mein Vater arbeitete als Heiler und Häuptling zugleich. Es gab keine Krankentransporte mit Schnellbooten und Helikoptern, keine Leute vom Gesundheitswesen, die dich holen kommen, wenn du sie mit einem Funkgerät rufst. Wenn jemand von einer Schlange gebissen wurde oder einen Unfall erlitt, gab es nur die Malirinai. Es war eine schwierige Zeit. Nachdem mein Bruder gestorben war, holte mein Vater Erkundungen ein. Später hat er in einem Nachbardorf einen guten Vorrat an Pflanzen gegen den Jararaca-Biss gekauft.

Wir haben hier immer gut gelebt. Der Wald hing voller Früchte, und wer einen Fisch essen wollte, fing sich einen mit dem Speer, dem Köcher oder der Schnur. Im Ayari kommen nicht besonders viele Fische vor, denn die Flüsse führen in dieser Gegend schwarzes Wasser. Trotzdem waren früher immer genug Fische für alle da. So war es auch mit den Tieren im Wald. Es gab nicht viele, aber sie reichten für uns aus.

Mein Vater hat mir beigebracht, wie man Tiere jagt. Du solltest dir das aber nicht wie einen Schulunterricht vorstellen. Er hat mir nicht viel erklärt und gezeigt, ich habe mir alles abgeschaut. Ich lernte, wie man im Wald die richtigen Orte findet und wie man die Pfade mit einer Machete freischlägt, wenn sie zugewachsen sind. Erst schaut man sich bei seinem Vater alles ab, und später bewältigt man das Jagen allein.

Irgendwann weißt du selber, an welchen Orten du die Tiere aufspüren kannst. Dann jagst du sie mit Pfeil und Bogen, obwohl das meiner Meinung nach etwas für Opas ist, schon mein Vater hat lieber die Flinte benutzt. Ein Blasrohr voll giftiger Pfeile ist etwas anderes, damit jage ich bis heute gern.

An manchen Tagen schießt du eine Beute, an anderen Tagen nicht. Manchmal erwischst du ein großes Tier, manchmal nur einen kleinen Vogel Inambú. Wir Brüder schwärmten einfach aus, die einen jagten, die anderen fischten, und irgendwer brachte immer etwas heim. Meine Mutter war anfangs besorgt, wenn ich über Nacht im Wald zum Jagen blieb, aber mein Vater hat sich nie Sorgen gemacht. »Unser Sohn weiß, wohin er im Wald gehen muss«, beruhigte er unsere Mutter. »Er hat sich noch nie verlaufen. Vielleicht hat er ein Wildschwein angeschossen, und es will nicht sterben. Dann muss er ihm einen weiten Weg lang folgen, bis das Tier müde wird.«

Bei der Jagd wird ein Huhuteni von einem Kind zu einem Mann. Ich war schon frühzeitig gut darin, mir eine Taschenlampe an den Kopf zu binden und auf die Pakas am Uferrand zu zielen. Das Licht stört diese Tiere nicht, sie laufen nicht so leicht weg, sodass die Jagd mit der Taschenlampe ganz einfach ist. Ich schieße am liebsten Pakas und würde sagen, dass das meine Spezialität geworden ist. Ein Wildschwein habe ich nur sehr selten erlegt.

Für den Abend habe ich deine Hütte zurechtgemacht und den Boden gefegt. Im Lehmboden waren ein paar Löcher, die habe ich aufgefüllt und festgetreten, sicherheitshalber, damit sich keine Tiere darin verstecken. Das Dach ist noch dicht, und an den Holzpfosten kannst du deine Hängematte aufknüpfen. Dies ist jetzt dein Haus, es ist ein gutes Haus. Es steht nah an der Klippe, also siehst du den Fluss und die Wasserfälle. Schüttele deine Schuhe aus, bevor du sie anziehst, denn manchmal klettern Skorpione hinein. Denk an die Tucandera-Ameisen und sei vorsichtig, wenn du nachts im Wald deine Hose ausziehst.

Von diesem Haus aus kannst du viel mitbekommen, weil es gleich am Dorfeingang steht. Du wirst jeden sehen, der mit seinem Boot unten anlegt und die Klippe hochsteigt, sie laufen alle bei dir vorbei. Wenn du ins Dorf gehst und nach rechts abbiegst, siehst du die Häuser, die meinen Verwandten gehören. Wir sind alle eine Familie hier. Wenn du nach links abbiegst, kommst du zu den Häusern meiner entfernteren Verwandten, auch ein paar Zugezogene von flussaufwärts wohnen hier.

Wie du siehst, wohnen die Familien alle in einzelnen Häusern. Wir sind nicht mehr wie früher in eine Maloca gepfercht, die katholischen Patres haben vieles verbessert. Sie haben uns so viel beigebracht! Die Patres erklärten, dass wir in kleineren Häusern leben sollten, so wie sie heute hier stehen. Sie haben uns gezeigt, wie man einen großen rechteckigen Dorfplatz anlegt, und sie haben aus Holz ein großes Kreuz und die Kapelle am Dorfplatz errichtet. Wir streichen sie jedes Jahr frisch mit weißer und blauer Farbe an. Gegenüber der Kapelle steht die Dorfschule, aber sie ist eigentlich nur ein Haus, das zwei große Zimmer für den Unterricht hat. Das größte Gebäude am Dorfplatz ist das Langhaus, in dem wir uns alle treffen.

Als die ersten Missionare kamen, führten sie auch die Kleider ein. Ich glaube, dass die Patres irgendwo ein Lager voller Kleider hatten, jedenfalls brachten sie große Mengen Sachen

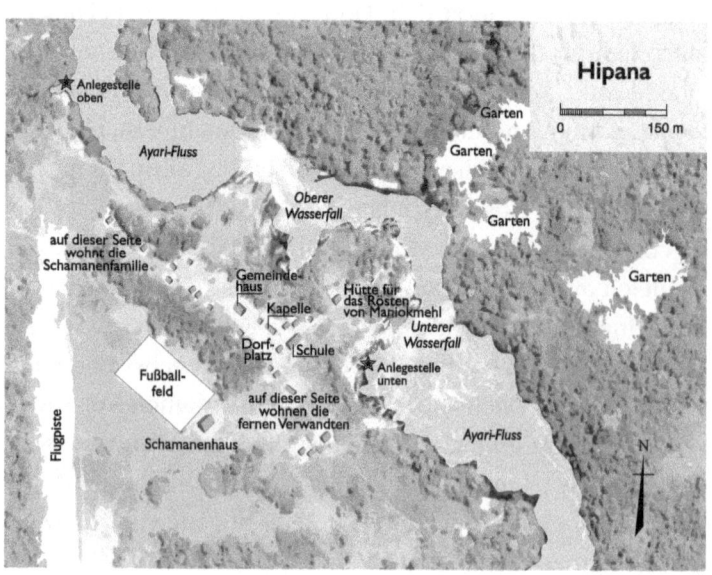

zum Anziehen mit. Hier im Dorf wurden sie für jeden zurechtgenäht und passend gemacht. Sie brachten Kleider für Erwachsene und Kinder, in unterschiedlichen Farben, und am Ende bekam jeder von uns vier oder fünf Kleidungsstücke. Die Patres verkauften diese Kleider nicht, sondern alles wurde verschenkt. Also haben wir die Kleider sehr gemocht.

Es dauerte aber lange, bis wir die Kleider auch angezogen haben. Wir waren ja nicht daran gewöhnt. Vor allem mit den Hosen blieb es schwierig, und bis heute finden einige meiner Verwandten Hosen unbequem. Die Patres sagten, dass wir von nun an immer Hosen tragen sollten, und die meisten im Dorf stimmten ihnen zu. Unser damaliger Häuptling, mein Großvater, war der gleichen Meinung wie die Missionare.

Ich erinnere mich noch daran, dass es gejuckt hat, Kleider zu tragen. Außerdem war es sehr warm. Hosen trocknen nicht gut, wenn man damit aus dem Wasser steigt. Deshalb haben wir in der ersten Zeit die Kleider wieder ausgezogen und auf den Boden geworfen. Aber wenn Pater José[21] mit seinem Kanu zu uns kam, kontrollierte er streng die Kleiderfrage, und irgendwann gewöhnten wir uns daran. Nur mein Großvater[22], der Häuptling, hatte bis zum Ende keine Lust auf die Kleider. Als ich vielleicht zehn Jahre alt war, sagte er zu mir: »Verdammt noch mal, mein Enkel, dieser Pater José bringt uns ein besseres Leben, aber das ist etwas für euch junge Leute und nichts mehr für mich.«

Irgendwann haben die Patres ihm einen großen Bademantel mitgebracht, weil er ja der Häuptling war. So einen hatte sonst keiner im Dorf. Den Bademantel hat mein Großvater dann immer getragen, und an den Sonntagen, zum Gottesdienst in der Kapelle, zog er sich darunter sogar eine

Hose an. Allmählich haben wir uns unserer alten Kleidung, der Gürtel mit der Unterhose dran, geschämt.

Die Patres brachten Bücher nach Hipana, in denen wir sehen konnten, wie das Leben in Brasilien war. Sie erzählten uns von Tiradentes, einem Widerstandskämpfer aus Minas Gerais. Er kämpfte für die Unabhängigkeit gegen die Portugiesen, aber er hatte keinen Erfolg damit, und sie haben ihn getötet. Die Patres hängten Plakate auf, die zeigten, wie man bessere Pflanzen heranziehen kann: Reis, Bohnen und Gemüse, aber das hat bei uns nie gut funktioniert. Wir lernten von ihnen, dass es Wasserklos gibt und dass man sie in der Stadt benutzt. Ich erwähne das, weil dich die Toilettenfrage interessiert. Ihr Weißen grabt nicht gerne Löcher im Wald, das muss eine kulturelle Sache sein. Keiner bei uns kann das verstehen.

Einmal hat einer eine Toilettenschüssel aus der Stadt nach Hipana mitgebracht. Er stellte sie an seinen Platz im Wald. Mein Vater hat sofort gesehen, dass das nur Probleme bringt. Weil er damals der Häuptling war, hat er die Toilettenschüssel verboten. Eine Toilettenschüssel lockt Ungeziefer an, vor allem die Stechmücken, und deswegen taugt sie nichts fürs Dorf. Jeder weiß, dass es in der Stadt so viel Ungeziefer gibt, weil in den Badezimmern diese Toilettenschüsseln stehen. Sie bringen viele Krankheiten, Malaria zum Beispiel und das Denguefieber.

Mein Vater sagt, dass ein Mensch viele Regeln beachten muss, um ein gesundes Leben zu führen. Deshalb haben sich solche Toiletten in Hipana nicht durchgesetzt. Was aus der Schüssel meines Verwandten geworden ist, weiß ich nicht.

Wir sollten darüber sprechen, wie du dich sicher im Dorf bewegst. Mein Vater hat es dir schon erzählt, Hipana ist nicht irgendein Dorf. Hier ist der Ort, an dem die Geschichte der Menschen begann. Es ist am besten, wenn du ein paar Vorsichtsmaßnahmen kennenlernst. Wir haben hier nicht viele Regeln, aber mehr als in einem gewöhnlichen Dorf.

Lass uns ein Stück weit wandern. Oberhalb des Wasserfalls verläuft ein Bach, den ich dir zeigen will. Du siehst, dass er kein schwarzes Wasser führt wie die meisten Bäche und Flüsse hier. Am besten holst du dein Wasser zum Trinken nur von dort. Du kannst einen Topf aus Aluminium benutzen, eine Plastikflasche oder dein Campinggeschirr, jedes Gefäß ist gleich gut geeignet dafür. Das beste Wasser fließt in der Mitte der Strömung, dort ist es am saubersten, beachte die trübe Färbung nicht. Sie hat keine Bedeutung, davon wird keiner krank. Am besten ist es, wenn du im Bach auch badest. Du reinigst hier deine Wäsche und spülst dein Campinggeschirr.

Lass uns dem Bach ein paar Schritte folgen. Er fließt um das Dorf herum in einen See, und dort wird die Angelegenheit kompliziert. Der See ist ruhig und sehr kühl, sein Wasser ist schwarz, also kannst du den Boden nicht sehen. Du darfst dort schwimmen und brauchst keine Alligatoren oder Wasserschlangen zu fürchten. Die Gefahr, über die ich reden will, geht nicht vom Wasser aus, sie lauert hier in den Steinen.

Ich möchte mich aber korrigieren. In Wahrheit gibt es überhaupt keine Regeln hier. Alles ist frei für alle, jeder darf überallhin gehen. Essen, waschen, baden: In Hipana darfst du machen, was du willst. Wir halten niemanden auf. Ich habe von Regeln gesprochen, aber nicht von solchen, die wir Menschen machen. Ich meine eine andere Art von Regeln. Keiner von uns hält es für eine gute Idee, zwischen den Felsen oberhalb des Wasserfalls ein Bad zu nehmen. Es ist zwar sehr erfrischend, die Strömung ist stark. So ein Wasserstrom macht eine gute Rückenmassage. Trotzdem ist davon abzuraten.

Sonst ergeht es dir wie einigen anderen hier. Dann stößt du dir den Fuß oder das Bein an einem Stein auf, eine Kleinigkeit eigentlich, nicht der Rede wert. Aber diese Wunden heilen nicht mehr, und der Schmerz verschwindet nicht.

Als Kinder ist uns das oft passiert. »Wir haben uns irgendwo an einem Stein gestoßen«, erzählten wir unserer Mutter, aber mein Vater und mein Großvater sahen die Wunden und wussten sofort alles. »Ihr habt im Wasserfall gebadet«, sagten die Alten, »ihr seid über die Felsen geklettert«, und sie schauten uns streng an. Dann haben sie ihre Formeln gesprochen. Nur wenn sie das machten, konnten die Wunden heilen.

Ich gebe ja zu: Als wir aufgewachsen sind, haben wir uns um die Regeln nicht geschert. »Die Alten reden dummes Zeug!«, haben wir gesagt. Für mich waren die Felsen nichts Besonderes, und ich habe viel im Wasserfall gebadet. Als Kind bin ich häufig ausgerutscht, und ich lebe noch. Nur rückblickend finde ich, dass ich leichtsinnig war.

Die Sache mit den Felsen ist nicht leicht zu erklären. Es gibt viele Felsen, die eine lange Geschichte haben. Einige tragen eingeritzte Symbole, andere haben eine bestimmte Form oder eine auffällige Färbung. Ein Stück flussaufwärts ragt ein großer Felsen mit zwei Augen aus dem Wasser, die alle Passanten anblicken, das ist der Kopf meines Namensvetters Dzuliferi. Wir wissen nicht genau, wer diese Felsen in Hipana aufgestellt hat. Sie waren schon immer hier.

Die Felsen sind älter als alle meine Verwandten, älter als der Befreiungskämpfer Tiradentes aus Minas Gerais, sogar älter als die Missionare und unser Herr Jesus Christus. Am Anfang der Zeit standen sie da, als die Erde noch klein und unbevölkert war. Zwischen den Felsen von Hipana zog der Schöpfergott Niaperikuli die ersten Menschen hervor, und auf so einen Felsen kannst du doch nicht einfach klettern und treten! Du solltest dich nicht mal in seine Nähe setzen, mit deinem Körper voller warmem Blut. Hüte dich davor, neben solchen Felsen deinen Maniokbrei anzurühren, deine Hängematte aufzuhängen, dein Geschirr zu spülen oder dich zu Hause zu fühlen. Du kannst das zwar machen, aber die Sache geht nicht gut für dich aus.

Ein Mann, der einen solchen Felsen nicht achtet, wird wenig Kraft und eine schwache Gesundheit haben. Seine Frau wird ihre Kinder unter großen Schmerzen gebären. Wenn du zwischen diesen Felsen einschläfst, begegnet dir im Traum vielleicht eine Frau. Sie ist eine schöne Frau, sie wird deinen Namen rufen, und dann lädt sie dich zu sich ein. Sie sagt, dass du bei ihr bleiben sollst, und ich rate dir: Wache in solchen Fällen schnell auf. Sonst öffnet sich dein Körper, und alle Kraft fließt aus ihm heraus. Wenn du von Liebesnächten träumst, ist es schon zu spät. Bald kommen die ersten Schmerzen. Sie beginnen dort, wo du deinen Gürtel trägst, von dort breiten sie sich aus. Irgendwann tut dir sogar das Hinsetzen weh.

Ich weiß, dass es nicht leicht ist, die Sache mit den Felsen zu verstehen. Für deine Augen mögen es einfach nur große Steine sein, aber auf manchen erhebt sich eine ganze Stadt. Nur die Malirinai können sie sehen. Als Zauberer kletterst du auf solche Felsen hinauf und betrittst einen anderen Ort. Du siehst eine große Stadt, in der viele Menschen leben. Du kannst durch ihre Straßen gehen und ihre Häuser und Autos sehen. Sie sehen aus wie du und ich, obwohl sie in Wirklichkeit keine Menschen sind.

Diese Seelen stammen aus einer anderen Zeit.[23] Die *Yoopinai* waren schon hier, als unsere Welt entstand. Nicht mal unser Schöpfergott Niaperikuli hat diese Wesen gemacht.

Sie sind nicht unfreundlich, nicht alle, nicht unbedingt. Sie lassen dich in Ruhe, wenn du sie um Erlaubnis fragst, eintreten zu dürfen, wenn du ihnen Gastgeschenke bringst, ein bisschen Tabakrauch zum Beispiel, und eine Begrüßung in der alten Sprache sprichst. Es ist eine Frage des Anstands, denn alle Wesen wollen gut zusammenleben. Wenn du die Regeln nicht befolgst, greifen sie dich mit Giften und Pfeilen an. Was würdest du an ihrer Stelle tun? Viele Menschen werden auf diese Weise krank. Ein Arzt mag sie oberflächlich heilen, aber er stößt selten auf diesen tieferen Grund.

Vor ein paar Jahren kam ein Weißer nach Hipana, er war noch ein junger Mann, vielleicht 20 Jahre alt. Er stammte aus Brasilien, aus dem Bundesstaat Pará. Er hatte von unseren Felsen gehört und sagte, dass er ein Portal zwischen ihnen finden wolle. Er kletterte viel am Wasserfall herum, aber er hat nicht gut erklärt, wonach er suchte, wie dieses Portal aussehen sollte. Sonst hätten wir ihm vielleicht helfen können. Er ist wieder abgefahren, und wir haben nie wieder von ihm gehört. Zwei Patres aus Bogotá sind auch hier gewesen, ich habe sie zu den Felsen begleitet. »Alberto, können wir Fotos machen?«, haben sie gefragt.

Ich wusste keine gute Antwort auf ihre Frage. Sie sollten mit meinem Vater sprechen, riet ich ihnen, weil die Felsen gefährlich sind. Die Patres erwiderten, dass sie viel reisen und dass ihnen nie etwas Schlimmes passiert. Sie kletterten auf die Felsen und machten Fotos. Vier Tage später ist einer von ihnen ausgerutscht, dann der andere, und bald darauf sind beide gestorben. Dabei hatten sie sich nur kleine Schürfwunden geholt.

Die Sonne geht unter. Vom Dorfplatz her hörst du es läuten. Mein Jugendfreund Plinio bedient die Messingglocke, die über dem Eingang zur Kirche hängt. Er steht in seinen

Badeschlappen da und zieht an der Schnur. Die Glocke ist unsere Kirchglocke und Schulglocke zugleich, sie läutet auch zur Essenszeit. Plinio ist jetzt 50 Jahre alt, bald werden wir beide alte Männer sein. Es ist schön, ihn hier wieder zu sehen.

Plinio war selten fort aus Hipana. Er arbeitet in der Schule als Dorflehrer. Die Stelle hat er gefunden, weil er einen Kurs in der Missionsschule absolvieren konnte, und jetzt bekommt er fürs Unterrichten Geld von der Stadt. Mein Freund hat nie eine Frau gefunden, aber im Dorf genießt er trotzdem Respekt. Wenn der Häuptling auf Reisen ist, erledigt Plinio seine Geschäfte: Er bedient zum Beispiel die Glocke und lädt zum Essen ein. Wir werden jetzt alle ins Langhaus am Dorfplatz gehen. Bring eine Tasse aus deinem Campinggeschirr mit, und eine Gabel oder einen Löffel.

Wir werden beide vor den Dorfbewohnern für dich sprechen. Das ist nicht ganz leicht, alle sind freundlich zu dir und begrüßen dich, aber in Wirklichkeit herrscht viel Misstrauen hier. Etliche Weiße sind schon nach Hipana gekommen, so wie du, sie haben Fragen gestellt und Fotos gemacht, danach verschwinden sie, und die Ergebnisse ihrer Arbeit bekommen wir nie zu Gesicht. Die Verwandten werden fragen, ob du auch so einer bist.

Als Erstes spricht Plinio, er legt sich mächtig für dich ins Zeug. Er erklärt den Leuten jetzt in unserer Baniwa-Sprache, dass du aus Deutschland angereist bist. Wir haben deine Artikel aus der Zeitung gezeigt, die du schon veröffentlicht hast, und dein Buch, das auf dem Umschlag einen Verwandten zeigt.[24] Wir haben deine Gastgeschenke verteilt, Tabak für die Erwachsenen und Bonbons für die Kinder. Den Leuten gefällt es, dass du 20 Liter Benzin für unseren Stromgenerator mitgebracht hast. Der Generator macht das Licht für unser Gemeindehaus.

Jetzt habe ich auch selber eine Rede gehalten. Ich habe allen erklärt, dass wir unser Wissen nicht für uns behalten dürfen. Wir leben nicht unser Leben, um unser Wissen mit uns zu begraben, habe ich gesagt, man soll alles weitergeben, wenn jemand danach fragt. Es ist nicht leicht, eine solche Rede vor den Leuten zu halten. Ich weiß aber genau, wie es geht. Erst erzähle ich ihnen viele Neuigkeiten aus der Stadt, und ich vergesse dabei nicht, ein paar Scherzchen zu machen. Ich sage ihnen: »Da kommt ein Besucher von sehr weit her, nur um euch kennenzulernen und eure Geschichten zu hören! Wir sollten ihm helfen, weil er schon so weit herumgereist ist. Wer weiß schon, wie viele Frauen er unterwegs findet und wie viele Kinder er zeugen will!«

Die Leute haben gelacht. Ich kann dir aber erst morgen sagen, ob du mit deinen Fragen willkommen bist. Du siehst, dass einige der Alten ihre Köpfe weggedreht haben und schweigen. Die Verwandten müssen jetzt darüber sprechen, ob sie dir Auskünfte erteilen, jede Familie macht das mit sich selber aus.

Eine Sache haben wir aber beschlossen: Wir werden für dich ein Bierfest geben. Morgen beginnen die Vorbereitungen. Die Frauen werden Maniok zum Gären ansetzen, die Männer stellen Fischfallen am Wasserfall auf. Plinio studiert mit den Schülerinnen und Schülern in der Dorfschule Flötenmusik ein, denn es soll eine Vorführung geben. Die jungen Mädchen erwarten, dass du an den Tänzen teilnimmst. Du wirst sehen, vom Feiern verstehen wir viel.

Jetzt ist das Abendessen freigegeben. Jede Familie hat auf den Tisch gestellt, was sie zubereitet hat. Die heranwachsenden Mädchen und Jungen schreiten im Kreis herum und füllen deine Campingtasse auf. Du kannst auch zum Tisch in der Mitte gehen und dir selber nehmen, was du magst. Am Rand stehen Stapel gelben und weißen Maniokbrots, das in der Sonne geröstet ist. Maniok ist die Grundlage für die meisten Gerichte hier, die unterschiedliche Färbung kommt von der jeweiligen Sorte Mehl. Als Getränk empfehle ich Wasser mit vergorenem Maniokmehl, *Chibé*, das ist sauer, aber die Säure erfrischt und hält Krankheiten fern. Eine Familie hat einen Sud aus Uirapixuna gemacht.

In den Töpfen schwimmen kleine Fische, *Piabos*, die nicht mal so groß wie Sardinen sind. Leg zunächst nur ganz wenig davon auf dein Maniokbrot, der Pfeffer sticht in deine Zunge scharf wie ein Pfeil.[25] Nur weil wir den Pfeffer und das Feuer haben, können wir die Fische essen. Vor der Mahlzeit töten wir damit ihre Seelen. Wenn du die Fische roh in den Mund steckst, greifen sie dich an, und du wirst krank.

Hast du genug gegessen? Gut. Ich bringe dich zu deiner Hütte, danach sage ich Gute Nacht. Ich will, dass wir leise sprechen und außer Hörweite der anderen laufen, denn ich muss dir noch etwas sagen vor dieser Nacht.

Du hast dich im Langhaus umgeschaut, und nun sag mir, ist dir nichts aufgefallen dort? Die Wand ist aus Lehmbrocken mit Holzstreben gemacht, ganz nach der traditionellen Art. Aber mehrere Brocken sind herausgebrochen und liegen einfach so auf dem Boden herum. Keiner sammelt sie auf und schließt die Löcher in der Wand. An den Decken hängen Girlanden aus Papier. Schüler haben sie vor langer Zeit gebastelt, sie haben sie aus den Seiten alter Schulbücher für unser Dorffest gemacht. Jetzt aber hängen sie schief herunter, ohne dass jemand hochklettert und ein paar neue Knoten und Schleifen anbringt. Ein Schriftzug steht an der Wand, *Rato x Rato* hat jemand hingekritzelt, Ratte gegen Ratte, wer schreibt denn so etwas? Welche Dorfgemeinschaft lässt es stehen und schickt niemanden los, um die Wand wieder sauber zu machen?

Das sind nur die äußeren Zeichen. In Wahrheit geschieht hier noch mehr. Gleich wird es ruhig im Dorf, der Stromgenerator wird abgestellt, und die Lichter gehen aus. Wir können dann nur noch den Wasserfall hören. Du kommst von weit her und hast viel von der Welt gesehen, also errätst du wahrscheinlich, wie es um Hipana steht. Glaubst du, dass auf diesem Dorf ein Fluch, ein *Estrago* liegt? Man kann es nie genau wissen, wenn so ein Zauberspruch über ein Dorf gesprochen wird. Die Details solcher Angelegenheiten findet man selten heraus. Wenn es ein Estrago ist, weiß man nicht einmal, aus welcher Zeit er stammt.

Schlimme Ereignisse geschehen in Hipana. Sogar mein Vater musste das Dorf immer wieder verlassen. Deshalb haben wir ihn jetzt in der Stadt getroffen und nicht hier. Stell dir das vor, der Schamane musste von hier fliehen, der Maliri, der den Ursprung der Welt bewacht. Du sagst, dass du das unvorstellbar findest?

Dann werde ich dir die ganze Geschichte erzählen, damit du dir ein eigenes Urteil bilden kannst. Vielleicht wirst du meine Familie anschließend für feige halten und denken, wir sollten größere Helden sein. Aber ich selber habe meinem Vater gesagt, dass wir aus Hipana fortziehen müssen, mehrere Male schon habe ich das gemacht. Immer wieder sind wir für einige Jahre ins Exil gegangen. Ich glaube, dass ich damit Schlimmeres verhindert habe, für meine eigene Familie und für die Leute von Hipana.

Ich glaube, es hätte sonst mehr Tote gegeben.

4

Die Welt entstand in Hipana

*I*n der Bibel steht: Im Anfang war das Wort. Das Wort kam
von Gott, und Gott war das Wort.

So haben wir das hier auch immer gesehen.

Schon lange vor den Patres haben die Alten im Dorf diese
Geschichte erzählt. Sie sagten, dass eine Seele über der Welt
schwebte, als noch nichts anderes entstanden war. Die Seele
war unsichtbar, aber ihre Stimme konnte man hören.

Dann wurde die Sonne geboren und fand ihren Platz am
Himmel. Eine Wolke zog auf und warf ihren Schatten, das
Kind des Universums war da. Das Kind schuf drei Brüder für
diese Welt. Niaperikuli wurde der Schöpfer, und sein älterer
Bruder Dzuliferi war der erste Maliri. Der jüngste Bruder hieß
Mawerikuli. Er war auch ein Gott, aber er musste wie ein
Mensch sterben.

Das Kind übergab den drei Brüdern die Welt, damit die
Schöpfung beginnen konnte. Dann stieg es wieder in den Him-
mel auf. Es übergab den Brüdern die Welt, so wie man eine
Tragetasche voller Einkäufe weiterreicht. Niaperikuli machte
sich an die Arbeit, die Dinge der Welt zu erschaffen, aber am
Anfang geriet die Welt viel zu klein. Sie war bloß ein Ball aus
Stein. Der Ball lag an den Fällen von Hipana.

Erst später, als Kuwai geboren wurde, das Kind von Niaperikuli und seiner Frau Amaru, wuchs die Welt zu ihrer heutigen Größe heran. Jedes Haar, jede Kralle, jeder Zahn dieses

Gottes war ein Musikinstrument, sie waren Flöten und Trompeten, jede mit ihren eigenen Tönen und ihrer eigenen Melodie. Kuwais Musik erfüllte die Welt mit Leben, sie konnte sich ausdehnen und größer werden. So wurde die Welt für die Menschen bereit.

Unsere Alten erzählen es bis heute so, und du siehst, dass es die gleiche Geschichte wie bei den Patres ist. Ich glaube, die Patres sind auf dem richtigen Weg.

Die Schöpfungsgeschichte von Hipana,
zusammengefasst von Plinio Figueiredo Ferreira Baniwa,
Dorflehrer in Hipana, im Oktober 2018

5

Manhene – der Wind, das Gift und die Berge

Wir wussten nicht, dass der Tod auf meinen Bruder Silvestre wartete. Wir gingen einfach nur zum Fest. Die Menschen sollen feiern und fröhlich sein, und meiner Meinung nach müssen sie dabei auch tanzen und sich ordentlich betrinken. Sie sollen dummes Zeug reden und über die Stränge schlagen. Meine ganze Familie kam damals nach Hipana, meine Brüder Francisco, Silvestre und Eugenio fuhren mit mir zusammen in einem Boot ins Dorf. Auch meine Schwester Ercilia war da, und mein Freund Plinio hatte seinen großen Tag.

An Plinios Schule hatte ein neuer Absolventenjahrgang seine Abschlussprüfung erfolgreich bestanden. Die Frauen stellten viel Essen im Gemeindehaus auf, und jede Familie stiftete einen großen Topf Bier. Aus allen Nachbardörfern kamen die Gäste. Es ging schon auf Weihnachten zu, im Dezember 2009 war das, die Leute tanzten lang. Erst wurden die Flöten gespielt, dann gab es *Forró*-Musik aus den Lautsprecherboxen, die unser Häuptling angeschafft hat. Der Stromgenerator lief die ganze Nacht.

Silvestre war noch am nächsten Morgen betrunken. Ich riet ihm, mal auszuschlafen, und er blieb in der Hängematte liegen, den ganzen Tag. Doch auch noch am nächsten Morgen war seine Müdigkeit nicht weg. Er sagte:»Ich fühle mich nicht gut«, und er deutete mit den Händen auf seinen Hals.

»Ich kriege kaum Luft, alles fühlt sich eng an, als hätte ich etwas verschluckt!« Ich sagte ihm: »Die Übelkeit wird schon wieder verschwinden.« Meiner Meinung nach hatte er eine Magenverstimmung oder eine Gräte im Hals. Ich erklärte ihm, dass es eine große Zumutung für den menschlichen Körper ist, wenn man sich so volllaufen lässt.

Ich hatte beschlossen, dass ich jagen gehen würde, am Quiary-Fluss, wenige Tagesreisen mit dem Boot von hier. Der Quiary mündet in den Ayari, an seinem Ufer trifft man besonders viele Jagdtiere an. Unsere Familien wollten Weihnachten im Dorf verbringen, aber mir gefiel es nicht, dass wir bloß Maniokbrei und Pfeffersoße hatten. Wir brauchten einen Weihnachtsbraten für ein schönes Familienfest. Also sagte ich allen: »Am 23. Dezember bin ich wieder zurück!« Ich steckte mir einen großen Proviant von Maniokmehl ein, eine Angel und meine Jagdausrüstung. Hinten aufs Kanu setzte ich meine Alte, am Wasserfall legten wir ab. Ich ruderte weit, bis ins Quellgebiet des Quiary hinauf.

Wie hätte ich wissen sollen, dass mein Bruder seinen Mördern begegnet war?

Ich finde es wichtig, dass ein Mann zur Jagd geht und etwas vom Töten versteht. Wenn er Tiere schießen und Fische fangen kann, braucht er sonst nicht mehr viel zum Leben. Er ist dann ein freier Mensch. Zur Jagd brichst du gewöhnlich am Nachmittag auf, damit du vor der Dunkelheit an den richtigen Ort gelangst. Das genaue Vorgehen hängt von der bevorzugten Beute ab. Es kommt auf die einzelnen Tiere an. Ein guter Jäger wandert tief in den Wald, wo die Tapire und Wildschweine leben, damit er eine größere Auswahl hat.

Du musst bei der Jagd aber flexibel sein. Ein Jäger nutzt die Gelegenheiten, die sich ihm bieten, und keine Jagd läuft wie die andere ab. Ich finde es am besten, du gleitest langsam mit dem Kanu am Ufer eines Flusses entlang. Es muss ein kleines Kanu sein, und du musst leise rudern und irgendwann gar nicht mehr. Dann sitzt du nur noch da und bleibst ganz still.

Du spürst die Bewegungen des Wassers und horchst auf die Geräusche im Wald. Vielleicht schaust du nach, ob Pakas am Uferrand sitzen, aber wenn ein großer Fisch im Wasser schwimmt, bemerkst du es auch. Weil du nachts unterwegs bist, wagen die Alligatoren sich aus ihren Verstecken hervor. Also brauchst du ein großes Messer und einen Speer. Einen kleinen Alligator kannst du einfach so erstechen, eine Metallspitze bohrt sich in seine Haut, aber zur Sicherheit ist es am besten, du zielst auf eine Stelle am Hals. Mit dem Speer kannst du aber nur einen Alligator töten, der noch nicht länger als einen oder anderthalb Meter gewachsen ist.

Bei größeren Alligatoren musst du deine Taktik ändern. Du holst dein Gewehr und schießt. Mit dem Gewehr zielst du auf seinen Kopf, zwischen die Augen, was mit einer Taschenlampe am Kopf sehr einfach ist. Die Augen des Alligators schauen immer aus dem Wasser, sie leuchten rot und blicken dich an. Einige Tiere fliehen, wenn sie dich bemerken, andere tun gar nichts und halten ganz still. Das hängt von ihrer Laune ab und auch vom Jäger selbst. Die Jahreszeiten haben einen Einfluss darauf und die Lichtverhältnisse ebenfalls. In einer Nacht mit viel Mondschein sind die Tiere aufmerksam, sie entdecken den Jäger schnell.

Wenn du Pech hast, erwischst du einen Alligator, der wütend wird. Es ist dann besser, wenn du Abstand hältst. Mit deinem Kanu darfst du nicht zu nah heran, nicht bevor du ihn erschossen hast. Ein großer Alligator kann unter dein Kanu tauchen und es zum Kippen bringen, oder er stößt dich ins Wasser hinein. Es kann auch passieren, dass er ins Boot springt und von dort aus nach dir schnappt.

Trotzdem jage ich fast immer allein. Ich habe eine Flinte und ein Blasrohr dabei. Meiner Meinung nach eignen sich beide gleich gut. Die Jagd mit dem Blasrohr erfordert eine aufwendige Vorbereitung, weil du erst das *Curare*-Gift herstellen musst. Du besorgst eine bestimmte Schlingpflanze im Wald, und der Prozess der Herstellung dauert einige Zeit. Das Gift muss einen Tag lang kochen, bis es dickflüssig und klebrig ist. Dann füllst du es in ein Keramiktöpfchen[26], das sehr dicht schließt. Du darfst Curare nicht offen herumstehen lassen, denn an der Luft geht das Gift in wenigen Minuten kaputt.

Um einen Affen zu schießen oder einen Vogel, der schnell fliegt, gibt es nichts Besseres als einen Blaspfeil mit Gift. Wenn du eine Gruppe von Tieren jagst, haben Blasrohre den Vorteil, dass man mehrere auf einmal töten kann. Das Blasrohr macht keinen Knall wie ein Gewehr, also laufen die anderen Tiere nach einem Treffer nicht fort. Eins nach dem anderen erlegst du mit deinen Pfeilen, und selbst wenn du nur einen Streifschuss schaffst, fallen die Tiere nach kurzer Zeit aus dem Baum oder bleiben am Boden liegen. Du sammelst sie auf und bindest sie auf deinem Kanu fest, dann fährst du zum Lager im Wald. Deine Alte wartet dort schon und häutet die Tiere und nimmt ihre Eingeweide heraus.

Curare ist ein gefährliches Gift. Sogar einen Jaguar kannst du damit töten, wenn du dich verteidigen musst. Mein Großvater hat mir erzählt, dass es früher auch im Krieg gegen Menschen eingesetzt worden ist. Hier hat es viele Kriege gegeben, und die Stärke des Gifts entschied über Leben und Tod. Heute stirbt ein Mensch nur noch dann durch Curare, wenn er bei der Herstellung nicht vorsichtig ist. Das Gift darf nicht auf die Haut gelangen, wenn du dort einen Schnitt oder eine Wunde hast. Wenn es doch passiert, musst du sterben, denn eine Medizin dagegen haben wir nicht.

Ich habe dir schon erzählt, dass die meisten Flüsse hier schwarzes Wasser führen. Für den Jäger bedeutet das, dass es weniger Tiere gibt, weniger Wild und weniger Fische als anderswo im Wald. Hier gibt es nicht mal viele Insekten. Ist dir aufgefallen, wie selten du in Hipana nach einer Mücke schlagen musst? Das schwarze Wasser bietet aber auch Vorteile für Jäger, denn an seinen Ufern gedeiht viel Gift. Über das Gift hat jede Familie ihre eigenen Lieder und Geschichten, jede hütet ihr eigenes Rezept. Ihre Alten kennen die richtigen Mischungsverhältnisse und die Stellen im Wald, wo die Giftpflanzen wachsen. Die Alten sind die Herren über das Gift.

Das solltest du über uns Huhuteni wissen. Wir sind Meister der Jagd, weil es in unserem Wald wenige Tiere gibt. Wir sind auch Meister des Gifts.

Im Dezember 2009 aber blieb ich nicht lange auf der Jagd. In der vierten Nacht hatte ich einen üblen Traum. An meinem Ohr hörte ich eine Stimme. Sie gehörte einem meiner Söhne, der schon vor vielen Jahren gestorben war. Ich kannte seine Stimme gut, weil ein Vater die Stimmen seiner Söhne nie vergisst. *Vater, du musst heute noch aufbrechen*, sagte mein Sohn zu mir. *Du hast deinen Bruder zurückgelassen. Du bist losgefahren, ohne genug darüber nachzudenken. Es geht ihm nicht gut, und er braucht deine Hilfe.*

In dieser Nacht hatte ich acht Pakas geschossen. Wir legten sie in Salz ein, damit das Fleisch auf der Fahrt nicht verdarb. Wir luden unsere Sachen aufs Boot und fuhren los. Ich wusste nicht, was da in meinen Kopf gefahren war, woher diese Stimme kam. Ich war mir sicher, dass etwas Schlimmes bei meiner Familie passiert. Ich ruderte schnell und hielt nicht an, wir legten nur wenige Stopps an den Stränden ein. Ein paar Fische angelte ich noch aus dem Wasser, und an einer Stelle ging ich in den Wald, um vier Pakas zu jagen.

Als wir in Hipana ankamen, hatte das Leben meinen Bruder fast schon verlassen. Ich sprach zu ihm, aber er antwortete nicht. Ich sagte zu meinen Verwandten: »Mein Bruder ist vergiftet worden. Deshalb bin ich zurückgekommen. Ich nehme meinen Bruder jetzt mit, er muss ins Krankenhaus in die Stadt. Hier im Dorf hat er keine Chance zu überleben.«

Ich konnte mich an diesem Tag nicht mehr um die richtige Aufteilung der Pakas unter den Familienmitgliedern kümmern. Meiner Meinung nach blieb dafür keine Zeit. Ich ließ all das Jagdfleisch im Haus meines Onkels zurück und schleppte unser Bootsbenzin zur Anlegestelle. Bei einem Verwandten lieh ich mir einen größeren Motor aus, einen mit 30 PS. Ich wollte noch am gleichen Abend weiterfahren. Aber da rührte sich mein Bruder Silvestre in der Hängematte. »Hast du Fleisch mitgebracht?«, fragte er mich. »Ja«, antwortete ich, »wir haben einige Pakas hier.«

Ich sagte ihm auch, dass das Gift trügerisch ist. »Wenn du vergiftet bist, bekommt dir das Fleisch nicht gut.« Aber Silvestre wollte unbedingt Fleisch essen, und wie er es anordnete, wurde es gemacht. »Ich habe Hunger«, sagte er. Am Ende brachte ich seiner Frau ein Paka, und sie fing an, mit den Töpfen zu hantieren. Sie kochte das Fleisch und machte dazu Reis. Silvestre aß alles mit Heißhunger auf. »Ich habe keine Bauchschmerzen mehr«, sagte er, »mir geht es gut.« Für kurze Zeit habe ich ihm das sogar geglaubt. Ich sagte: »Morgen bringe ich dir noch mehr Fleisch.«

Doch um elf Uhr nachts kam Silvestres Frau zu mir. Mein Bruder wälzte sich in seiner Hängematte, und Blut lief aus seinem Mund. Ich trug ihn zum Boot und bettete ihn auf den

Planken, so gut es ging. Wir fuhren noch in der gleichen Nacht los: ich und mein Bruder, meine Schwester Ercilia, Silvestres Frau. Hinten im Boot schliefen Silvestres zwei Söhne. Sie sollten nicht alleine im Dorf zurückbleiben, denn sie waren noch sehr klein.

Es ist gefährlich, in der Dunkelheit über den Ayari zu fahren. Du hast den Fluss bei der Herkunft erlebt. Er ist voller Stromschnellen und harter Felsen, sogar am Tag kannst du auf dem Ayari dein Boot verlieren. Wenn du nicht weißt, an welchen Stellen du fahren darfst, kommst du niemals irgendwo an. Aber ich fahre auf diesem Fluss, seit ich ein kleiner Junge war. Ich konnte es schaffen, dachte ich.

Wir kamen aber nur langsam voran. Viele Gedanken gingen mir im Kopf herum. Wer hatte meinem Bruder das Gift gegeben? Flussabwärts übernachteten wir in Macedonia, einem Dorf, wo mein Bruder ruhig einschlafen konnte. Doch bald klagte er wieder über Schmerzen. Er übergab sich und würgte und hörte gar nicht mehr auf. Er spie schon sein letztes bisschen Leben aus. »Ich werde euch jetzt hier zurücklassen«, sagte er zu mir, und ich antwortete, dass das nicht infrage komme. Ich weckte alle und trug meinen Bruder zurück aufs Boot. Wir fuhren weiter den Fluss hinab. Es war schon Heiligabend, der 24. Dezember.

Wir schafften es bis zum Militärposten von Tunuí Cachoeira. Von dort konnten wir einen Funkspruch zur Gesundheitsbehörde in der Stadt absetzen, aber an den Weihnachtstagen ist kaum jemand im Einsatz. Die Soldaten haben in Tunuí eine Kaserne und einen Kontrollposten, wo alle Boote anlegen müssen, damit die Soldaten sie kontrollieren können. Sie suchen nach Schnaps und Drogen, Waffen und geschmuggeltem Gold. Nachts leuchten die Soldaten mit einem Scheinwerfer über das Wasser, damit niemand mit einem Kanu unerkannt durchschlüpfen kann, dabei weiß bei uns jeder, wie man es trotzdem macht. Ich sagte den Soldaten, dass sie eine Ambulanz nach Tunuí anfordern mussten. Hubschrauber flogen zu dieser Zeit in der Gegend nicht, aber der Gesundheitsdienst konnte ein Schnellboot schicken, mit großer Dringlichkeit, für einen sehr kranken Patienten! In der Nacht erhielten wir keine Antwort mehr.

Ich wollte meinen Bruder selber weiter in die Stadt fahren, aber wir hatten nicht genug Benzin. Manchmal leihen uns die Soldaten einen Kanister mit 50 Litern aus, meine Familie pflegt ein gutes Verhältnis zum Militär. Ich sprach also mit dem Feldwebel, erzählte ihm von meinem Bruder und seiner Krankheit, aber er sagte, dass den Soldaten selber das Benzin ausgegangen sei. Es war kurz vor dem heiligen Fest, und ich glaube, dieser Feldwebel schwindelte mich an. Genau kann man diese Dinge nicht wissen. Die Soldaten brachten meinen Bruder auf ihre Krankenstation. Sie sagten, sie hätten dort einen Tropf und moderne Medizin.

Ich erklärte ihnen, dass sie von seiner Krankheit keine Ahnung hatten. Es war eine alte Krankheit, gegen die ihre Paracetamol- und Dipirontabletten nichts ausrichten konnten. Ich beschwerte mich, aber ich wusste auch, dass solche Proteste nichts bringen. Vielleicht bin ich laut geworden und habe ein paar böse Worte benutzt. Am Ende wollte ich gar nichts mehr sagen. Soldaten darf man nicht widersprechen, wenn sie einmal eine Entscheidung getroffen haben. Das Leben meines Bruders lag jetzt in ihren Händen.

Ich sagte damals dem Feldwebel nicht alles, was ich wusste. Sie hatten meinem Bruder *Maracaimbara* ins Bier geschüttet, ein tückisches Gift, denn diese Sorte tötet nicht sofort. Manche Gifte wirken stark und schnell, nach 30 Sekunden ist das Opfer tot und liegt bloß noch da. Bei anderen schleicht sich der Tod heran. Einige Tage vergehen, bis man die erste Wirkung bemerkt, weshalb solches Gift dafür geeignet ist, einen Mörder unerkannt entkommen zu lassen. Wir nennen es auch *Manhene*, was in der Baniwa-Sprache heißt, dass man nichts darüber wissen kann. Wenn das Opfer sehr stark ist, tritt der Tod erst nach 30 Tagen ein, aber verhindern lässt er sich meistens nicht.

Früher wussten nur die Ältesten in den Dörfern über die Gifte Bescheid, weil dieses Wissen so gefährlich ist. Das Gift sollte zur Jagd dienen, zum Lähmen der Fische im Wasser und zum Kampf gegen unsere Feinde. Es sollte aber nicht gegen die eigenen Verwandten eingesetzt werden, gegen die eigenen Kinder, die Ehefrauen oder den Vater. Meiner Meinung nach ist die Sache mit dem Gift irgendwann außer Kontrolle geraten. Die Menschen starben, und ihre Familien nahmen Rache, beim nächsten Fest schlugen sie mit ihrem eigenen Gift zurück.[27] Im Lauf der Zeit wurde die Giftrache von den Familien akzeptiert, nur musste sie angemessen sein. Wenn eine junge Frau stirbt, im Alter von 12 oder 14 Jahren, muss die andere Familie mit einem Leben ungefähr in der gleichen Altersgruppe bezahlen. Man redet nicht offen über solche Dinge. Nur der Mörder und seine Auftraggeber wissen über die Abmachungen Bescheid.

Das Wissen über die Gifte hat sich unter den Menschen verbreitet. Ich weiß, dass das Maracaimbara-Gift aus Venezuela geholt wird. Dort reist du zu einem bestimmten Berg, nur um ein starkes Gift zu finden. Vorher darfst du sieben Tage lang nichts essen, sonst gerätst du selber durch das Gift in Gefahr. Es steckt in einer weißen Wurzel, die wie Maniok aussieht, aber sie gedeiht nicht in schwarzer Erde, sondern wächst in einem Loch im Fels. Dort siehst du noch andere Pflanzen, die giftig sind. Du begegnest einer bestimmten Art niedrig wachsender Bäume, deren Rinde du einritzen kannst, dann quillt eine giftige Milch heraus.[28]

In den Bergen wachsen auch Gifte, mit deren Hilfe du dich verwandeln kannst. Sie machen dich zu einer Eule oder einer Fledermaus. Du bereitest die Pflanzen zu einer Paste zu und ruderst mit dem Kanu ein Stück weit auf einen See hinaus. Die Sonne sollte schon untergegangen sein. Du streichst die Paste auf deine Stirn, und die Verwandlung beginnt sofort. Bald fliegst du über den Wald, weil du die Flügel einer Eule hast, aber ich benutze diese Pflanze nicht gern, weil sie den anderen gehört.[29]

Mein Vater sagt aber, dass solche Gifte früher auch in meiner Familie benutzt wurden. Sie wurden nur anders zubereitet. Damals hatten die Jäger für die Paka-Jagd noch keine Taschenlampen. Mein Vater sagt, dass die Pflanze deine Augen schärft und dass du alles wie eine Eule sehen kanst, die Jagdtiere und auch die Schlangen. Die Wirkung hält nicht lange an, sodass du die Paste wiederholt auftragen musst. Es gibt noch andere Pflanzen, die für die Jagd nützlich sind, fürs schnellere Laufen und bessere Hören. Ich weiß bloß nicht, wer solche Pflanzen heute noch benutzt. Ich glaube, dass viel von dem alten Wissen verloren ist. Meiner Meinung nach hatten wir früher interessantere Pflanzen.

Doch schon in der Nähe unseres Dorfes, auf den Wegen zu unseren Gärten, kannst du giftige Pflanzen finden, und zwischen den Steinen am Wasserfall wächst ein giftiges Moos. Einige Gifte können einen Menschen in den Wahnsinn treiben, er läuft dann in den Wald und kommt nicht wieder zurück. Andere lösen einen Heißhunger aus, und wenn du etwas isst, erleidest du einen qualvollen Tod. Es gibt sogar Gifte, die Zweifel an den eigenen Angehörigen nähren und eine Gemeinschaft entzweien, sodass ein gewaltsamer Streit ausbricht.

Jeder junge Bengel kennt heute schon diese oder jene Sorte Gift, die in der Nähe der Dörfer wächst. Alle kennen den *Piranha*-Baum. Der Piranha-Baum ist eine verwickelte Sache, weil es davon zwei Sorten gibt, den großen und den kleinen, und beide machen sehr krank. Wenn du mit dem Gift aus dem kleinen Piranha-Baum vergiftet worden bist, kann eine bestimmte Medizin dich wieder heilen. Beim Gift aus dem großen Piranha-Baum hilft eine andere Medizin. Die Gegengifte sind nicht schwer zu finden, sie wachsen ganz in der Nähe der Bäume, doch wie soll man wissen, aus welchem Baum das Gift gemacht worden ist? Mit der richtigen Medizin wird der Vergiftete wieder gesund, mit der falschen stirbt er erst recht. Deshalb meine ich, nach einer Vergiftung durch den Piranha-Baum hast du eine Überlebenschance von 50 Prozent.

Ich habe schon junge Leute über das Gift ausgefragt, an einer Schule in der Nähe von hier. Sie konnten mir genau zeigen, wo die Piranha-Bäume wachsen, und sie führten mich auch zu den Pflanzen mit dem Gegengift. Ich fragte sie: »Und jetzt? Werdet ihr das überall herumerzählen, damit sich alle gegenseitig vergiften können?« – »Nein«, antworteten sie mir.

In so einem jungen Alter ist das aber ein gefährliches Wissen. Die Schüler waren etwa zwölf Jahre alt. Ich glaube, die Kinder lernen heutzutage schon solche Bäume kennen, wenn sie laufen lernen, Jungen und Mädchen, es macht keinen Unterschied mehr. Wenn die Großeltern ihnen kein Taschengeld geben, mischen sie ihnen das Gift in ihren Kaffee. Die eigenen Enkel tun so etwas, das habe ich zumindest gehört. So weit ist es also gekommen in unseren Dörfern. Das Gift ist ein großes Problem.

In Hipana gab es 1974 den ersten Fall. Da wurde mein Bruder Eduardo vergiftet, er war der Älteste von uns. Mein Vater war damals auf einer Reise unterwegs, aber im Dorf gab es genug Malirinai. Sogar der Großvater meines Onkels praktizierte damals noch. Nach der ersten Vergiftung hat er Eduardo rasch kuriert, aber er warnte ihn schon, dass der Giftmischer weiterhin sein Leben will. Ein Maliri kennt Gegenmittel gegen viele Gifte, und wenn er in seinen stärksten Lebensjahren ist, kann er das Gift mit dem Mund aus einem Menschen saugen. Eine verlässliche Methode ist das aber nicht. Einen Monat später wurde Eduardo noch mal vergiftet, und später, beim dritten Mal, starb er dann.

Mit eigenen Augen habe ich schon mehrere Todesfälle durch Vergiftung erlebt: meinen Bruder Eduardo, meinen Großvater und meine Großmutter und die andere Großmutter. Eine Hilfslehrerin an der Schule wurde vergiftet, sie war eine Cousine von mir. Sie war eine hübsche Frau, jung und kräftig, aber sie schimpfte mit den Schülern über schlampig gemachte Hausaufgaben und verteilte schlechte Noten. Irgendwer aus dem Dorf gab ihr einen Wein aus Palmenfrüchten zu trinken. Nach der Schule kam sie zu mir und klagte über ihre Schmerzen. Ich sah gleich, dass sie vergiftet worden war. Ich sagte ihr: »Du musst sterben, es tut mir leid, du hast etwas getrunken oder gegessen, und darin war ein Gift.«

Sie starb am Tag einer Klassenarbeit. Das muss um das Jahr 1987 herum gewesen sein.

Jetzt habe ich Angst, dass man mich auch vergiften wird. Es geht ja immer gegen meine Familie, und auf Dauer rettet sich niemand vor dem Gift. Wenn sie versuchen, mich zu vergiften, werden sie mich wahrscheinlich erwischen. Deshalb bin ich immer wieder einige Jahre lang von Hipana weggeblieben.

Vielleicht haben sie mich längst vergiftet. Vielleicht haben sie einen Zauber auf mich geworfen, der meinen Körper allmählich zersetzt. An manchen Tagen verspüre ich Schmerzen oder bekomme Fieber, die westlichen Ärzte haben mir schon *Filaria* attestiert. Sie sagen, dass unsichtbare Würmer von innen an deinem Körper nagen, wenn du Filaria hast. Glaubst du an solche Geschichten? Ich weiß nicht, ob es solche Würmer wirklich gibt, und kann nicht viel dazu sagen. Sie geben uns dagegen Tabletten.

Wir müssen unser Gespräch jetzt unterbrechen. Am Dorfplatz können wir nicht mehr zusammensitzen. Steck dein Aufnahmegerät und die Kamera in eine Plastiktüte, wir müssen schnell zu meinem Häuschen gehen. Ein mächtiger Regenguss zieht am Himmel heran, das ist bei uns in den Tropen so. Wir müssen uns unter das Vordach meines Häuschens setzen, wenn wir weiterreden wollen. Da trommeln die schweren Tropfen aufs Aluminiumdach, aber unten platscht höchstens Spritzwasser herein. Alle Familien flüchten in ihre Hütten zurück, weil der Regen kommt und der Dorfplatz gleich voll mit Wasser läuft. Auf dem Dorfplatz zu stehen ist eine gefährliche Sache. Unser Dorf liegt auf einer Klippe, und manchmal schlagen Blitze ein.

Der Generator ist ausgefallen. Es hat einen Knall gegeben, und jetzt läuft er nicht mehr. Wir müssen ohne Licht auskommen. Aber schau mal, ist da eine Gestalt im Regen zu sehen? Das ist doch ein verrückter Kauz! Er hat seinen Regenschirm tief über den Kopf gezogen, und in der anderen Hand trägt er seinen Stock. Seine Beine sind sicher gleich mit Schlamm bedeckt.

»Plinio!«

Nein, durch den Regen hört er uns nicht. Kannst du ihn überhaupt noch sehen? Er ist verschwunden wie ein Gespenst. Er musste wohl dringend zu seiner Stelle im Wald.

Du fragst, wer in Hipana hinter den Morden steckt. Ich finde, dass das eine gute Frage ist. Wer will so viel Böses gegen meine Familie tun, obwohl wir selber so friedlich sind? Ich kann dir nicht viel dazu sagen. Ich weiß auch nicht, was solche Informationen dir nützen. Was würdest du tun, wenn du wüsstest, wer der Mörder ist?[30]

Über die Jahre ist das Böse stärker geworden in meinem Dorf. Ich kann es spüren, seit wir angekommen sind. Das Böse in Hipana hat eine Geschichte, sie reicht weit zurück. Als ich ein Kind war, wurde einmal ein neues Haus gebaut. Die Erwachsenen hoben die Löcher für die Holzpfähle aus, und ich spielte mit der Erde und dem Sand. Ich fand zwei kleine Dosen, die tief vergraben waren, randvoll mit verklumptem schwarzem Pech. Ich warf sie einfach weg, aber ich erzählte auch meinem Großvater José davon, der damals der Häuptling war. Er war nicht mal überrascht. Er sagte, dass er die Döschen schon lange in seinen Träumen gesehen hatte, sie aber nirgendwo finden konnte.

Solches Gift wird tief unter der Erde vergraben, und die Menschen beginnen deswegen Streit. Die jungen Männer prügeln sich um die Mädchen, Eheleute entzweien sich ohne Grund.[31] Aber niemand weiß, wer diese Dosen vergraben hatte, ob es ein Zauberer von flussaufwärts oder von flussabwärts war. Wir wissen nur, dass es immer viel Streit in Hipana gegeben hat, irgendwelche Beschuldigungen, irgendwelche Gerüchte.

Nie weiß man so etwas ganz genau. Selbst wenn ein Giftmord geschieht, kann keiner sagen, wer der Mörder ist. Wir wissen nur, dass er unter uns lebt. Ist es ein Mann oder eine Frau? Alt oder jung? Der Mörder besucht unsere Feste und sitzt im Gemeindehaus, morgens und abends, beim Frühstück und beim Abendessen mit dem ganzen Dorf. An einem geheimen Ort versteckt er sein Gift.

Mein Bruder Silvestre hat mir mit seinen letzten Atemzügen verraten: »Unsere eigenen Verwandten, die zwei Stunden flussabwärts wohnen, in unserem Nachbardorf Pana-Pana, tun uns das an. Drei Männer haben mir Maracaimbara ins Bier getan.«

Ich wusste, dass er recht hatte und dass es so passiert sein muss. Noch um drei Uhr morgens waren die Männer aus Pana-Pana beim Fest mit ihm zusammen und haben mit ihm getrunken. Aber Namen nannte Silvestre nicht.

Ich weiß nur, dass diese Männer aus der Familie des alten Mário stammen. Mário ist ein Maliri, er nennt sich sogar Jaguarschamane, und seine Söhne erzählen, dass er so mächtig wie mein Vater ist. Aber großes Ansehen genießt er bei den meisten Familien nicht. Er ist so alt wie mein Vater, ja, das stimmt, sie stammen aus der gleichen Generation. Aber Mário ist eine andere Art von Maliri. Er hat eine andere Art von Zauberei gelernt und besitzt seine eigene Sorte Pariká. Mein Vater ist schon an viele Orte in der Anderen Welt gereist, die Mário nicht mal zur Hälfte kennt. Mário kann ein paar Heilungen vollbringen, aber ich würde mich persönlich nicht darauf verlassen. Die Leute sagen, er kann Gift mischen und versteht sich aufs Verwünschen und den Tod.

Alles Böse, aller Neid in diesem Dorf wird uns von Mários Familie gebracht, von seinen Söhnen, Enkeln und Cousins. Sie leben alle in Pana-Pana, bloß Mário nicht, der wohnt im Wald ganz für sich allein. Jeder weiß, dass sie in Pana-Pana Giftmischer sind, aber sie haben auch Freunde hier in Hipana.

Wenn wir in Hipana Feste feiern, kommen auch die Verwandten aus Pana-Pana. Bei den Huhuteni gehört es sich so, man besucht sich bei Festen im Nachbardorf. Häufig war Mário mit dabei, viele Jahre lang kam er mit seiner Zigarre im Mund in unser Dorf, er paffte und saß da in einer Wolke von Qualm. Einmal habe ich ihn darauf angesprochen. Ich fragte ihn: »Verehrter Großvater, was sprechen Sie da in Ihre Zigarre hinein? Was treiben Sie für einen Zauber mit Ihrem Tabak?«

Aber offenbar bin ich der Einzige, der den Mut hat, sich mit dem alten Mário anzulegen. Jeder weiß, dass auf unseren Festen schon Streit ausbricht, bevor die Hälfte vom Bier ausgetrunken ist. Mir ist klar, dass es an den Zigarren des Alten liegt. Mário kommt bloß zum Fest, um mit seinem Tabak Unfrieden zu stiften. Auf meine Frage hat er nicht mal geantwortet, und seine Söhne und Enkel schauten mich komisch an. Dann verließen sie alle gemeinsam das Fest und waren wütend auf mich. Später kamen sie aber wieder zurück. Bei den kommenden Festen hat der Alte draußen geraucht.

Der Tabak hat eine Bedeutung in unserer Kultur. Es gibt Zigarren, die einen guten Zauber bewirken, mit solchen arbeitet mein Vater viel. Ein Maliri kann sie rauchen und den Qualm auf seine Patienten blasen, dann verschließen sie den Körper und Geist. Zigarren schützen einen Menschen vor Angriffen der Seelen, die in den Steinen wohnen. Sie können sogar die Liebe eines alten Ehepaares neu beleben. Andere Zigarren enthalten aber ein Gift oder einen bösen Zauber. Sie bringen Streit, Krankheiten oder den Tod. Ich glaube, dass Mário solche Zigarren herstellt, aber den Unterschied kannst du von außen nicht erkennen. Äußerlich sind alle Zigarren gleich.

Ich bin der Sache einmal auf den Grund gegangen und habe den alten Mário direkt danach gefragt.

»Hey, Großvater«, sagte ich, »ich möchte gerne etwas von Ihnen lernen. Wie tötet man einen Menschen?«

Da hat er mich aber komisch angeschaut!

»Das sage ich dir nicht«, antwortete er, »sonst lernst du es noch und bringst mich um.«

Meiner Meinung nach weiß er jetzt, dass ich ihm auf die Schliche gekommen bin. Ich habe zwar Angst vor ihm, aber er hat auch Angst vor mir.

Du sagst, dass ich gar keine Beweise habe? Beweise wirst du keine finden, dafür ist Mário zu schlau. Diese Alten bewahren das Gift nicht mal zu Hause auf, und sie tragen es selten mit sich herum. Sie vergraben es im Herzen des Waldes, in einem hohlen Knochen oder einem Keramiktopf, den sie mit Kautschuk versiegeln. Nur wenn sie etwas davon brauchen, gehen sie wieder hin. Ihr Versteck geben sie niemals preis, weil das Gift ihre Waffe und ihr Geheimnis ist.

Am 26. Dezember um 8:30 Uhr ist mein Bruder Silvestre in Tunuí Cachoeira gestorben. Ich weiß nicht, ob die Soldaten sich in der Krankenhausstation viel Mühe mit ihm gegeben haben. Ich kann es nicht sagen, man weiß solche Dinge nicht. Anscheinend haben sie ihn nicht mal an einen Tropf gehängt. Dabei hatten sie mir das versprochen.

Als Silvestre tot war, hatten die Soldaten plötzlich Benzin für uns. 100 Liter ließ der Feldwebel für uns an den Anleger stellen. Wir nahmen die Gebeine meines Bruders mit, sonst hätten sie ihn hinter der Kaserne begraben. Sie hätten ihn in ein Loch geworfen wie einen Hund.

Ich war sehr erschöpft, aber wir fuhren meinen Bruder in die Stadt. Seine kleinen Söhne saßen auf dem Schoß ihrer Mutter und weinten.

Wie oft habe ich meinen Vater schon gefragt: »Warum haben wir selber kein Gift?«

Er antwortet dann immer, dass er von Beruf ein Heiler ist. Er sagt, dass er niemandem etwas Böses antun will. Ich entgegne ihm wieder und wieder: »Aha, und deswegen sollen wir alle sterben? So viele aus unserer Familie sind schon tot!«

Ich beurteile diese Sache anders als mein Vater. Diese Familie bringt uns um, und wir haben kein Gift. Also brauchen sie auch keine Folgen zu befürchten und können weitere Morde planen. Ich habe das meinem Vater erklärt, und er hat dazu einfach »Ja« gesagt.

Ich machte mir Vorwürfe, weil mein Bruder gestorben war. Hätte ich ein kleineres Fest ausrichten sollen, hätte das weniger Neid provoziert? Hätte ich die Biermenge begrenzen sollen, die ausgeschenkt wurde? Als mein Bruder bestattet war, fuhr ich von São Gabriel nur noch ein einziges Mal nach Hipana zurück. Mein Sohn war dort zurückgeblieben, weil er nicht mehr aufs Boot passte, ich holte ihn ab. Ich sagte Plinio Lebewohl und verabschiedete mich sogar von den Leuten auf der anderen Seite des Dorfes. Zum Abschied sagte ein Onkel mir: »Du verschwindest besser schnell von hier. Sonst geht es nicht gut für dich aus.«

Aber heute bin ich wieder zurück. Wir wollen ein Fest ausrichten fürs ganze Dorf. Es soll ein Bierfest geben nach der Art von Hipana, und ich glaube, dass es ein fröhliches Ereignis wird. Ich will, dass die Leute wieder gemeinsam feiern und trinken. Alle sollen sehen, dass es ihnen gut geht, wenn die Schamanenfamilie in Hipana ist.

Der Regen ist jetzt vorbei, und die Nacht wird erfrischend kühl ausfallen. Nach einem Regen kannst du leichter atmen. Wir müssen jetzt ins Bett. Zieh deine Badeschlappen an und geh vorsichtig über den Dorfplatz zu deiner Hütte, auf dem Schlamm rutschst du sonst leicht aus. Morgen wirst du die Kirchenglocke hören, weil der Tag mit einem Gottesdienst beginnt. Danach werden Vorbereitungen für das Bierfest getroffen.

Mein Vater hat immer gesagt: »Fröhliche Feste haben ihre eigenen Zauberkräfte. Wenn wir singen und tanzen, vertreibt das die schlechten Gedanken. Es wird die Menschen wieder zusammenbringen.«

6

Wirf ihn in den Fluss!

Sie fragten mich, ob ich aus dem Himmel komme.
Ich antwortete: »Nein, New York liegt nicht im Himmel.
Wir sind hier alle bloß Erdenmenschen. Es gibt nur Einen, der
vor langer Zeit aus dem Himmel herabgestiegen ist. Er schickt
mich her, damit ich euch seine Worte lehre.«

Danach fuhr ich weiter den Ayari-Fluss hinauf, zu den
Wasserfällen, die die Karom-Indianer für ihren Geburtsort
halten. Sie sagten mir, dass an diesem Ort Zuli[32], ihr Gott, die
Hand des ersten Hexendoktors ergriffen habe, um ihn die Zeichen seiner Zunft zu lehren. Solche Markierungen sieht man
immer noch tief in die Felsbrocken gemeißelt, die rings um das
Becken des Wasserfalls stehen. Die Karom sagen, die Felsen
stammten aus der alten Zeit, in der ihre Rasse ihren Ursprung
nahm.

Ich erklärte ihnen, dass das Bilder des Teufels waren, der
sich als leuchtender Engel verstellte, um den ersten Hexendoktor zu unterweisen.

Die Indianer teilten mir mit, dass einige Hexendoktoren
mich nicht empfangen wollten. Aber einer kam doch und war
sehr ernst. Er wollte wissen, was er mit seinem Stein tun sollte,
der ihm über Generationen hinweg von Zuli herabgereicht
worden war. Der Stein verlieh ihm die Autorität, Hexerei zu
praktizieren.

»Wirf ihn in den Fluss, wo er am tiefsten ist«, antwortete
ich.

»Ja«, fügte einer der Indianer hinzu, »gib ihn dem Teufel zurück.«

Aus dem Missionsbericht von Sophie Muller, einer US-amerikanischen Missionarin, die ab den Vierzigerjahren des vergangenen Jahrhunderts an den Flüssen Içana, Uapes und Ayari tätig war.[33]

7

Heeri – das Licht einer anderen Sonne

Herr, Erbarme Dich!
Hier hast du ein Gebetbuch, schlag es auf Seite 25
auf. Dann kannst du dem Gottesdienst folgen.
Christus, Erbarme Dich!
Es ist gut, dass du dich zu mir gesetzt hast. Mit den Abläufen in der Kirche kenne ich mich wie kein Zweiter aus.
Herr, Erbarme Dich, in der Kirche solltest du nicht zu weit
vorne oder hinten sitzen, das hat mir der Pater erklärt. Wer
vor Gott tritt, soll sich nicht aufspielen, aber auch nicht so
weit hinten bleiben, als wollte er als Erster aus der Tür. In dieser Kirche sitzen sowieso immer alle auf den gleichen Plät-
zen, die Männer links, die Frauen und Kinder rechts. Fast alle
aus dem Dorf sind heute hier. Mir ist aufgefallen, dass keine
Familie fehlt. Du willst wissen, warum es nach Seife riecht?
Das ist so, weil sich vor dem Kirchgang das Baden gehört.
Zusätzlich zum Gebetbuch musst du das Gesangbuch
aufschlagen. Gleich wird das Lob-Gottes-Lied gesungen, das
steht auf der Seite 141, und dann wird das Markusevangelium
gelesen, was eine Schülerin übernimmt. Kapitel 10, die Verse
35 bis 45. *Wer in Gottes Augen groß sein will, soll anderen dienen, und wer der Erste sein will, soll sich allen anderen unter-
ordnen.*
Plinio hat es mit dem Katechisten so organisiert, dass erst
alles in unserer Baniwa-Sprache aufgesagt wird, so wie es

üblich ist, und dann noch mal auf Portugiesisch für dich als Gast. So hast du kein Problem damit, den Abläufen zu folgen. Bei weiteren Fragen wendest du dich an mich.

Die Missionare haben diese Kapelle die Herz-Jesu-Kirche genannt, *Igreja do Sagrado Coração de Jesus*. Am Eingang steht das auf einem kleinen Schild. Zur Kapelle gehören auch Bibeln und Altartücher und zwei Madonnen aus Holz. Der Katechist hat sie alle auf den Altar gestellt und mit Kerzen und getrockneten Blumen dekoriert. Ich finde, er macht das schön. Er ist ein Neffe von Plinio und hat das Amt erst im vergangenen Jahr übernommen. Er liest die Texte auf Baniwa vor, und Plinio übersetzt sie dann.

Früher war ich selber der Katechist. Als wir Kinder waren, haben die Patres viel Neues gebracht. Wir wurden getauft, die Älteren gingen zur Kommunion, und die Patres kümmerten sich um die Schule und um die Kapelle. Als ich in die Schule kam, waren wir die erste Schulklasse überhaupt, die jemals in Hipana eingerichtet wurde. 1973 passierte das. In der ersten Klasse saßen 20 Schüler ab zehn Jahre, aber weil es im Dorf früher keine Schule gegeben hatte, war ich schon 14 Jahre alt. Eine Lehrerin kam aus der Stadt zu uns, sie hieß Teresinha[34] und hatte sehr weiße Haut. Die Lehrerin war noch jung. Sie erzählte uns von anderen Dörfern und anderen Völkern und von ihrer Familie in Minas Gerais, das im Süden von Brasilien liegt. Anfangs war sie streng, aber später haben wir sie alle gemocht.

So lernten wir schreiben, den Buchstaben A, den Buchstaben E und so weiter. In der ersten Zeit hat die Lehrerin uns mit einem Holzstock auf die Finger geschlagen. Als es zu viel wurde, sind wir aus der Klasse gelaufen und am nächsten Tag nicht mehr zurückgekommen. Die Lehrerin hat mit allen Eltern geredet, die sagten, sie würden ihre Kinder lieber zu

Hause schlagen. Danach hat sie es nicht mehr versucht. In Wirklichkeit wurden wir aber kaum zu Hause geschlagen. Nur Plinio bekam von seinem Vater viele Prügel, er hatte als Kind eine schlechte Zeit.

Für jeden Schüler wurde in der Schule sogar ein Essen serviert, mit Reis, Bohnen und Nudeln, Milch, Nescau und Haferflocken. Das Essen kam aus der Stadt[35] und wurde von allen als großer Vorteil des Schulbesuchs angesehen. Die Lehrerin bewahrte Medizin der Weißen in einem Schrank auf, um kleine Krankheiten zu heilen, Dipiron und Kinder-Aspirin, Kopfschmerzmittel, Imodium gegen Durchfall. Sie hatte einen Kurs über das Spritzensetzen absolviert. Unsere Dorfgemeinschaft baute für die Lehrerin ein Haus.

Die Lehrerin sagte, dass ich der klügste Schüler sei. Ich hatte die besten Noten auf dem Zeugnis, also sollte ich mich um die Kapelle kümmern. Das habe ich von da an gemacht. Ich dekorierte den Altar, fegte den Boden, läutete die Glocke und erklärte allen das Wort Gottes. Anfangs hat die Lehrerin die Texte auf Portugiesisch gesprochen, und ich habe sie in die Baniwa-Sprache übersetzt. Später konnte ich beides allein. Wenn einmal im Monat Pater Carlos[36] kam, las er die Messe selber, aber ich bereitete alles vor. Viele Jahre später, mit 25, wurde ich Katechist.

Du sagst, dass das deiner Meinung nach nicht zusammenpasst? Ein Katechist, der der Sohn des Schamanen ist? Da gibt es aber kein Problem. Mein Vater hat es immer unterstützt, dass ich den Patres half. Für meinen Vater bedeutet Religion, dass man seinen Verwandten hilft, jeden freundlich empfängt und wie einen Freund behandelt. Er sagt, dass man miteinander reden und sich gegenseitig zum Essen einladen soll. Mein Vater setzte sich an den Sonntagen selber mit in die Kirche.

Ich glaube, dass mein Vater das von meinem Großvater José gelernt hat. Mein Großvater hatte die Patres auch immer gut empfangen. Die Patres mochten ihn, weil er ihre Sprache gut verstand, aus der Kautschukzeit, als mein Großvater als Bootsmann für die brasilianischen Händler arbeitete. Mein Großvater und mein Vater hatten mit den Patres kein Problem.

Die ersten Missionare kamen in den Sechzigerjahren an.[37] Sie reisten in Gruppen auf mehreren Booten über die Flüsse, und in den Dörfern sprach sich herum, wann sie hierhin und dorthin kommen würden. An jedem Ort blieben sie zwei oder drei Tage lang. Der katholische Pater José kam als Erster nach Hipana. Er gehörte zum italienischen Salesianerorden und wurde direkt aus São Gabriel geschickt. Pater José hat mich getauft, aber ich erinnere mich natürlich nicht mehr daran. Mein Vater hat es mir später erzählt.

In meiner Jugend hieß der Missionar, der uns besuchte, Pater Carlos. An ihn erinnere ich mich gut. Das Dorf war damals größer, als du es heute siehst. 22 Familien lebten in Hipana, und alle nahmen am katholischen Gottesdienst teil. Jeden Morgen läutete die Klingel an der Kapelle schon sehr früh, vor dem Beginn der Arbeitszeit, und wir haben gemeinsam gebetet.

Nur in den ersten Jahren gab es Streit. Mein Vater hat einmal mit mir über diese Zeit gesprochen, und ich weiß, dass er damals verärgert war. Als Pater José zum ersten Mal nach Hipana kam, sammelte er die Gegenstände der Malirinai ein: die Steine, die *Maraca*-Rasseln, die Federn und die Knochen. Sie transportierten alles irgendwohin, ich weiß nicht genau, an welchen Ort. Vielleicht liegen die Gegenstände heute in einem Museum in Manaus. Die ersten Patres erzählten den Leuten, dass die Malirinai ihnen Lügen auftischten. Die

Steinchen und Holzstücke, die sie aus den Menschen saugten, seien in Wahrheit keine Krankheiten. Die Missionare sagten, der Pajé habe sie sich vorher in den Mund gesteckt.

Damals gab es aber auch unter den Patres Streit. In unserer Gegend fuhren auch andere Missionare herum, die die evangelische Religion[38] verbreiten wollten. Eine Amerikanerin, die Sophia Muller hieß, besuchte alle Dörfer und errichtete an vielen Orten ihre eigenen Missionsstationen und Kirchen. Das begann schon, bevor ich geboren war.[39] Sophia Muller war eine Weiße, und meine Verwandten sagen, dass sie lange Haare hatte, sie war stark und schön. Sie brachte den Menschen Lesen und Schreiben bei. Ihr Bootsmann hat später den Leuten verraten, dass sie sich nachts in eine mächtige Anaconda-Schlange verwandelt, aber ich denke, dass das ein Aberglaube ist.

Die Evangelischen sprachen sehr böse über die Malirinai, noch böser als anfangs die Patres. Sie sagten, dass Schamanen die Arbeit des Teufels tun. Die Evangelischen haben viele Malirinai aus ihren Dörfern vertrieben und ihre Gegenstände einfach zerstört. Sie redeten auch schlecht über die Mariengebete der Katholiken.

Die Frage der korrekten Religionszugehörigkeit wurde damals von den Dorfgemeinschaften entschieden. In jedem Dorf sprachen die Verwandten darüber, ob man lieber katholisch oder evangelisch sein soll. Bei den Frauen kamen die Ansprachen von Sophia gut an. Einige hielten sie für eine Heilige, die aus dem Himmel kommt und die Wahrheit spricht. Anderen gefiel es gut, dass die evangelischen Missionare den Erwachsenen Lesen und Schreiben beibrachten und nicht nur den Kindern. Aber Frauen sind schwach, und wenn man ihnen etwas erzählt, glauben sie das sofort. Männer hören sich erst mal alles an und stellen dann ihre Fragen:

»Ist das auch wirklich wahr, was du erzählst?« Die Männer wussten, dass die Religionszugehörigkeit über das Leben unserer Seelen in der Ewigkeit entscheidet.

Flussabwärts am Rio Ayari und am Rio Içana wurden fast alle Dörfer evangelisch. Die katholischen Patres kümmerten sich dann viel um die Dörfer am oberen Ayari. Sie kamen mit einer anderen Meinung über die Schamanen zurück. Pater Carlos erzählte meinem Vater, dass unsere Zauberkraft, *Malikai*, ein großes Geschenk ist, das Gott den Völkern hinterlassen hat. Er ließ ihn weiter als Pajé arbeiten, und er half ihm sogar dabei, einige Gegenstände wiederzufinden, die die Missionare ihm weggenommen hatten. So erlaubte mein Vater, dass die Patres in Hipana bleiben durften. Die Evangelischen mussten verschwinden.[40] Eine Handvoll Nachbardörfer hat genauso entschieden wie wir. Wir sind am Ayari eine Minderheit. Unsere Dörfer sind katholisch, und wir wissen noch viel über die Zauberei.

Seither herrscht aber viel Streit zwischen den Dörfern. Die Evangelischen sagen über uns, dass alle Katholiken in die Hölle müssen, weil wir rauchen, tanzen und trinken. Einige lassen uns nicht mal in ihre Dörfer. Sie sind der Ansicht, dass wir Teufel sind. In den evangelischen Dörfern haben sie keine Malirinai, und sie kennen die alten Tänze und Lieder nicht mehr.

Mein Vater sagt, dass die Evangelischen nicht unsere Feinde sind, sie wüssten bloß zu wenig über das Leben und die Welt. Persönlich sehe ich es so, dass ich als Katholik aufgewachsen bin. Ich bin so getauft, und ich will nach den Lehren von Pater Carlos leben. Er hat mir die heilige Kommunion gegeben, und ich habe ihn nie betrunken gesehen.

Ich selber bin ein Mann, der ab und zu gerne trinkt. Ich tanze auch gern und rauche Zigarren, und manchmal beginne ich beim Bierfest einen Streit. Vor meinen Söhnen habe ich schon unanständige Wörter benutzt. Pater Carlos hat nie gesagt, dass man deswegen in die Hölle kommt. Also gehe ich davon aus, dass solche Dinge eine persönliche Entscheidung sind. Jeder katholische Mann trifft sie für sich allein.

Die Evangelischen reden den ganzen Tag davon, dass bei ihnen das Rauchen und Trinken verboten ist. Also schön, zwei kleine Dinge des Lebens lassen sie weg. Aber wie viele ihrer Töchter bekommen Babys, bevor sie erwachsen und verheiratet sind? In manchen Dörfern laufen sogar die Pastorentöchter mit schwangeren Bäuchen herum. Ich kann dir evangelische Pastoren zeigen, die erst geheiratet haben und später ihre Familien sitzen ließen. Ich frage dann immer: »Was für eine Religion soll das sein? Was wird Jesus Christus darüber denken?«

In der Kirche haben wir jetzt das Wort unseres Herrn gehört, hat dir der Gottesdienst gefallen? Ich will dir heute aber noch etwas anderes zeigen. Schon früh am Morgen, als wir noch schliefen, hat Plinio unser Kanu bereit gemacht. Lass uns zur Anlegestelle unterhalb des Wasserfalls gehen. Wir unternehmen einen Ausflug, aber keinen Ausflug zum Spaß. Wir haben Arbeit vor uns, es wird ein harter Tag.

Du musst mich jetzt entschuldigen, während wir im Kanu sitzen. Ich werde das Erklären unterbrechen und die Gebetsformeln sprechen. Das muss sehr leise geschehen, denn *Benzimentos* sollen im besten Fall gar nicht hörbar sein. Ich will auch nichts davon übersetzen. Beim Sprechen balle ich meine Hand zu einer Faust und halte sie vor den Mund. Mein Vater hat uns die Formeln beigebracht, aber wer sie hören will, muss dafür vorbereitet sein. Eigentlich möchte ich nichts weiter darüber erzählen. Achte nicht auf mich und mach etwas anderes, während ich rede.

Wir wollen heute eine Pariká-Pflanze finden. Die Suche erfordert bestimmte Kenntnisse. Du glaubst vielleicht, dass die Ufer hier am Ayari alle gleich aussehen. Du erkennst die Unterschiede in den Wurzeln nicht, die von den Böschungen ins Wasser ragen, die verschiedenen Farbtöne von Erde und Sand, die Beschaffenheit der Lianen, die sich um die hohen Bäume ranken. Nur wenn du diese Unterschiede kennst, kannst du die Pariká-Pflanze finden, aber nein, stell mir nicht solche Fragen, die Gebetsformeln helfen kein bisschen dabei.

Wir fahren zu einer Pariká-Pflanze, die ich mit Plinio schon vor einigen Monaten entdeckt habe. Das Boot binden wir an dieser großen Baumwurzel an. Plinio macht einen festen Knoten, damit die Strömung das Kanu nicht losreißen kann. Folge dicht hinter uns, wir schlagen einen Weg mit den Macheten frei und laufen an diesem kleinen Bach entlang. An einigen Stellen müssen wir ihn überqueren, pass auf, dass du nicht ausrutschst und ins Wasser fällst!

Das ist das Problem mit deinen dicken Stiefeln. Alle weißen Besucher tragen so etwas im Wald. Wenn sie ins Wasser rutschen, sind die Stiefel nass. Ich komme mit Badeschlappen besser zurecht. Moskitos und Schmetterlinge schwirren um uns herum, ein paar Bienen sind gekommen und interessieren sich für unseren Geruch. Du musst dich in Acht nehmen, denn es gibt auch Wespen hier. Ich habe eine Zigarre angezündet, der Rauch hält sie in der Regel fern. In diesem Stück Wald ist mehr Leben, als du es aus der Gegend um Hipana kennst. Der Bach führt kein schwarzes Wasser wie der Ayari. Pariká-Pflanzen wachsen nur an Bächen, die weißes Wasser führen, das im Juni und Juli den Waldboden überschwemmt. Plinio und ich haben diesen Bach schon häufig besucht.

Siehst du? Alleine wärst du vorbeigelaufen. Pariká ist diese Pflanze hier, der schmale Baumstamm, dessen Krone du von hier unten kaum siehst. So hoch ist er schon gewachsen! Die Rinde der Pariká hat weißliche Flecken, und hier am Stamm kannst du ein paar Blätter sehen. Sie glänzen und sind dunkelgrün, so kannst du die Pflanze erkennen. Jetzt haben wir Arbeit zu tun.

Der erste Schritt ist, dass du die Rinde abschlägst. Sieh her, tcha-hack, nimm ein Stück in die Hand, die äußere Rindenschicht schäle ich mit dem Messer ab. Was kannst du auf der Innenseite dieses Holzstücks sehen? Winzige rote Punkte, glänzend wie frisches Blut. Das ist das Harz dieses Baumes, das wir gewinnen wollen. Wenn da keine roten Punkte sind, lohnt sich die Arbeit nicht, aber dieser Baum ist fürs Ernten bereit.

Die Götter haben die Pariká-Pflanzen für die Schamanen hinterlassen, damit der Kontakt zwischen den Welten niemals verloren geht. Diese Bäume standen schon hier, als unsere Zeit begann.

Heute wachsen aber weniger davon als früher. Vielleicht gibt es in dieser Gegend einfach zu viele Malirinai. Wenn du Pariká machst, muss der Baum dafür sterben, weil er ohne seine Rinde nicht überleben kann. Jede Familie von Malirinai läuft immer wieder durch den Wald und holt Pariká, denn ohne Pariká kann niemand auf Reisen gehen. Ein Maliri soll immer einen guten Vorrat zu Hause haben, denn er weiß ja nicht, wann der nächste Patient ankommt. Das Pariká, das wir heute zubereiten, bringe ich später meinem Vater in die Stadt. Ich will auch für mich selber wieder eine ordentliche Portion behalten, so habe ich das noch jedes Mal gemacht.

Es ist heiß geworden, aber die Arbeit wird noch einige Stunden dauern. Mit diesem Messer ziehe ich Schnitte in den Baum, dann pelle ich die weiche Rinde der Länge nach ab. Plinio hat einen Plastikeimer mit Wasser aus dem Bach gefüllt, er wäscht die Rindenstücke darin aus. Es ist wichtig, dass das rote Harz sich mit dem Wasser des gleichen Baches mischt, an dessen Ufer der Pariká-Baum wächst. Das schwarze Wasser des Ayari eignet sich dafür nicht. Die ausgewaschenen Rindenstücke nehmen wir mit aufs Boot, denn auch sie werden für die Herstellung gebraucht. Wenn wir hier fertig sind, fahren wir rasch ins Dorf. Die Pariká-Herstellung ist ein zeitkritischer Prozess.

Pariká ist nicht die einzige Pflanze, die für die Huhuteni eine Bedeutung hat. Wir kennen viele verschiedene Mittel, die für die Heilung von Krankheiten eingesetzt werden. Jede Familie hat ihre eigenen Spezialitäten und kennt ihre eigenen Fundstellen im Wald. Es gibt Pflanzen, die man selber im Garten ziehen muss, und Schlingpflanzen, die im Wald an bestimmten Bäumen wachsen. Wir stellen Essenzen aus Pilzen, Moosen und sogar aus Insekten und Bienenwaben her. Manche Mittel helfen gegen Schmerzen und Fieber, andere gegen einen verdorbenen Magen oder ein schwaches Herz.

Das führt zu weit, ich kann dir nicht alles erklären, es gibt einfach zu viele Pflanzen hier. Mein Freund Plinio kennt ein Blatt, das in der Nähe des Dorfes wächst und das man zwischen den Fingern zerreibt. Man kann sich den Saft in die Augen träufeln, um besser zu sehen oder um eine Augenentzündung zu heilen.

Die Pflanzensuche ist ein schwieriges Geschäft, weil jede Pflanze auch einen Spiegel hat. Spiegelpflanzen sehen einander ähnlich, sodass man sie leicht verwechseln kann. Das ist gefährlich, denn manche Spiegel bewirken gegensätzliche Dinge im Menschen.

Aber die wichtigste Heilpflanze ist Pariká. Ohne Pariká gelingt einem Maliri nichts.

Denn viele Krankheiten, an denen die Menschen leiden, stammen gar nicht aus dieser Welt. Die Medizin der Weißen kann diese Krankheiten nicht heilen, nicht wirklich, höchstens an der Oberfläche, später kommen die Krankheiten dann wieder zurück. Die weißen Ärzte schneiden einige Menschen sogar auf. Sie führen chirurgische Operationen durch, um in den Körpern nach der Wurzel der Krankheit zu suchen, aber sie finden sie trotzdem nicht. Der Ursprung der Krankheit liegt in der Anderen Welt. Dorthin muss der Maliri reisen, um seinen Patienten zu heilen.

Wenn du kein Zauberer bist, meinst du vielleicht, es gibt nur die Dinge, die du siehst. Du glaubst dann, dass nur diese eine Welt existiert. Doch wenn du Pariká nimmst, lernst du schnell, dass es in Wahrheit anders ist.[41]

Mit Pariká kannst du die Welt besuchen, die unter dem Boden liegt. Das ist der Ort Unserer Knochen, wo die Seelen leben, die noch keine fertigen Körper haben. Wenn wir sterben, wandern unsere Gebeine dorthin, unter die Erde, damit wieder neue Menschen, Tiere und Bäume daraus entstehen. Sie warten darauf, dass unsere Welt zu Ende geht und dass ihre eigene beginnt. Du kannst den Blick auch nach oben richten und in die Andere Welt über den Wolken reisen. Dort triffst du die Seelen der Menschen und Tiere, die schon gestorben sind. Im Himmel über der Anderen Welt leben die Götter aus der alten Zeit.

Aber mein Vater sagt, dass solche Reisen tückisch sind. In der Anderen Welt gibt es so viele Orte und Häuser zu entdecken, so viele Ebenen mit eigenen Welten und Himmeln, dass du dich schnell verlaufen kannst. Du steigst immer weiter hinauf, auf Leitern aus Licht, die dich durchs Universum führen, und diese Welt hier unten wird klein. Du überwindest Hindernisse und wehrst Feinde ab, du musst an den

Wächtern vorbei. Die ersten Wächter sehen wie Geier aus, danach attackieren dich weiße Vögel, die beim näheren Hinsehen weiß leuchtende Männer und Frauen sind.[42] Sie sind schön, sie sehen gut aus, aber sie sind auch ein Hindernis und wollen dich vertreiben.

Auf manchen Reisen triffst du Verwandte, Großväter und Urgroßväter, die die Seelen verstorbener Malirinai sind. Einige helfen den Reisenden in der Anderen Welt voran, aber andere wollen das nicht. Bei der Ausbildung lernen die Malirinai von ihrem Lehrer, welche Wege sie nehmen müssen, um nicht verloren zu gehen. Sie wandern durch Häuser, Dörfer und Städte, und der Meister erklärt ihnen, wo sie sind.

Wenn du gut vorankommst, siehst du auf deiner Reise das Inferno. Wenn du weitergehen willst, musst du dort sterben. Du springst in ein Bad aus kochendem Baumharz, denn mit deinem Körper kannst du nicht weiter hinauf. Du nimmst allen Mut zusammen und springst hinein. Doch nur ein sehr guter Lehrling, der streng alle Regeln seiner Ausbildung beachtet, kommt überhaupt so weit. Die meisten Reisenden schaffen es höchstens bis dahin, wo die Geier sind. Der Großvater Mário zum Beispiel, da bin ich mir sicher, hat es noch nicht weiter geschafft.

Ich selber bin auch bloß zu den Geiern gekommen. Von dort werde ich jedes Mal wieder zurückgeschickt. Bisher ist das leider so, aber mein Vater sagt, dass ich nicht aufgeben soll. Von ihm weiß ich, wie die Reise danach weitergeht. Du begegnest dem alten Dzuliferi, dem ersten Schamanen unserer Welt, der über die Pflanze Pariká und alle Zauberkräfte herrscht. Du siehst, dass er ein uralter Greis ist, der in einer Wolke von Tabak lebt. Er zeigt dir ein Haus voller Kranker, und dort leiden die Patienten an allen Krankheiten der Welt. Ihr Zustand ist schlecht, sie haben geschwollene Bäuche, zerschnittene Haut und gebrochene Knochen. Da sind sogar Patienten ohne Arme und Beine.

Du sagst Dzuliferi, dass du einen Menschen heilen willst, und er macht dich zum Arzt, es ist wie ein Test. Er stellt dir eine Kiste mit Heilmitteln hin und sagt: *Stelle einen dieser kranken Menschen wieder her!*

Wie machst du das? Du musst es lernen.

Du erblickst einen Himmel, an dem eine andere Sonne steht. Das ist Heeri, die Sonne der Alten Zeit. Du kannst zum Gott aller Krankheiten reisen, zu Kuwai. Du weißt, wie er aussieht, denn Kuwais Bild ist in viele Felsen rings um die Wasserfälle von Hipana geritzt. Er ist ein Gott, der den Körper eines Faultiers hat und dessen Pelz voller Geheimnisse steckt. Jedes Teil seines Körpers ist eine Flöte, eine Trompete oder ein anderes Musikinstrument. Zwischen seinen Haaren wachsen die Krankheiten, alle Gifte, die es im Universum gibt.

Du musst eine starke Seele besitzen, damit du den Mut aufbringst, den Pelz von Kuwai zu umarmen. Du kannst ihm ein Haar ausreißen oder vielleicht eine Kralle oder einen Zahn. Dann darfst du auf die Krankenstation von Dzuliferi zurück und dort einen Kranken heilen. Wenn du Erfolg hast, reist du in unsere Welt zurück. Die Heilung wird dann auch hier unten gelingen.

Du siehst, die Krankheiten kommen aus der Anderen Welt. Der Reisende bringt die Heilmittel von dort mit.

Doch die Zauberkraft, Malikai, ist eine gefährliche Angelegenheit. Wo der Zauberer gesessen und Pariká geschnupft hat, sollen anschließend niemals die Kinder spielen. Sonst werden ihre jungen Seelen verwirrt, und die Kinder werden krank. Wenn du frisch aus der Anderen Welt zurückgekehrt bist, darfst du keine Frauen anschauen, denn sonst würdest du sie nackt sehen, ohne ihre Kleider. So gut ist die Sehkraft mit Pariká. Es ist besser, dass du dein Gesicht wegdrehst, wenn da Frauen sind.

Ich habe auch schon gehört, dass ein Maliri auf keinen Fall in eine Schlägerei verwickelt werden darf, wenn er gerade aus der Anderen Welt zurückgekehrt ist. Sonst schlägt er zu, und die Krankheit springt auf seinen Widersacher über.[43] Bei einem üblen Kerl kann man das natürlich machen. Aber ich würde nicht in eine Bar in São Gabriel gehen und mit irgendwem einen Faustkampf beginnen. Dann wäre es ja nicht fair.

Wenn du ein Maliri bist und Pariká genommen hast, stehst du vielleicht plötzlich auf und rufst: »Unsere Feinde kommen!« Die anderen Dorfbewohner fragen sich: »Woher weiß er das?« Du weißt es, weil die Pflanze es dir erlaubt. Du bist ein Zauberer geworden. Du kannst die Bedeutung der Zeichen sehen. Vielleicht haben deine Verwandten einen toten Hund oder einen toten Fisch gefunden. Sie bringen ihn zu dir, du nimmst Pariká, und schon kannst du sagen, was die Bedeutung ist. Vielleicht kriecht bald eine Schlange ins Dorf, oder Mörder lauern im Wald, ein Gewitter mit tödlichen Blitzen zieht herauf.

Im Traum steigt die Seele eines Schamanen über das Dorf, über die Flüsse und den Wald. Von dort aus kannst du alles sehen, und du weißt, wie die Dinge sind. Du siehst, wenn Verwandte Krankheiten bekommen oder vergiftet werden. Du erspähst die Feinde aus anderen Dörfern und kannst deine Krieger vor ihnen warnen. Du zündest eine Zigarre an, und wenn die Gegner den Rand des Dorfs erreichen, um alle zu töten, riechen sie den Tabakrauch. Sie werden dann friedlich und blasen ihren Angriff ab. »Lasst sie leben, sie haben uns doch nichts getan«, sagen die Feinde dann. Das ist schon sehr häufig passiert, und die Verwandten haben nicht mal etwas davon bemerkt. Die Malirinai haben unser Dorf immer wieder beschützt.

Mein alter Vater besitzt bis heute solche Macht. Er nimmt Pariká, und sogar in der Stadt kann er uns sagen, wann Besuch kommen wird. Mein Vater weiß so viele Dinge! Wenn ein Mann seine Machete irgendwo liegen lässt, geht er zu meinem Vater, mein Vater nimmt Pariká, und dann sagt er ihm, wo die Machete gerade ist.

Doch in den meisten Fällen nimmst du Pariká, um einen Patienten zu heilen. Du reist zu Kuwai und kehrst wieder zurück. Du schnupperst den Tabak, denn Tabak holt dich in diese Welt zurück. Die Heilung ist jetzt keine Schwierigkeit mehr, es gibt mehrere Möglichkeiten dafür. Du kannst einen Eimer Wasser über dem Patienten ausschütten, damit spülst du die Krankheit aus ihm heraus. Sie bleibt auf dem Boden liegen als ein Steinchen oder ein Dorn, als ein Stück Knochen oder als ein Haar. Daran kannst du erkennen, welche Krankheit es gewesen ist.

In anderen Fällen fährst du mit dem Mund über den Körper des Patienten und saugst die Krankheit heraus. Du sprichst Gebete in deine Zigarre und verschließt mit ihrem Rauch seinen Körper. Das ist notwendig, denn sonst kriecht die Krankheit von Neuem in ihn hinein. Manche Prozeduren müssen wiederholt werden, es kommt auf die jeweilige Krankheit an. Bei einigen Krankheiten muss der Patient eine Woche beim Maliri zubringen. Er wird dann von der Familie in einer Hütte untergebracht, wenn er von auswärts angereist ist. Einigen Kranken geht es so schlecht, dass mehrere Malirinai zusammenarbeiten müssen.

Vielleicht kommt dir das Heilen ganz einfach vor, aber in Wirklichkeit steckt harte Arbeit dahinter. Es reicht ja nicht aus, einfach nur Pariká zu nehmen. Erst musst du ein guter Maliri geworden sein. Viele Male musst du reisen und die Andere Welt erkunden, es ist wie ein Studium in einer Stadt der Weißen. Du musst die richtigen Benzimentos kennen, bis du keine Fehler mehr beim Aufsagen machst, weil ein einziges falsches Wort die Wirkung zerstört. Du musst lange Zeiten ohne Essen und ohne Frauen verbringen. Ein Lehrer mit großer Erfahrung muss dir etwas von seiner Macht übertragen. Das ist sehr aufwendig und dauert viele Jahre lang.

Es stimmt schon, die Medizin der Weißen kommt auch mit einigen Krankheiten zurecht. Die Aussichten auf eine Heilung durch Ärzte sind halbe-halbe, würde ich sagen.

Ich habe schon Beschwerden gehabt, bei denen eine Tablette Paracetamol, ein Antibiotikum oder eine Chirurgie mehr ausrichten konnten als unsere Kräuter oder eine Behandlung beim Maliri. Die Ärzte im Militärkrankenhaus in São Gabriel können sogar Fälle von Vergiftung kurieren, sie spritzen ein Gegenmittel in den Arm oder operieren ein Stück vom Darm heraus. Die Verwandten müssen es aber erst schaffen, das Opfer rechtzeitig in die Stadt zu bringen.

Ärzte gehen mit Tuberkulose und Malaria und mit Tripper sehr gut um. Doch von anderen Krankheiten kennen sie nicht mal die Namen. Die Krankheit der Steine, die in den Mägen und Köpfen der Menschen herumrollen, ist ihnen kein Begriff. Auch nicht die Krankheit der Haare, die unter der Haut immer länger wachsen und in unsere Körper kriechen. Sie wissen nichts von den Dornen, die in Knochen und Gliedmaßen stecken, oder von der Schlange, der Mutter aller Fische, die im Blut der Menschen schwimmt und ihr böses Gift verströmt.[44]

Deshalb untersuchen die Ärzte der Weißen schon mal einen Patienten mit aufgedunsenen Beinen, steifen Schultern, Kopfdruck und schlimmen Schmerzen am ganzen

Körper. Der Patient ist so krank, dass ihm die Freude am Leben vergeht, aber der Arzt stellt nichts an ihm fest. All seine Laborgeräte sind für diese Krankheit blind. Die Ärzte sagen dann: Das sind die »Krankheiten des Indianers«[45].

Aber das Wort finde ich unpassend. Auch die Weißen können solche Krankheiten bekommen, die meisten Krankheiten zumindest, und ein Maliri kann sie bei der Wurzel packen und heilen. In meinem Volk wissen die Leute das. Ein guter Heiler ist einer, von dem die Leute sagen, dass er schon vielen Menschen geholfen hat. Die anderen haben auf Dauer keinen Erfolg.

So kann man einen guten Schamanen von den schlechten unterscheiden. Bei den Ärzten ist es meiner Meinung nach das Gleiche.

Die Huhuteni haben viele mächtige Heiler hervorgebracht. Wir wissen viel über die Zauberkraft. Die Weißen kennen mich als Alberto, weil dieser Name in meinem Ausweis von der brasilianischen Regierung steht, aber als ich klein war, hat mein Vater mich anders getauft. Er gab mir den Namen Dzuliferis, des ersten Zauberers der Welt. Mein Vater hat eine Zigarre angezündet und unseren Ahnen bekannt gegeben, dass sein Sohn ab jetzt so heißt.

Als Kind habe ich wenig darüber nachgedacht, aber mit 19 Jahren wurde es Zeit für meine eigene Initiation als erwachsener Mann.[46] Unsere Gruppe bestand aus 21 jungen Männern, Plinio war mit dabei, und einige Brüder und Schulkameraden. Der mächtigste Schamane in unserem Clan war damals mein Urgroßvater, also hat er die Veranstaltung geleitet. Lontra haben sie ihn genannt, den Otter. Er war schon ein sehr alter Mann.

Als Kinder hatten wir Angst vor der Initiation, doch es ist eine andere Sache als junger Mann. Die Nächte mussten wir in einer Hütte[47] verbringen. Alle saßen zusammen mit den Alten, den Zeremonienmeistern, die die Beschwörungsformeln auswendig kennen. Sie murmelten ihre Benzimentos, und wir Initianten wurden mit Ruten geschlagen. Das ist nicht angenehm, aber für uns gehört es zum Ritual.[48] Am Ende der ersten Nacht blieben wir in der Hütte, danach blies mein Urgroßvater Tabakrauch auf unsere Köpfe. Er sagte zu mir:

»Jetzt, wo du diese Nacht überstanden hast, bist du wirklich ein Mann. In dir steckt eine Kraft, die anders als die eines Kindes ist. Sie hat dir geholfen, diese Nacht durchzustehen. Im Leben musst du viele Prüfungen bestehen, dabei kannst du dich auf diese Kraft besinnen.«

Dann erzählte der Urgroßvater jedem von uns, was ihn im Leben erwarten wird. Mir sagte er voraus:

»Du wirst von Weißen umgeben sein. Ich selber werde schon längst in der Anderen Welt leben, sagte der Urgroßvater, aber dich suchen die Weißen auf. Sie werden von weit her kommen, um mit dir zu reden, du wirst eine Bekanntheit erlangen. Ich werde längst tot sein, aber es wird geschehen.«

Bisher ist noch alles, was der Urgroßvater uns vorhergesagt hat, auch wirklich passiert.

Du willst wissen, warum sie uns ausgepeitscht haben. Was soll ich dir dazu erklären? Die Rute ist Teil unserer Kultur, sie heißt *Adabi*, und Rituale soll man nach der alten Art begehen. Wir waren keine Kinder mehr und leisteten längst harte Arbeit in unseren Dörfern. Wir hielten ganz schön was aus. In der Hütte bekamen wir nur Wasser mit Maniokmehl zu essen, und es gab viele Prüfungen zu bestehen. Erst sollten wir laufen, 30 Minuten lang im Kreis, bis wir müde wurden und auf den Boden fielen. Dann sollten wir klettern und springen. Einmal bauten die Alten Hindernisse aus Schlingpflanzen und

Bambus auf, und wir mussten sie überwinden, erst 40 Zentimeter, dann ein Meter, am Ende sogar zwei Meter achtzig.[49]

Jeder Tag brachte andere Übungen, eine Woche lang. Wenn wir nachts aus der Hütte traten, um in den Wald zu gehen, stand immer ein Alter neben der Tür mit seinem Stock. Er schlug gegen unsere Schienbeine, das schmerzte sehr. Einige Schulkameraden wussten schon von dieser Prüfung, also sind sie über den Stock gesprungen, aber mir hatten sie nichts gesagt. Am Ende der Woche waren wir müde. Die Schnitte der Peitsche brannten auf meiner Brust und am Rücken. Es ist nicht leicht, mit solchen Schmerzen in der Hängematte zu schlafen. Als es zu schlimm wurde, habe ich den Alten aber Bescheid gegeben und mich beschwert. Sie haben dann Zigarrenrauch auf die Wunden geblasen.

Am letzten Abend verbanden die Alten unsere Augen. Der Kopf war uns leicht nach dieser Tortur, aber die Prüfungen kamen zu einem Ende. Wir durften die Heiligen Flöten hören, das tiefe Brummen vom Beginn der Welt. Wenn du die Flöten hörst, lernst du, wer Kuwai ist, denn die Flöten sind aus seinem Körper gemacht. Kuwai ist der Herr über die Krankheiten und das Gift, aber von ihm haben wir auch die Musik. Die Alten sagen, dass es ohne Kuwai kein Leben gibt, dass er die Welt für uns Menschen bereit gemacht hat. Doch am Ende wurde Kuwai zu ungestüm, zu wild, er verlor die Kontrolle über sich. Er war ein Gott und wollte immer weiter wachsen. Kuwai wurde so groß und mächtig, dass sein Vater ihn in ein Feuer stieß. Niaperikuli, unser Schöpfergott, hat seinen eigenen Sohn geopfert, sonst wäre er immer weiter gewuchert und hätte die ganze Schöpfung wieder zerstört. Deshalb lebt Kuwai jetzt in der Anderen Welt.

Das Initiationsfest wird zu seinen Ehren veranstaltet.[50] Die Alten holen die Flöten aus ihrem Versteck unter dem

Fluss hervor[51] und bringen sie anschließend wieder zurück. Danach feiern alle Verwandten drei Tage lang. Ich erinnere mich an die Musik, die Tänze und die vielen gegrillten Tiere. Es gab zwei unterschiedliche Sorten Wildschwein und das Fleisch gebratener Tukane. Ein mächtiger Alligator lag auf dem Feuer, daneben etliche Sorten Fisch. Bis in die Nacht hinein tranken wir frisches Bier. Ich möchte sagen: Ich fühle mich wohl mit unserer Kultur.

Damals war aber eine andere Zeit. Unser Dorf war größer, 22 Familien lebten in Hipana. Alle waren katholisch und nahmen am Gottesdienst teil. Mit ihren Krankheiten gingen sie zu meinem Vater, meinem Großvater und meinen Onkeln, den Malirinai. Als mein Großvater starb, wurde mein Vater der Häuptling von Hipana. Er war der mächtigste unter den drei Schamanen.

Mein Vater hatte damals so viel Kraft, dass er sogar das Maracaimbara-Gift aus den Körpern der Opfer heraussaugen konnte. Er wusste, wie man die krank machenden Flüche böser Zauberer bricht. Jede Nacht sah mein Vater im Traum, welche Patienten ihn am kommenden Tag besuchen würden und wie ihre Krankheiten hießen. Wenn eine Frau in der Nacht einen unanständigen Traum über Männer hatte, sah mein Vater vor seinen Augen eine Schlange. Er verstand dann, warum die Frau solche Gesundheitsprobleme hatte. Wenn ein Mann mit Bauchschmerzen zu ihm kam, erschien meinem Vater ein Paka. Das bedeutet, dass die Frau dieses Mannes sein Fleisch nicht ausreichend lange kocht. Er hat das Paka zu roh verspeist.

Vor jeder Behandlung erhielt mein Vater seine Bezahlung. Die Menschen kamen von weit her und brachten uns Obst, Maniokmehl, Fische und Jagdfleisch. Alle wollten von meinem Vater geheilt werden, aber ohne Bezahlung kann ein

Maliri nichts erreichen, nicht mal bei seinen eigenen Verwandten. Wie viel ein Patient bezahlen muss, hängt von der Schwere der Krankheit ab. Mal reichen zwei Rollen Tabak, eine Stange Streichhölzer, zwei Kilo Zucker und etwas Salz. Andere Male müssen es zwei Badehosen sein, ein Bettlaken oder zwei kleine Töpfe.

Ich war damals dafür zuständig, die Patienten im Boot zu meinem Vater zu bringen und ihre Bezahlungen entgegenzunehmen. Einige Nachbarn haben sich darüber bei mir beschwert, vor allem die Leute aus Pana-Pana. Sie schimpften, weil mein Vater so viele Geschenke bekam.

»Wenn ihr Patienten heilen könntet«, habe ich den Verwandten gesagt, »dann kämen die Leute auch zu euch. Aber das könnt ihr nicht. Ihr könnt nur schlecht über andere reden.«

Du merkst, wie neidisch diese Verwandten sind.

Ich habe meinen Vater einmal gefragt, warum ein Maliri die Menschen nicht kostenlos heilt. Er antwortete, dass er seine Arbeiten sogar ausführen würde, ohne eine Bezahlung zu erhalten, dass die Heilung dann aber nicht funktioniert. Die Familie des Kranken muss ein Opfer bringen. Mein Vater sagt, dass er diese Regeln nicht gemacht hat, sie wurden bei der Schöpfung der Welt so festgelegt. Bei seinen Reisen in die Andere Welt muss mein Vater den Göttern die Geschenke vorzeigen, sie fragen ihn dort danach. Ohne Bezahlung kommt die Krankheit aus dem Patienten nicht raus. Je größer die Bezahlung ausfällt, desto schneller kann mein Vater etwas erreichen.

Wenn die Patienten sehr krank waren, brachten sie besonders große Geschenke mit, wertvolle Gegenstände und später auch Geld. Sogar Weiße waren einige Male in Hipana, eine Frau aus São Paulo kam zu uns, eine Lehrerin, die seit acht Jahren in den Krankenhäusern behandelt wurde. Sie ging nur noch an einem Stock. Sie hatte sehr weiße Haut und war unheimlich dick. Man konnte das gut erkennen, weil sie sich nackt ausziehen musste. Mein Vater leerte den Wasserkübel mit *Caapi*-Blättern über sie aus.

Erst wollte sie sich nicht ausziehen, aber wir haben ihr versichert, dass es nichts Unanständiges ist. Mein Vater arbeitet wie ein Arzt, und man darf sich nicht genieren, wenn man nackt vor ihm sitzt. Alle im Dorf haben ihr das bestätigt, und alles blieb anständig, sie hatte auch eine Kollegin als Begleiterin dabei. Wir sahen zu, wie mein Vater das Wasser warf, und waren sehr erschrocken, denn er zog ein Haarbündel und einen Dorn aus ihrem Bein. Das ist eine sehr komplizierte Krankheit. Mein Vater verbot der Weißen, Gerichte mit Salz zu kochen, und sie durfte sieben Tage lang keine Bohnen, Reis oder Hühnchen essen. Ich nehme an, sie ist heute wieder gesund, ich habe nichts Gegenteiliges gehört. Sie gab meinem Vater 1000 Reais[52].

Einmal haben sie meinen Vater sogar in das Krankenhaus in São Gabriel eingeladen. Dort arbeitete ein Arzt namens Doktor Camilo, und er mochte meinen Vater sehr. Er hat ihn bei einigen Patienten helfen lassen, die sehr krank waren. Die Patienten fragten selber danach. Mein Vater sagt, dass er viel geholfen hat, weil Doktor Camilo die Krankheiten nicht gut auseinanderhalten konnte. Doktor Camilo hat sich bei meinem Vater bedankt und vielen Leuten in der Stadt davon erzählt.

Als mein Vater jung war, hatten die Weißen noch keine so hohe Meinung von ihm. Fast alle Weißen, die in diese Gegend kamen, wurden im Auftrag der Kautschukbarone geschickt. Sie behandelten alle Índios schlecht.[53] Mein Vater musste für die Weißen Kautschuk sammeln, viele Jahre lang hat er das gemacht. Sie zwangen ihn zum Arbeiten, weil er ihnen Geld schuldete. Erst brachten sie Waren ins Dorf, die seine Familie brauchte, dann mussten alle Männer dafür mit Arbeit bezahlen.

Es war hart, durch den Wald zu laufen und Kautschuk zu ernten. Man ritzt die Rinde der Bäume ein und lässt die Milch über Nacht in eine Schale tropfen. Wenn man die Latexmilch eingesammelt hat, kocht man sie noch in der gleichen Nacht zu einem Gummiball. Mein Vater war für 80 bis 100 Kautschukbäume zuständig, sie standen weit auseinander, und mancher Weg dauerte fünf Stunden. Viel Schlaf hat er damals nicht bekommen. Viele Verwandte sind beim Kautschuksammeln gestorben. Sie wurden von Schlangen gebissen, steckten sich mit Malaria an oder wurden von den Händlern erschossen, weil sie ihnen zu wenig Kautschuk brachten. Später gab es aber auch Tote unter den Händlern.

Mein Vater war sehr stark. Ich glaube, er hat alle Arbeit gut gemacht. Er erzählt aber immer, dass er in der Kautschukzeit sehr leiden musste. In der gleichen Zeit, als er ein Kautschuksammler war, begann er schon seine Ausbildung zum Maliri.

Später kamen Weiße aus Kolumbien zu uns, mit denen wir besser auskamen. In den Siebzigerjahren reiste ein Kolumbianer aus der Grenzstadt Mitú hier an, der unser Kunsthandwerk kaufen wollte: geflochtene Körbe, Köcher zum Fischfangen, geflochtene Manioksiebe, Holzschalen, manchmal sogar Keramiktöpfe. Im Gegenzug brachte er uns Hängematten, Seife, Kleider, Salz, Angelhaken, Töpfe aus Metall, Taschenlampen und Batterien und Kugelschreiber. Die Kinder waren stets auf seine Ankunft gespannt, denn er brachte Spielzeug aus den Städten mit, Puppen und Plastikautos.

Manchmal überließ er uns Gegenstände auf Kredit, und nach einem halben Jahr, bei seinem nächsten Besuch, mussten wir ihn bezahlen, wie es ausgemacht war: acht Dutzend Flechtkörbe, zwölf Dutzend Flechtkörbe, mit einem Durchmesser von 30, 40 oder 50 Zentimetern am Boden. Einen Korb herzustellen dauert ungefähr einen Tag.

Der Händler hieß Carlos, er kam bis zum Jahr 1988 immer wieder zu uns und kaufte in der ganzen Gegend Kunsthandwerk ein. Er war ein kurzer und schmaler Mann, und sein Gesicht war so dunkel wie unsere hier. Er war ein Indigener vom Tolima-Volk, das in Kolumbien lebt, bis in seine Heimat sind es neun Tagesreisen von hier. Früher musste er selber als Kautschuksammler arbeiten. Später hat er eine Schwester meines Schwagers geheiratet, und er nahm sie nach Mitú mit.

Carlos kam mit zwei Kanus an, denn große Boote können die Flüsse in unserer Gegend nicht passieren. Er hatte einen Außenbordmotor mit 25 PS, und seine Boote waren voll mit Handelswaren. Unser Kunsthandwerk wurde später bis nach Bogotá und sogar ins Ausland verkauft, dieser Carlos verdiente viel Geld.[54] Ich habe mal gehört, dass in seinem Lager in Mitú 25 Männer arbeiteten. Er war ein milder Mann, der leise sprach. Er brüllte uns nicht so an wie die anderen Kolumbianer. Er bedrohte uns nicht mit Gewehren, deshalb kamen alle gut mit ihm zurecht.

Damals wuchs der Wohlstand in meinem Dorf. In Hipana erhielten wir Einkünfte durch den Handel, es gab die Unterstützung durch die Missionare, und die Schamanen nahmen Bezahlungen für ihre Heilungen an. Zweimal im Jahr schickte die Stadtverwaltung die Schulspeisung ins Dorf, sie wurde auf einem großen Boot geliefert und meinem Vater zum Lagern und Verteilen übergeben. Neue Schüler kamen aus den

Nachbardörfern an unsere Schule, und ihre Familien bauten hier eigene Häuser. Lehrer und Hilfslehrer lebten bei uns. Viele sagen, dass in den Siebziger- und Achtzigerjahren alles gut verwaltet wurde, weil die Malirinai unsere Häuptlinge waren. Es war damals eine gute Zeit.

Unsere Lehrerin Teresinha lebte bei uns. Sie hatte einen Onkel, der Brigademajor bei der brasilianischen Luftwaffe war, und einmal kam er uns sogar besuchen. Wir glauben alle, dass er mit dahintersteckte, als das Militär anordnete, dass in Hipana eine Landepiste für Flugzeuge angelegt werden soll. Die Soldaten sagten, dass die Grenze zu Kolumbien besser kontrolliert werden muss. Wir glauben aber, es ist auch passiert, damit Teresinha einfacher zu ihrer Familie reisen konnte. Sicher haben sie sie in ihrer Familie sehr vermisst.

Die Soldaten kamen mit Helikoptern, sie brachten Markierungen an und transportierten Baumaterial an den Rand des Dorfes. Viele Wochen lang wohnten Arbeiter bei uns im Dorf, sie wurden in Hängematten im Gemeindehaus untergebracht. Hinter dem Dorf mussten viele Bäume gefällt werden, 1976 begannen sie damit. Mein Vater war einverstanden und ordnete an, dass alle Arbeiten ausgeführt werden sollten. Von der Luftwaffe erhielt er eine Bezahlung dafür, dass unser Dorf ab jetzt die Flugpiste in Ordnung hielt.

Damals schon haben einige Soldaten unsere Lehrerin ausgefragt: Was macht eine Frau mit weißer Hautfarbe hier alleine unter den Indianern? Ist es wegen des Kokains?

Meiner Meinung nach war das sehr unfair. Mit dem Kokain hatte Teresinha nichts zu tun. Der Händler Carlos erzählte uns vom Kokain. Er sagte, dass man mit Kokapflanzen viel Geld verdienen kann und dass sie hinter unserem Dorf auch wachsen könnten. Dieses Geschäft sei noch besser als Kunsthandwerk. Beim nächsten Besuch brachte Carlos Setzlinge aus Kolumbien mit, denn alle im Dorf wollten Kokapflanzen anbauen, und die meisten taten das auch. Bald hatte jeder ein paar Kokasträucher in seinem Garten.

Ich weiß noch, wie mein Bruder Eduardo mir Ende der Siebzigerjahre erzählte: »Es gibt ein großes neues Geschäft in der Region, wir können nach Kolumbien ziehen und bei der Ernte der Kokasträucher helfen.« Aber mir ist solche Arbeit zu viel. Ich bin dafür nicht gemacht. Früh aufstehen und sogar im Regen arbeiten gefällt mir nicht. Ich habe aber bis heute einen Kokastrauch in meinem Garten. In der Baniwa-Sprache nennen wir die Pflanze *Hipatú*. Nur wenige Huhuteni benutzen sie, doch ich kann eine gute Medizin gegen Zahnschmerzen daraus machen. Sie wirkt auch gegen die Müdigkeit und hilft beim Auswendiglernen langer Benzimentos.

Ich weiß nicht, wie die Polizei damals von unseren Kokasträuchern erfuhr. Irgendwann Mitte der Achtzigerjahre kamen sie in unser Dorf. Acht Bundespolizisten stiegen unten am Wasserfall aus, sie kamen mit Booten, nicht im Helikopter. Im Dorf war schon Mittagszeit. Mittags sind die meisten Leute aber gar nicht zu Hause. Sie arbeiten draußen in ihren Gärten. Ein Leutnant war dabei, und er fragte mich: »Wo ist Carlos, der Kolumbianer? Und wo ist José Felipe?«

Diese zwei Personen wollten sie sprechen. José Felipe hat lange in Kolumbien gelebt, weil er bei den Händlern als Verladehelfer gearbeitet hat.

»José Felipe ist mein Schwager«, sagte ich den Polizisten.

»Und wo finden wir ihn?«

»In seinem Garten«, antwortete ich.

Die Polizisten hatten eine Karte dabei, die nicht aus Papier gemacht war. Sie war ein elektronisches Gerät. Darauf war eine Luftaufnahme von unserem Dorf zu sehen, und das Gerät zeigte an, in welche Richtung die Polizisten laufen sollten. Niemand weiß, woher sie so ein Gerät hatten und wer eine Luftaufnahme von unserem Dorf gemacht hat. Die Verwandten hatten ihre Kokasträucher auf der anderen Seite der Flugpiste gepflanzt, vom Dorf aus gesehen rechts. Der Leutnant schaute sich diese Gegend auf seiner Karte an. Die Polizisten liefen herum und suchten nach Kokasträuchern, aber der Apparat funktionierte nicht richtig, und um drei Uhr nachmittags waren sie schon müde davon. Dann wollten sie doch an das Ende der Piste wandern, wo damals die Sträucher standen.

»Aber wieso wollen Sie da hinlaufen?«, fragte ich sie. »Was ist das für ein komischer Apparat, dass er immer in diese Richtung zeigt? In dieser Richtung finden Sie nur Palmen für die Dächer unserer Häuser, sonst nichts.«

»Du schwindelst doch«, sagte der Leutnant zu mir.

»Da gibt es nichts«, antwortete ich. »Aber bei José Felipe findet ihr solche Sträucher.«

Also sind wir zum Garten meines Schwagers gewandert. José Felipe kam uns auf halbem Weg entgegen. Er hat auch gleich zugegeben, dass er Kokasträucher gepflanzt hat, und er führte die Polizisten hin.

»Nur diese zwei Sträucher?«, fragte der Leutnant ihn.

»Ja, nur diese zwei. Das ist meine Medizin. Meine Vorfahren stammen aus dem Desana-Volk, und diese Pflanze gehört zu meiner Kultur.«

»Wir müssen die Sträucher jetzt aber verbrennen.«

José Felipe sagte, dass er es traurig fand, seine Medizin zu verlieren. Aber weil die Polizisten von so weit angereist waren, hätte er auch Verständnis dafür, also sollten sie eben ein Feuer machen. Einer leerte einen Benzinkanister über José Felipes Kokasträucher aus, und dann war die Sache zu Ende. Es wurde auch niemand verhaftet.

Weiter draußen, viele Kilometer weit im Wald, gab es die Kokapflanzung von Carlos. Niemand weiß, wie viele Hektar das waren. Ich war zu müde, die Polizisten auch noch dorthin zu führen, und kehrte ins Dorf zurück. Der Leutnant hatte selber keine Lust und folgte mir.

»Alberto, hast du mir auch die Wahrheit gesagt?«, fragte er mich noch einmal.

Ich sagte: »Wir können ja morgen noch mal suchen gehen.«

Der Kolumbianer Carlos ist damals geflohen und kam nie wieder nach Hipana. Später haben die Polizisten doch seine Pflanzungen gefunden und alles verbrannt. Wir waren traurig, weil unsere Lehrerin Teresinha Angst bekam. Sie packte ihre Sachen und kehrte in ihre Heimat zurück. In Hipana hatten wir alles verloren: das Kokaingeschäft, unseren Händler und auch noch unsere Lehrerin.

Hilf mir jetzt ein bisschen. Nimm das Stück Plastikfolie in die Hand. Du musst Luft zu mir herüberfächeln.

Ich habe ein Feuer angezündet, beim dritten Anlauf hat es endlich geklappt. Ich bin nicht gut darin, Feuer anzuzünden. Frauen können so etwas besser, denn sie kochen jeden Tag. Sie haben die richtige Übung dafür. Aber dies ist ein Feuer, in dessen Nähe keine Frau kommen darf.[55]

Wir sind mit dem Eimerchen voller Harz und den Rindenstücken ins Dorf zurückgekehrt und kochen Pariká. Drei Steinbrocken habe ich nebeneinandergelegt, dazwischen die Holzscheite. Siehst du, wie gut das Feuer jetzt brennt? Die Steine schützen die Flammen vor dem Wind, was eine gleichmäßige Temperatur garantiert. Ich finde, dass diese Konstruktion gut gelungen ist. Obendrauf steht der Aluminiumtopf mit dem ausgewaschenen Harz. Das Harz ist im Wasser zu einer braunroten Flüssigkeit geworden, jetzt hat es die Farbe von altem Blut. Die Mischung muss gleichmäßig kochen, das bedeutet, dass sie nicht zu heiß werden darf. Ich werde für den Rest des Tages hier sitzen bleiben und mit einem Holzstück darin rühren.

An diesem Ort, wo das Feuer brennt, stand früher das Haus meines Vaters. Hier empfing er seine Patienten und nahm sein Pariká. Du darfst aber trotzdem hier rumlaufen und Fotos machen. Mach einfach, was du willst, das hier ist keine Zeremonie. Pariká zu kochen ist eine normale Arbeit für einen Maliri. Ich habe mir eine Tabakzigarre angezündet, weil es gut ist, wenn man beim Pariká-Kochen raucht.

Du kannst auch in die anderen Häuser laufen. Überall werden heute Geschäfte erledigt, weil in zwei Tagen das Bierfest beginnt. Die Türen stehen dir offen auf dieser Seite des Dorfes, wo meine Verwandten leben. Du wirst sehen, dass jede Familie ein oder zwei Feuer angezündet hat.

Jede Familie braut heute ihr eigenes Bier. Die Frauen bereiten *Macaxeira* zu, eine Manioksorte, sie pressen sie aus und kneten sie in Plastikschüsseln zu einem Brei. Das laute Rattern, das über den Dorfplatz schallt, kommt von der Familie meines Cousins. Sie haben dort eine Maschine, die mit Diesel betrieben wird, sie hat einen Motor und macht das Auspressen der Maniokwurzeln leicht. In einer großen Metallpfanne rösten die alten Frauen Maniokmehl. Es muss lange mit einem Holzschaber umgerührt werden, damit es eine gleichmäßige gelbe Farbe bekommt. Beim Maniokrösten entsteht viel Qualm, deshalb findet die Arbeit in einer Hütte ohne Wände statt. Sie steht ein Stück abseits der Häuser. Auf den Holzgerüsten in der Sonne siehst du die Brotfladen trocknen, die meisten Familien machen sie aus hellweißem *Tapioca*mehl. Es gibt aber viele unterschiedliche Sorten Maniokmehl und Maniokfladen. Jede hat ihre eigene

Funktion und Verwendung und einen unterschiedlichen Geschmack.

Zwischen den Frauen siehst du die kleinen Kinder sitzen, mit blutroten Händen, denn sie pulen die *Urucum*früchte auf. Aus den zerstoßenen Samen gewinnen wir die rote Farbe, um unsere Körper, die Flöten und den Schmuck zu bemalen. Die Männer sind zum Wasserfall gegangen und haben Köcher ausgelegt. Das Wasser fließt mit großer Kraft, aber alle Männer kennen sich dort gut aus. Sie wissen, auf welche Steine sie treten dürfen, ohne dass die Strömung sie in die Tiefe reißt. Mit etwas Glück springen heute Nacht noch Piabos in die Köcher, kleine Fische, die flussaufwärts bis ins Quellgebiet reisen. Sie sind zwar klein, aber kräftig, an den Fällen springen sie die Steine hinauf. Hipana liegt an einem doppelten Wasserfall, sodass viele Fische in unsere Köcher gehen. Mit den Fischen haben wir Glück im Dorf.

Ob jemand zur Jagd gegangen ist, weiß ich nicht. Einige Frauen waren heute Morgen schon in den Gärten, um Pfeffer zu holen, und sie haben auch Gemüse, Ananas und Ameisen[56] mitgebracht. Es ist einfach, die Ameisen zu sammeln. Du steckst ein Palmenblatt in ein Ameisenloch und ziehst es wieder heraus. Die Ameisen haken sich daran fest. Du kannst die Ameisen kochen oder sie für die Soße benutzen. Ihre Köpfe kannst du auch roh in den Mund stecken. Du beißt darauf, und der Kopf zerplatzt, den restlichen Körper drehst du mit den Fingern ab. Du verziehst dein Gesicht, aber persönlich finde ich, dass Ameisen ein guter Beitrag zur Ernährung mit Eiweißstoffen sind.

Plinio hat nebenan seine eigene Feuerstelle angelegt. Wir haben viele Male zusammen Pariká gekocht. Jeder kennt seine Aufgaben, wir müssen dabei nicht reden. Was Plinio macht, ist ein wichtiger Prozess. Er hat die Rindenstücke gleichmäßig zugeschnitten und verkohlt sie auf einem Wellblechstück. Alles muss heute geschehen, noch am Tag der Ernte, deshalb arbeiten wir bis spät in die Nacht. In der Rinde muss noch viel Saft stecken, sonst gelingt das Pariká nicht. Die Rindenstücke sollen gleichförmig verkohlen, deshalb wendet Plinio sie wie Affenschenkel auf einem Grill. Am Ende zerfallen sie zu schwarzem Staub, dann rühren wir sie in den Sud. Du darfst nicht zu viel und nicht zu wenig Rinde benutzen. Es gibt eine ganz bestimmte Mischung, die du kennen musst, eine spezielle Farbe und Konsistenz.

Du sagst, hier riecht es schlecht? Ja, das stimmt, aus dem Topf steigen süßliche Dämpfe auf. Der Rauch der verkohlten Rinde beißt scharf in die Augen und Nase. Einige Menschen halten den Geruch von Pariká nicht aus. Auch mir wird allmählich etwas übel, denn es ist schon spät, und ich habe den ganzen Tag über nichts gegessen. Bei der Zubereitung musst du nüchtern sein.

Für heute sind wir fertig, der Sud kann jetzt trocknen, ich stelle den Topf hinter das Haus. Die Pariká-Paste wird morgen in der Vormittagssonne brennen, bis sie hart wie Stein geworden ist. Dann kratzt du sie mit einem Löffel heraus. Das rostbraune Pulver zerstößt du fein und füllst es in Plastikdöschen ab. Ich habe das Gefühl, dass es ein starkes Pariká geworden ist. Für heute ist unsere Arbeit getan.

Wir wollen zu den anderen Männern gehen. Sie sitzen an der Anlegestelle für die Boote auf den Steinen und verkosten das erste Bier. Wir nennen es *Cashiri*, und ich weiß, dass solches Bier für dich ungewohnt ist. Du kennst nur das Bier aus der Stadt. Cashiri ist die braune Brühe in diesem Topf. Wundere dich nicht über den sauren Geschmack.

Merkst du es schon? Cashiri steigt schnell in den Kopf. Es macht nicht so müde wie das Bier der Weißen, es macht sogar ganz wach. Jede Familie hat ihr eigenes Cashiri-Rezept. Manche geben Süßkartoffeln dazu, andere Ananas oder Palmenfrüchte von der Açaí. Du kannst deine Campingtasse auffüllen oder die halbe Schale einer Kokosnuss. Aus dem Biertopf bedient sich jeder, wie er will.

Es ist gut, dass wir hier unter Männern trinken, weil das Cashiri viele Bilder in unseren Köpfen erzeugt. Cashiri lässt uns lachen und Geschichten erzählen, die uns in der Nacht gefährliche Träume bescheren. Verstehst du, was ich dir sage? Männer bekommen harte Schwänze vom Cashiri.

Die Frauen in Hipana sind schön. Vielleicht findest du eine auf dem Bierfest, und sie nimmt dich mit in den Wald? Hier im Dorf schauen alle Männer gerne die Frauen an. Es ist aber nicht gesund, wenn ein Mann zu viel Hand an sich legt. Ein Mann muss darauf achten, dass er seinen Körper gut verschlossen hält, sonst fließt alle Kraft heraus.

Ich glaube aber, dass viele es trotzdem tun. Manche denken zwei- oder dreimal an die Mädchen in der Nacht. Wenn du keine Frau hast, kannst du dir aus Schlingpflanzenblättern und Latexsaft selber eine machen, du solltest dann aber vorsichtig sein. Wenn du von Mädchen träumst, darfst du auf keinen Fall noch raus in den Wald. Sonst merken die Yoopinai, dass der Körper eines Mannes nicht verschlossen ist, und sie dringen als Krankheiten in dich ein.

Morgen wirst du Kopfschmerzen haben und einen aufgeblähten Bauch. Viele Generationen lang haben unsere Frauen mit den Zutaten experimentiert, um eine Mischung fürs Cashiri zu finden, bei der man ohne Schmerzen aufwacht. Bisher haben sie aber keinen Erfolg. Du lachst, ich sehe, das Cashiri zeigt seine Wirkung in dir. Sei vorsichtig! Wenn du eine Frau einfangen willst, darfst du nicht zu betrunken sein. Sonst fällst du hin, und sie läuft wieder weg.

Die Tradition schreibt uns vor, dass für das Heiraten nur Frauen aus den anderen Clans infrage kommen. Am besten suchst du dir eine Braut aus einem anderen Dorf, das weit entfernt liegt, zum Beispiel am Rio Uapes[57]. Meine Vorfahren haben dort früher all ihre Frauen beschafft. Später wurden in den Dörfern am Uapes jede Nacht Krieger aufgestellt, um die Mädchen zu bewachen. Alle Mädchen im heiratsfähigen Alter mussten in der Mitte der Häuser schlafen. Trotzdem haben meine Vorfahren sich immer wieder welche geholt.

Zwischen den Dörfern gab es damals viel Krieg. Meiner Meinung nach lag das auch an den gestohlenen Frauen. Es gab aber aus vielen Gründen Kriege, sogar Kannibalismus war üblich in der alten Zeit.[58] Meine Vorfahren hatten Feinde in den Wäldern, die Baré, die vom Rio Negro stammten. Sie kamen her, um meine Verwandten als Sklavenarbeiter für die Weißen einzufangen. Auch meine Vorfahren haben damals Sklaven von anderen Völkern genommen.

Unsere stärkste Waffe war damals der Tabak. Unsere Krieger rauchten eine Zigarre, und dann fielen die Feinde der Reihe nach um. Die Nachbarn am Uapes-Fluss hatten aber noch stärkeren Tabak als wir, also konnten sie unsere Angriffe erwidern. Pater Carlos hat mal gesagt: »Die Índios haben die Atombombe erfunden.« Er sagte das, weil der Tabak am Uapes noch stärker ist als der Tabak hier. Man bläst seinen Rauch in die Luft, und ein ganzes Dorf fällt um. Am Uapes mussten immer sechs Männer eine einzige Zigarre festhalten, um sie anzuzünden, und dann flog sie hinauf zu den Sternen. Später kam sie wieder runter und steckte ein Dorf in Brand. Die Missionare haben viel gegen den Krieg gepredigt, deshalb werden solche Zigarren heute nicht mehr gemacht.[59]

Später trafen meine Vorfahren friedliche Abmachungen mit den Verwandten am Uapes. Das war für die Partnerfindung besser. Heute sind wir mit vielen Familien dort verschwägert, und für das Heiraten gibt es ein geregeltes System. Die Eltern der Brautpaare machen alles untereinander aus. In der ersten Zeit flüchteten noch viele Mädchen in den Wald, weil sie die Männer nicht wollten, die ihre Eltern für sie ausgesucht hatten. Es ist aber besser, dass man sich an die Abmachungen hält, bevor wieder ein Krieg ausbricht. Deshalb wurde das Weglaufen verboten. Auf das Weglaufen vor dem Ehemann stand als Strafe das Gift.

Ich habe geheiratet, als ich 30 Jahre alt war. Meine Braut kam aus einem Dorf am Quiary-Fluss, das Santana heißt. Mein Vater ruderte dorthin und suchte mir ein Mädchen aus, sie stammte aus dem Clan der Siusi. Ich kannte sie aber gar nicht. Deshalb musste ich erst lange darüber nachdenken. 14 Tage lang habe ich gegrübelt, weil ich wusste, ich müsste ein Leben lang mit ihr zusammen sein. Ich fragte mich: »Was soll das denn? Bin ich kein Mann, der selber seine Entscheidungen trifft? Warum hatten meine Mutter und mein Vater mich nicht wenigstens vorher gefragt?«

Aber da wurde meine Braut schon von den Missionsschwestern ins Dorf gebracht, und ich wollte mich meinem Vater nicht widersetzen. Pater Carlos kam ins Dorf, und er begrüßte mich: »Wie ich höre, hast du deine Braut gefunden?«

»Das habe ich auch so gehört«, antwortete ich.

Am nächsten Sonntag wurden wir in der Kirche von Hipana verheiratet. Mit meiner Alten habe ich sechs Söhne und zwei Töchter gezeugt. Viele von den jungen Männern kennen aber die alten Heiratsregeln nicht mehr, und ich finde, dass das eine Schande ist. Ich empfehle allen, die heute hier sitzen: Ein Huhuteni-Mann heiratet am besten immer eine Siusi! Aber diese jungen Männer reden lieber über die Mädchen aus dem eigenen Dorf, mit denen sie beim Bierfest tanzen. Um die Clanzugehörigkeit kümmert sich niemand mehr.

Die Ältesten haben uns eine starke Beschwörungsformel überliefert, *Mamíyule* genannt, damit auch der hässlichste Mann noch eine Frau finden kann. Du kannst diese Beschwörungen in eine Zigarre sprechen oder wahlweise in einen Flacon mit Parfüm. Wenn du Parfüm willst, musst du das aber selber besorgen, bevor du zum Maliri gehst oder zu einem *Benzedor,* der Beschwörungsformeln spricht. Dann bringst du dein eigenes Parfüm mit, je nach dem persönlichen Geschmack. Vor dem Fest reibst du dich damit ein, dann gehst du hin und schaust dich um. Du denkst an das Mädchen, mit dem du die Nacht verbringen willst, und sprichst leise die Geschichte vom Mamíyule in dich hinein.

Die Geschichte handelt von einem Inambú. Der Inambú ist ein Vogel, der sein Leben lang nur zu zweit gesehen wird. Er lebt in Paaren, als Mann und Frau, die niemals auseinandergehen.[60] Wenn du an diesen Vogel denkst, kommen auf dem Fest die Mädchen zu dir und sprechen dich an. Sie fragen dich: »Wie läuft es so?«

Mein Vater war immer dagegen, dass man mit solchem Zauber spielt und darüber Scherze macht. Ich glaube aber nicht, dass es schlecht ist, wenn ein Mann die Beschwörungsformel vom Mamíuyle benutzt, selbst wenn er gar nicht heiraten will. Das ist zwar ein starker Zauber, aber ich würde nicht sagen, dass es ein böser Zauber ist.

Ich kann bestätigen, dass er funktioniert. Ich habe es selber einige Male ausprobiert. Bei weißen Frauen wirkt dieser Zauber besonders stark, sie kommen ganz schnell gelaufen, um dich zu umarmen. Der Zauber hält aber nur ein oder zwei Tage an, danach musst du ihn wiederholen. Heute bin ich in einem Alter, wo mich so etwas nicht mehr interessiert.

Die Frauen können diesen Zauber nicht benutzen, aber sie haben ihr eigenes Rezept. Sie stellen einen *Possanga*-Trank[61] her, wenn sie schon alt werden und keinen Mann mehr finden. Mit etwa 25 Jahren wird es dafür höchste Zeit. Die Leute sagen, dass mit 25 nur noch ein Possanga hilft. Aber heute gibt es ja mehr Möglichkeiten für die Frauen. Sie können auch nach São Gabriel reisen und dort einen Ehemann finden.

Mein Freund Plinio hat heute viel auf die junge Frau geschaut, die vor Kurzem ins Dorf gekommen ist. Viele Männer hier reden über sie. Plinio ist schon ein alter Sack, er sollte sich keine Hoffnungen machen. Er sagt aber, dass er eine Zigarre anzünden will und dass die Frau den Tabak riechen und in der Nacht zu ihm kommen wird. Sie werde darüber gar nicht groß nachdenken, sagt er. Eine Zigarre kann manchmal ein dunkler Zauber sein. Sie bricht den Willen einer Frau.

Jetzt bist du böse geworden und sagst, dass du das nicht hören willst. Ist es dir lieber, wenn Plinio einsam bleibt? Mein Freund ist manchmal ein verrückter Kauz. Über das Frauenthema redet er nicht gern. Jetzt ist er betrunken wie alle hier. Mein Freund Plinio hat nur einen Scherz gemacht.

8

Ich erschlug eine Ratte und tötete einen Mann

Die Männer meiner Familie reisen nach Venezuela, um über den dunklen Zauber zu lernen. Die Piaroa leben dort. Sie können viele Krankheiten heilen, aber vor allem wissen sie, wie man einen Menschen töten kann.

Mein Name ist Moisés, und ich habe einen Onkel[62], der hat 40 Jahre lang bei den Piaroa gelebt. Er weiß, wie man mit der Niopo-Pflanze auf Reisen geht, die bei den Piaroa wächst. Dieser Onkel hat mich nach Venezuela eingeladen. Er sagt, dass ich bei einem Piaroa in die Lehre gehen darf. Bisher habe ich aber erst zwei Monate dort verbracht. Die gesamte Ausbildung würde vier oder fünf Jahre dauern. Nein, meine Ausbildung hat noch gar nicht recht angefangen. Was ich bisher weiß, haben mir meine beiden Großonkel Mário und Laureano beigebracht.

2012 bat mich ein Freund um Hilfe bei einem Mord. Er lebt am Içana-Fluss, und damals erzählte er mir vom Tod seiner Frau. Mein Freund wollte herausfinden, wer sie getötet hat. Ich konnte ihm selber nicht helfen, also nahmen wir das Boot und fuhren nach Venezuela. Mein Freund brachte die Kleider seiner Frau zu den Piaroa mit, auch ihre Sandalen, weil das bei solcher Arbeit helfen kann. Er musste eine Bezahlung besorgen: 10.000 Bolívares[63] wurden verlangt.

Die Piaroa arbeiten in großen Rundhütten mit einem hohen, spitzen Dach, das bis zum Boden reicht, es ist mit dichten

Palmblättern bedeckt.[64] *Fensterschlitze bringen sie keine darin an, sondern nur eine Tür, die sich von innen verschließen lässt. In ihren Hütten ist es pechschwarz. Man kann nur mit einer Kerze oder Fackel sehen.*

Die Piaroa nahmen ihr Niopo ein. Sie tranken den Saft von Caapi und rauchten schweren Tabak mit uns. Sie legten die Kleider der Verstorbenen in die Mitte der Hütte, und wir warteten ab. Die Piaroa redeten viel mit uns über die verstorbene Frau und alle möglichen anderen Themen. Diese Arbeit dauerte drei Tage lang.

Am ersten Tag passierte nichts, aber am zweiten Tag hörten wir ein Geräusch. Es war nicht klar, woher es kam. Wir konnten es uns auch nicht erklären, denn die Hütte war leer und der Boden sauber gefegt. Es ist eine Art von Hütte, die speziell für diese Arbeit aufgebaut wird. Die Piaroa blieben die ganze Zeit über wach, aber wir durften zwischendurch schlafen. Für unsere Hängematten war in der Hütte Platz.

Am dritten Tag, fast schon zur Mitternacht, schlüpfte eine Ratte unter dem Palmendach durch. Sie kam herein, um an den Kleidern der Toten zu schnüffeln. Der Piaroa sagte zu meinem Freund: »In diesem Tier steckt das Herz eines Mörders! Ein Mann hat deine Ehefrau umgebracht!«

Wir ergriffen einen Holzprügel und schlugen auf den Kopf der Ratte ein. Eine Eidechse lief erschrocken davon, also töteten wir auch sie. »Es waren zwei Männer«, *sagte der Piaroa,* »sie haben gemeinsame Sache gemacht. Jetzt will ich von euch wissen: Auf welche Weise sollen die Mörder sterben?«

Die Piaroa sprechen ein bisschen Spanisch, deshalb können wir uns gegenseitig verstehen. Sie arbeiten mit großer Genauigkeit. Man kann selber bestimmen, auf welche Weise die Rache geschickt werden soll. Ein Blitz vom Himmel oder ein Vipernbiss? Sollen die Opfer verwirrtes Zeug reden, in den Wald rennen und von eigener Hand qualvoll sterben? Man kann sich sogar aussuchen, zu welchem Zeitpunkt die Rache geschieht. Es kann sofort sein, eine Woche nach der Rückkehr ins Dorf oder auch erst in einem Jahr.

Mein Freund antwortete den Piaroa: »Ich will nur, dass die zwei Männer noch vor mir sterben.« Er sagte das, denn auch ihn hatten die Piaroa in ihren Träumen gesehen. Sie hatten in die Zukunft meines Freundes geschaut. Der Tod seiner Frau werde gerächt werden, versprachen sie ihm, aber auch er, mein Freund, müsse sterben. Bald würden Angehörige der Mörder zu den Piaroa reisen. Auch diese Rache werde gerächt.

Die Piaroa sagten voraus, dass mein Freund noch ein Jahr lang zu leben hatte.[65]

Aus einem Gespräch mit Moisés Luiz da Silva Baniwa,
Großneffe und Lehrling des Pajé Mário,
im Sommer 2019

9

Kuwé Duwákalumi – hinaus in die Welt

Glaubst du vielleicht, wir Índios bleiben ein Leben lang nur in unserem Dorf? Ich bin schon früh mit dem Flugzeug an andere Orte gereist. 1977 führte unsere Lehrerin ein Gespräch mit meinem Vater, und damit fing alles an. Sie sagte, dass ich nach der vierten Klasse weiter zur Schule gehen sollte, denn ich war intelligent und geschickt. Sie sagte, dass es eine gute Schule sein sollte, zum Beispiel bei den Missionaren am Uapes-Fluss. Diese Schule gehört zum Bistum von Taraqua, in der Kleinstadt Iauareté, die zur Hälfte in Brasilien und zur Hälfte in Kolumbien liegt. Aber wie sollte ich dorthin, fragte ich, obwohl ich nicht mal richtige Kleider besaß?

Im Dorf lief ich den ganzen Tag in meiner Bermuda-Badehose und einem hässlichen Hemd herum. Ich besaß diese beiden Kleidungsstücke und noch ein weiteres Paar davon. Meine Lehrerin Teresinha antwortete, dass ich in Taraqua alles Notwendige bekommen würde und es dort sogar Schuluniformen gab.

Am Ende gingen acht Schüler aus unserem Dorf gemeinsam hin. Meine Schwester Ercilia wurde ebenfalls eingeladen und einige meiner Cousinen und Cousins. Wir waren aufgeregt, denn zum ersten Mal würden wir woanders leben. Einige hatten davor Angst. Wir sprachen damals noch kein richtiges Portugiesisch und auch kein Tucano oder Wanano oder Kubeo wie die anderen Schüler auf der Missionsstation.

Ich sagte allen: »Wir kommen schon klar, sonst kehren wir wieder ins Dorf zurück.«

Damals wohnten die Leute von der Luftwaffe noch bei uns in Hipana. Sie arbeiteten an ihrer Flugpiste, und jeden Tag kamen Helikopter mit Material und neuen Leuten an. Offenbar hatten die Missionare mit ihnen eine Übereinkunft über den Transport getroffen. Einmal brachten sie einen Pater aus Spanien zu uns, der in Taraqua Unterricht gibt. Eine Woche danach landete schon ein zweiter Helikopter. Er kam, um die Schüler abzuholen.

Die Lehrerin lud uns zu einer Versammlung im Gemeindehaus ein. Alle Eltern waren dabei, mein Vater natürlich auch. Teresinha erklärte, dass es acht Schulplätze in Taraqua gab. Wir sollten unsere Sachen packen, und Maniokmehl für die Verpflegung.

Einen Helikopter hatte ich bis dahin nur von außen gesehen. Ich wusste, dass manchmal etwas kaputtgehen kann, aber ich hatte trotzdem keine Angst. Wir hoben ab, und als wir fünf Meter in die Höhe gestiegen waren, sah ich ein Teil herunterfallen.

Ich weiß nicht, wie man ein solches Teil nennt, irgendein Stopfen oder eine Befestigung wird es gewesen sein. Unten auf der Startbahn haben sie es sicher auch bemerkt, aber keiner hat den Piloten gewarnt. Wir stiegen höher und höher hinauf. Alle Schüler saßen eng nebeneinander, auf dem Fußboden hinter dem Sitz des Piloten, neben dem noch ein Mechaniker saß.

Neben mir saß meine Cousine, und ich konnte sehr gut alle Uhren auf dem Instrumentenbrett sehen.

»Dieser Helikopter ist kaputt«, sagte ich zu meiner Cousine. »Wir kommen bestimmt nicht in Taraqua an.«

»Woher willst du das wissen?«, fragte sie.

»Zwei von den Uhren sind schon stehen geblieben«, antwortete ich. »Das ist bestimmt nicht richtig. Wenn der Helikopter gut funktioniert, zeigen alle Uhren das Gleiche an.«

Ich erklärte ihr auch, dass der Helikopter all seine Teile braucht und dass eins davon auf die Landepiste gefallen war.

Trotzdem flog der Helikopter weiter und setzte irgendwann zur Landung an. Unter uns sahen wir schon den Fluss. Der Uapes ist zum Jahresbeginn sehr trocken, er führt fast kein Wasser, man kann nur Geröll und Felsen sehen. Meine Cousine sagte zu mir: »Du hast mich doch angeschwindelt!«

Wir konnten sogar schon die Stadt erkennen, sie war nur noch einen Kilometer weit entfernt. Der Pilot setzte zur Landung an, aber dann bemerkte er das Problem. Der Pilot und der Mechaniker diskutierten hin und her. »Sollen wir landen oder nicht?«, haben sie gesagt, glaube ich. »Was wird mit uns geschehen? Wird der Motor noch lange funktionieren? Müssen wir zu Boden stürzen?« Niemand konnte das beantworten.

Der Pilot schaffte es bis zum Beginn der Landepiste. Wir konnten sie einige Meter unter uns sehen, dann diskutierte der Pilot wieder mit dem Mechaniker. Der Mechaniker kletterte zu uns nach hinten und befahl, dass wir uns festschnallen sollten. »Für die Landung«, sagte er. Aber nur wenige von uns hatten Sitzgurte, wo sie saßen. Und dieser Pilot bekam doch sowieso keine Landung hin! Der Helikopter blieb in der Luft über der Piste stehen. Wir schwebten einfach so in der Höhe. Der Mechaniker drehte an seinen Hebeln herum und zog irgendein Kabel heraus.

Meine Cousine weinte. Sie sagte, dass niemand überlebt, wenn ein Flugzeug vom Himmel fällt. Ich tröstete sie und erklärte, dass wir in den Fluss springen könnten. Wenn man aus zehn Meter Höhe in einen Fluss springt, kann man das gut überleben, wenn genug Wasser darin ist.

Nach einer Viertelstunde bewegte sich der Helikopter wieder. Stück für Stück stieg er aufwärts statt hinab. Ich weiß auch nicht, was der Mechaniker da gemacht hatte! Er erklärte uns ja nichts. Er beachtete uns nicht mal. Der Mechaniker stieg zwischen uns herum und trat gegen unsere Beine. Er setzte sich auf unsere Köpfe, damit er die Kabel erreichen konnte. Der Pilot schaute besorgt drein, aber Gott ist groß, und irgendwann hat es mit dem Helikopter geklappt. Der Pilot legte einen Hebel um, und es schien doch ganz einfach zu sein, wir glitten hinab. Drei Meter über der Piste blieb der Helikopter wieder stehen.

»Jetzt haben wir es gleich geschafft«, sagte der Pilot. »Keiner muss sterben, aber bitte haltet euch fest. Gleich gebe ich dem Mechaniker das Signal, dann schneidet er ein Kabel durch, und wir setzen auf.«

Der Mechaniker schnitt das Kabel durch, und das war vielleicht ein Rumms! Alle sind durcheinandergeflogen und haben sich die Köpfe gestoßen, und einige wurden verletzt. Ich blieb unversehrt, denn ich saß an einer Stelle, wo es einen Sitzgurt gab. Meiner Meinung nach ist das wichtig für die Sicherheit.

Die Helikopter haben unser Leben leichter gemacht. Wir wurden alle zur Schule geflogen und kamen in den Ferien wieder zurück. Die Luftwaffenpiloten nahmen sogar meinen Vater mit, wenn er in der Stadt etwas einkaufen wollte, das war eine große Hilfe für uns. Die Regierung von Brasilien hat die Helikopter bezahlt. Schade, dass sie das heute nicht mehr macht.

Einmal haben wir vom Helikopter aus die Unkontaktierten Völker gesehen. Das sind Verwandte, die in der Zeit der

Kolonisierung in den Wald geflohen und nie wieder rausgekommen sind. Wir flogen aus Iauareté für die Ferien nach Hipana, als wir die Verwandten am Fuß eines Berges sahen. Der Pilot wusste schon länger, dass sie dort lebten. Er ließ den Helikopter so niedrig fliegen, dass wir dicht über den Baumkronen schwebten, und alle blickten durch die Fenster raus.

Unten kamen sie alle aus ihren Hütten und blickten uns an. Sie sahen nicht viel anders aus als wir, sie trugen nicht mal eine Körperbemalung, und einige hatten Bermuda-Badehosen an.[66] »Schaut mal, da sind Menschen!«, habe ich gesagt. »Mein Großvater hat mir immer von ihnen erzählt!« Die Älteren in meinem Dorf wissen noch ein paar Dinge über dieses Volk, die Makú,[67] die bloß zwei Tageswanderungen von uns entfernt leben. Aus der Luft konnten wir sechs ihrer Häuser sehen, und sie schauten sich umgekehrt den Helikopter an. Der Pilot fragte, wo er uns absetzen solle, aber das war nur ein Scherz.

Die Makú leben bis heute in diesem Stück Wald. Nach dem Helikopterflug dachte ich lange nach. Woher hatten die Makú ihre Badehosen? Wo kaufen die so etwas ein? Ich glaube, dass sie doch nicht ganz so kontaktlos leben, dass irgendein Händler zu ihnen reist oder dass sie mit den Nachbarvölkern Tauschgeschäfte betreiben.

Später habe ich meinen Vater gefragt, ob wir nicht mit den Makú reden könnten. Ich könnte auch alleine hingehen, bot ich an. Er antwortete, dass das ganz unmöglich sei. »Das sind Wilde«, sagte er, »die bringen dich um.«

Die Makú gingen mir damals lange nicht aus dem Kopf. Ich habe ihre Frauen gesehen, sie waren sehr schön. Sie hatten lange Haare und überhaupt keine Kleider an. Wie die Kinder aussahen, konnte ich nicht erkennen, denn sie wurden ganz schnell in die Häuser geschickt.

Ein Verwandter aus dem Dorf hat die Makú schon mal im Wald getroffen, mitten in der Nacht bei der Jagd. Er roch ihren Tabak, aber als er näher kam, fuhren sie in einem Kanu davon. Er sagte, die Makú waren sehr geschickt. Später hat er ihre Zeichen an den Wegen entdeckt.[68] Aus der Ferne sehen wir manchmal Rauch von ihren Feuerstellen. Ich nehme an, dass sie im Wald glücklich sind, sonst kämen sie ja wieder raus. Nicht mal mit uns, ihren Verwandten, wollen sie etwas zu tun haben. Ich persönlich würde mich freuen, wenn wir Kontakt zu ihnen haben könnten. Von mir aus können die Makú auch in unsere Dörfer ziehen. Vielleicht haben sie mächtige Schamanen in ihrem Volk, dann würde ich gerne bei ihnen studieren.

Den Makú würde ich sagen: »Das Leben wird besser, wenn wir mehr Leute sind, wenn alle zusammen jagen und essen gehen. Ist es nicht langweilig im Wald, wenn man jeden Tag bloß die gleiche Verwandtschaft zum Reden hast?«

Meine Familie ist immer schon weit gereist, lange bevor es die Helikopter gab. Wir sind nach Brasilien, Venezuela und Kolumbien gefahren. Mein Vater ist viele Male zum Orinoco-Fluss in Venezuela gerudert, als er seine Ausbildung zum Maliri bei den Piaroa-Schamanen absolvierte, und sein Bruder lebt bis heute dort.[69] Damals gab es noch keine Außenbordmotoren und kein Benzin, aber wir konnten schnelle Kanus bauen und reisten überallhin. Ich selber bin noch im Ruderboot bis nach São Gabriel gefahren, das dauert 15 Tage lang. Man packt genug Maniokmehl für die Verpflegung ein und nimmt sich seine Zeit. Mein Vater ist sogar bis nach Manaus gerudert, 49 Tage lang. Seither gibt er immer damit an. Er sagt, dass er mit dem Kanu so weit gefahren ist, bis er das Ende der Welt gesehen hat.

Ich muss dir erklären, was das *Kalidzamai*-Lied ist. Ohne dieses Wissen kannst du unsere Kultur nicht verstehen. Damals, beim Initiationsfest, saßen wir jungen Männer in der Hütte zusammen, und die Alten sangen die Namen aller Orte, die zum *Kuwé Duwákalumi*[70] gehören, zur Welt des Kuwai. Nach der Initiation steht diese Welt jedem Huhuteni offen. Sie ist zum Reisen freigegeben, jeder von uns kann jeden dieser Orte besuchen, von denen er im Kalidzamai-Lied hört. Das wird uns bei der Initiation so erklärt und jedes Mal wiederholt, wenn die Alten das Lied wieder singen.

Jeder Ort hat einen Namen und eine Geschichte. In meinem Volk hat es immer Alte gegeben, die möglichst viele davon auswendig lernen. Sie sind die Besitzer dieses Kalidzamai-Lieds. Bei manchen Festen singen sie die Namen der Ortschaften hintereinander weg. Mehrere Alte teilen sich diese Aufgabe auf, tagelang, denn auf diese Weise bleibt die Erinnerung frisch. Solange wir die Namen und Geschichten nicht vergessen, ist das hier unser Land, unsere Welt.

Ich finde es praktisch, viele Orte zu kennen, all ihre Eigenschaften und Tücken. Weil ich das Kalidzamai gehört habe, kenne ich die Vorsichtsmaßnahmen, die ein Reisender dort ergreifen muss. An manchen Stellen haben sogar die Götter Spuren für uns hinterlassen, in der alten Zeit, sie sind als Wegweiser für alle Huhuteni gedacht.

Deshalb wusste meine Familie, dass es viele Orte für uns gab, als wir aus Hipana wegziehen mussten. Ende der Achtzigerjahre mussten wir ins Exil, zum ersten Mal.

Ich glaube, dass es keinen Zweck hat, an einem Ort wohnen zu bleiben, an dem einen niemand will. Als vor 35 Jahren mein Bruder Eduardo vergiftet wurde, hat mein Vater noch lange Zeit gesagt: »Wir gehen trotzdem nicht weg. Diese

Welt ist diese Welt. Man muss aushalten, was in ihr passiert. Sollen sie uns doch alle vergiften!«

Mein Vater wollte damals der Häuptling bleiben, und er arbeitete weiter als Maliri. Meine Mutter bestellte unseren Garten im Wald. Doch der Neid auf unsere Familie wurde immer größer, und die Drohungen rissen nicht ab.

Ich war es, der meinen Vater zum Aufgeben zwang. Eines Tages ergriff ich im Gemeindehaus das Wort.

»Cousins, Brüder, ich ziehe woanders hin. Ich lasse euch alles zurück. Meinen Vater nehme ich mit, und er wird sein Amt als Häuptling niederlegen. Ihr habt die Schamanenfamilie vom Ursprung der Welt vertrieben, schaut also selber, was mit euch wird. Ihr müsst eine Wahl abhalten und einen anderen Häuptling finden. Ab jetzt will ich kein kritisches Wort mehr gegen meinen Vater hören.«

Im Dorf wurde ein neuer Häuptling gewählt. Mein Vater gab ihm gute Ratschläge mit auf den Weg. Wir packten unsere Sachen und fuhren nach São Gabriel. Wir bauten uns eine kleine Hütte am Rand der Stadt. Meinem Vater hatte ich versprochen, dass wir nach Hipana zurückkehren würden, wenn wir keine gute neue Heimat fänden. Ich sagte ihm, dass wir erst mal nur eine Woche lang bleiben würden.

Ich bezahlte aber auch eine Wahrsagerin, eine *Macumbeira*, die ich in São Gabriel fand. Sie war eine alte schwarze Frau, die aus Manaus nach São Gabriel gekommen war. In unserer Region ist es weithin bekannt: Den Macumbeiras kann man vertrauen. Sie bestätigte, was ich längst wusste.

»In deiner Heimat lauern hässliche Dinge auf dich, das musst du auch deinem Vater sagen. Es ist besser, ihr kehrt nie wieder dorthin zurück.«

Nach dieser Warnung wussten wir, dass wir weit weg von Hipana bleiben mussten.

Nach unserer Ankunft in der Stadt sprach sich herum, dass mein Vater Patienten empfing. Jede Woche kam irgendwer an, aus der Stadt selber und aus den Dörfern ringsherum, und wollte von ihm behandelt werden. Davon konnten wir gut leben. Einige Jahre später zog auch mein Schwager José Felipe mit zu uns nach São Gabriel. Sie hatten versucht, ihn in Hipana zu vergiften. Wir fanden ein Grundstück am Fluss und hatten ein gutes Auskommen.

Aber eines Tages kam mein älterer Bruder Francisco zu Besuch, der schon lange in Venezuela lebte. Er arbeitete dort als Händler und kannte sich mit vielen Arten von Geschäften aus. Francisco sagte meinem Vater: »Ich nehme dich nach Venezuela mit!« Ich erwiderte, dass das unfair war. Ich hatte die ganze Zeit über auf meinen Vater aufgepasst, und jetzt wollte Francisco ihn einfach mitnehmen? Ich sagte, die Reise sei zu gefährlich für einen alten Mann. Sollte mein Vater etwa in Venezuela sterben?

Mein Bruder Francisco erwiderte, dass er in Venezuela nach Gold suchen würde, auf dem Gebiet der Piaroa, in Yapacana[71]. Das war damals ein riesengroßes Geschäft. Mein Vater werde dann immer genug Geld für alle Dinge des Lebens haben, versprach Francisco. Von den Erträgen im Goldgeschäft könne er Benzin und einen Bootsmotor kaufen und die ganze Familie immer besuchen. So sehr lohnt sich das Goldgräberleben.

Trotzdem waren Franciscos Pläne meiner Meinung nach keine gute Idee. Ich wollte das meinem Vater nicht antun. Ich sagte, dass es besser für ihn ist, wenn ich auf ihn aufpassen kann, denn an mich hat er sich gut gewöhnt. Also sind wir alle zusammen nach Venezuela gefahren: ich, mein Bruder Francisco und mein Vater, mein Schwager José Felipe und ihre Frauen und Kinder. Zehn Reisende waren wir.

Bald ließen wir meinen Vater und meinen Schwager mit ihren Familien in einem Dorf zurück. Sie wollten Verwandte besuchen, die vom Ayari nach Venezuela gezogen waren. Mein Vater freute sich, seinen Bruder wiederzusehen. Francisco und ich besuchten das Goldgräberlager allein. Das letzte Stück ist ein harter Kletterpfad. Man muss ein Gebirge hinaufsteigen. Zwölf Stunden lang geht es nur bergauf, dann erreichst du einen kleinen Fluss namens Yagua. Er mündet in den Orinoco-Strom.

Für mich war alles neu, denn ein Goldgräberlager hatte ich noch nie gesehen. Es war ein Anblick wie das Inferno. Die Reise war gut, aber das Ziel gefiel mir nicht. Die Arbeiter zeigten mir einen Goldschacht[72], der 50 Meter tief in den Berg hineinreichte. Sie kletterten an einer Strickleiter in das Loch, um unten nach Gold zu suchen. Ich sagte: »Das mache ich aber nicht. Das ist eine Arbeit für Lumpen, denen nichts anderes bleibt.« Die Goldgräber sollten das alleine machen.

In einem Goldgräberdorf passieren schlimme Dinge, die sich nirgendwo sonst auf der Welt abspielen. Die Menschen bringen sich gegenseitig um. Sie trinken Schnaps und besuchen Huren, und dann schießen sie aufeinander wegen irgendeiner Kleinigkeit. Jeder läuft mit seiner eigenen Waffe herum, weil es unter Goldgräbern so üblich ist. Ich hatte aber nur mein Jagdgewehr, und erst musst du Gold schürfen, bevor du eine Pistole kaufen kannst. Wir schauten uns noch ein zweites Goldgräberdorf an, das ganz überlaufen von Arbeitern war. Alle waren gekommen, weil es viel Gold zu holen gab. Je mehr Gold es gibt, desto mehr Menschen kommen. In diesem Goldgräberdorf stiegen sie ins Wasser und tauchten ein oder zwei Meter hinab, um auf dem Grund das Gold zu waschen.

An diesem Tag traf ich einen alten Schulfreund wieder. Ich kannte ihn von der Missionsschule in Taraqua. Seine

Familie stammte aus Kolumbien, und jetzt arbeitete er hier. Er freute sich, mich zu sehen. »Ey, Alberto, was machst du denn hier?«, fragte er mich. »Ich bin auf einer Erkundungsreise«, antwortete ich ihm.

Mein Schulfreund erzählte, dass eine Gruppe von fleißigen Goldarbeitern an diesem Ort zwei Kilo pro Tag herauswaschen kann. Er zeigte mir seine Goldwaschpfanne, die so groß wie meine ausgestreckten Arme war, voller glitzernder Bröckchen drin. Die zwei Kilo werden am Ende des Tages zusammengelegt, und jeder Arbeiter der Gruppe erhält einen gleichen Anteil.

Ich lernte schnell, wie man Gold schürft, ich habe es mir im Goldgräberlager gut angesehen. Mir fehlte allerdings noch die Übung. Ich hatte sogar eine Waschpfanne dabei, die mir ein Cousin für die Reise ausgeliehen hatte. Ich fragte herum, wo ich eine gute Stelle finden konnte, und arbeitete ein bisschen mit.

Es war aber schwierig, weil die Polizisten kamen. Alle 15 Tage reisten sie an. Weil wir Ausländer waren, mussten wir vor ihnen fliehen, Brasilianer, Kolumbianer und Pemónes[73], wir waren alle zusammen dort. Die Polizei verlangte, dass alle Leute venezolanische Ausweispapiere vorzeigen, und wir hatten so etwas nicht. Also mussten wir uns im Wald verstecken. Das war nicht so schwer auszuhalten. Die Polizei blieb jedes Mal nur zwei Stunden lang.

Die Polizisten gingen durchs Goldgräberdorf und guckten sich alles an. Wenn sie einen Brasilianer oder Kolumbianer fanden, nahmen sie ihn mit. Sie steckten die Ausländer ins Gefängnis, weil die Goldgräberei nur für Venezolaner ist. Ich erklärte meinem Schulfreund, dass ich es nicht gerne habe, wenn mein Leben zu aufregend wird. Ich halte mich von solchen Abenteuern lieber fern.

Als die Polizei weg war, kam ich nur noch mal für einen Tag an den Ort zurück, und bis zum Abend wusch ich 40 Gramm Gold.[74] Damit war ich zufrieden, und ich lag schon zum Einschlafen in der Hängematte, als mich die schlimme Nachricht erreichte.

Um sieben Uhr abends richteten sie mir aus, dass mein Neffe gestorben war. Es hatte Fernando erwischt, den Sohn eines Bruders von José Felipe. Der Mann, der am Anlegesteg für die Boote arbeitete, hatte die Nachricht erhalten. Am nächsten Tag reiste ich ab. Im Dorf traf ich meine Familie, die schon in Trauer war. Fernando war an Malaria gestorben. Wir wussten alle: Wenn du in dieser Gegend Malaria bekommst, musst du sterben. Du bekommst keine Medizin dagegen.

Aber unsere ganze Reisegruppe hatte sich schon angesteckt. Wir hatten Fieber und Schmerzen. Die Malaria raubt einem sogar den Appetit. Keiner hatte mehr Kraft für die Weiterreise. Ich glaube, dass es die Goldgräber sind, die die Malaria nach Venezuela bringen.

Ein Verwandter aus Brasilien, der schon länger in dieser Gegend lebte, hörte von uns. Ich weiß nicht, aus welchem Volk er stammte, aber er fragte, ob wir auch aus Brasilien sind. Dann sprach er auf Portugiesisch zu uns. Er sagte: »Weil ihr meine brasilianischen Landsleute seid, besorge ich euch Malariatabletten.« – »Aber wir sind neun Personen, die erkrankt sind«, entgegnete ich ihm. »Dann besorge ich neun Tabletten«, antwortete er. Ich sagte ihm, dass er lieber eine Schachtel mit 20 Tabletten besorgen sollte, das hat er auch getan.

Jeder von uns nahm zwei Tabletten ein, und 30 Minuten später begann das Fieber zu sinken. Ich setzte meinen Vater wieder aufs Boot, und wir reisten nach São Gabriel zurück.

Dort blieben wir noch mehrere Jahre wohnen, erst später wagten wir uns wieder nach Hipana. Meinem Bruder Francisco habe ich damals gesagt: »Was hat deine große Expedition nach Venezuela jetzt gebracht? Wir haben kein Gold gefunden, und ich habe meinen Neffen verloren. Unser Vater ist alt und schwach, ich nehme ihn mit zurück nach Brasilien.« Die Menschen leben nicht bloß fürs Geld, habe ich ihm gesagt.

Insgesamt war nicht alles schlecht an der Reise nach Venezuela, aber sie haben dort nicht genug Medizin gegen Malaria.

Ich fand es auch nicht richtig, dass die Polizei in den Goldgräberdörfern nach Ausländern sucht und nur die Venezolaner weiterarbeiten lässt. Sind die Menschen denn nicht alle gleich? In den Goldgräberdörfern waren fast alle Arbeiter Indianer wie wir, aus den unterschiedlichen Völkern. Die Grenzen der Weißen, »Kolumbien« und »Venezuela«, bedeuteten uns früher nicht viel.[75]

Wenn du ein Huhuteni bist, fährst du nach Kolumbien, um Salz zu besorgen. In Venezuela erntest du *Piaçaba* für deine Besen, und die Gebirge durchquerst du auf der Suche nach Medizin. Überall triffst du Völker, die unsere Sprache sprechen, und sie haben ähnliche Gebräuche wie wir. An vielen Flüssen wohnen meine Verwandten, die dort geheiratet haben oder einfach so fortgezogen sind. Will die Polizei denn jeden verfolgen, der seine Verwandten besucht?

Über das Problem mit den Ausweispapieren ärgerte ich mich sehr. Ich hatte doch ein Ausweispapier. Es war aus Brasilien, aber das akzeptierten sie nicht. Einmal ließen sie mich auf dem Fluss nicht mit dem Boot weiterfahren, weil mein Ausweispapier aus Brasilien war.

Da habe ich mit dem Polizisten einen tüchtigen Streit begonnen. Ich habe ihm gesagt, dass mein Dorf in Brasilien liegt und dass ich deshalb ein Ausweispapier aus Brasilien habe. »Das gilt hier nicht«, sagte der Polizist aus Venezuela. Ich antwortete ihm: »Für mich gilt dieses Papier aber doch.« Es dauerte lange, bis wir weiterfahren durften. Ich wurde böse auf den Polizisten. Ich rief ihm sogar zu: »Ich komme nie wieder nach Venezuela zurück!«

Manchmal denken wir Índios schon so wie die Weißen. Weil du auf dem Staatsgebiet von Brasilien geboren bist, heißt das, dass du ein Brasilianer bist. Du hast deswegen diese oder jene Eigenschaften. Manchmal fühlst du dich, als wenn du selber der Herr dieses ganzen Landes wärest, Brasilien, obwohl du bloß in einem kleinen Dorf geboren bist.

Wenn brasilianische Soldaten nach Hipana kommen, werden die Leute deswegen nicht nervös. Wir sind doch alle aus dem gleichen Land. Am Militärposten von Tunuí kontrollieren sie unsere Boote, sie öffnen alle Kisten und schauen unter die Regenplanen. Sie halten ihre Waffen gezückt, und manchmal reden sie rau mit uns. Aber am Ende lassen sie uns immer passieren. Ist das so, weil wir Indigene sind? Ist es, weil wir Brasilianer sind? Ein Armeeleutnant hat uns in Hipana mal eine Nationalflagge vorbeigebracht, und an manchen Tagen lässt Plinio sie vor der Schule hissen. Die Schüler stehen dann in Reihen da, die Hände an die Naht ihrer Badehosen gelegt, und singen die Nationalhymne.

In manchen Jahren kommen die Soldaten besonders häufig in unsere Dörfer, weil sie Goldschmuggler suchen oder Drogenhändler jagen. Jeder von uns weiß, wann die Drogenkuriere über die Flüsse fahren, meist tun sie das in der Nacht. Sie schlagen auch eigene Pfade durch den Wald und laufen um die Militärposten herum. Ich frage mich immer: »Wissen die Soldaten das nicht? Warum unternehmen sie nichts dagegen? Können sie sich nicht ein bisschen mehr anstrengen, um dieses Land Brasilien voranzubringen?«

Einige Verwandte haben schon für die Banditen gearbeitet. Sie haben sie durch den Wald geführt. Ich glaube aber, dass es besser ist, sich von ihnen fernzuhalten. Irgendwann gibt es sonst immer Streit ums Geld, und am Ende erschießen sie dich. Wenn du von Hipana aus weiter flussaufwärts reist, triffst du besonders viele Banditen. Sie haben dort ihre Schmuggelrouten eingerichtet. Im Quellgebiet des Ayari sind kolumbianische Goldgräber unterwegs, andere suchen dort nach Diamanten. Es gibt auch die Routen der kolumbianischen FARC-Rebellen, dort trauen sich nicht mal die Soldaten hin. Die Soldaten führen auf dem Ayari ihre Patrouillen durch, aber sie fahren nicht bis zu den Rebellen.

Die Rebellen ziehen aber manchmal durch Hipana. Sie sind immer freundlich und stellen Fragen über die Soldaten. Ihre Anführer können Männer oder Frauen sein, und viele sind Indigene wie wir: Wanano, Tucano, Desana, Piaroa. Alle möglichen Völker sind bei den Rebellen vertreten, sie sind unsere Verwandten. Die Rebellen campieren flussabwärts von unserem Dorf, und Plinio hat mir erzählt, dass einmal sogar 800 von ihnen durchgezogen sind. Sie waren schwer bewaffnet und nahmen den Fußweg zum Fluss Uapes. Wenn die Rebellen da waren, finden wir später ihre Feuerstellen und die leeren Sardinendosen im Wald.

Viele haben Angst davor, dass die Rebellen junge Frauen oder Männer aus den Dörfern entführen. Die Rebellen brauchen immer Nachschub für ihre Soldaten. Ich kann das aber nicht bestätigen, bei uns hat es solche Fälle nicht gegeben. Nur im Nachbardorf ist es schon vorgekommen, bei der Schule in Pamaali, die ein paar Stunden flussabwärts liegt. Dort haben die Rebellen 70 Tage lang campiert, und natürlich gingen die Schüler neugierig hin. Die Rebellensoldaten wollten viel mit den Schülern reden, weil sie in Pamaali für die Mittlere Reife lernen und schon 15 Jahre alt oder älter sind. Am Ende haben die Rebellen doch keine Schüler mitgenommen, weil ein Leutnant vom brasilianischen Militär mit dem Boot ankam und direkt zum Anführer der Rebellen ging.

»Wir schießen nicht auf euch, und ihr schießt nicht auf uns«, sagte er, »aber ihr dürft nicht in der Nähe der Schule bleiben.«

Wir haben nichts dagegen, wenn die brasilianischen Soldaten kommen und Fragen über die Rebellen stellen. Wir wollen aber, dass die Soldaten uns dann auch unterstützen. Einige Söhne aus den Dörfern haben schon beim Militär gedient, und manchmal sitzen Verwandte als Wegweiser auf ihren Booten. In den Dörfern sprechen die Soldaten mit den Häuptlingen, und manchmal fragen sie uns, was wir brauchen.

Ich habe den Soldaten schon gesagt, dass die Leute vom Gesundheitsdienst schneller kommen müssen, wenn wir mit dem Funkgerät einen Notruf absetzen. Dann brauchen wir einen Krankentransport in die Stadt. Die Soldaten haben Außenbordmotoren mit 45 oder sogar 90 PS, also können sie doch dabei helfen. Die Zeit ist knapp, wenn einer nachts im Wald von einer Schlange gebissen wird, bloß weil er zur Toilette musste und etwas unvorsichtig war.

Ich habe die Soldaten gefragt, ob sie nicht einen Medikamentenschrank für uns hinterlassen wollen. Meiner Meinung nach sollten sie auch einen Militärarzt bei uns stationieren und eine kleine Krankenstation eröffnen. Dann könnten sie von der Krankenstation aus den Fluss überwachen und alle Rebellen vertreiben. Ich habe gefragt, wie es mit den Lieferungen von Lebensmittelhilfen[76] aussieht, auf die wir als indigenes Volk ein Anrecht haben. Manchmal kommen solche Lebensmittelpakete bei uns an, aber sie enthalten nur Reis und Bohnen, die oft schon alt und abgelaufen sind. Kein Kaffee, kein Zucker, keine Konservendosen mit Sardinen oder anderen interessanten Sachen. Ich habe gesagt, dass wir Indianer doch auch menschliche Wesen sind. Sollen wir denn bloß von Reis und Bohnen leben?

Die Soldaten gaben mir die Auskunft, dass sie sich erkundigen wollten, ich habe aber noch nicht wieder von ihnen gehört. Sie kamen danach seltener in unser Dorf. Immerhin haben sie mal danach gefragt, was wir brauchen.

Insgesamt bin ich zufrieden mit Brasilien und meinem Ausweispapier. Ich glaube aber nicht, dass man zu einem bestimmten Menschen wird, weil man ein solches Papier besitzt. Meiner Meinung nach ist es wichtiger, welche Art Leben ein Mensch führt.

Das fängt damit an, wie du die Sauberkeit organisierst. Den ganzen Tag lang erledigst du Arbeiten rings ums Haus, und in der Küche bereitest du dein Essen zu, deshalb musst du alle zwei oder drei Tage den Müll verbrennen. Wenn Blätter und altes Obst aus den Bäumen fallen, musst du sie zusammenkehren und mit aufs Feuer werfen. Hier gibt es aber Leute, die das nicht tun. Mitten in Hipana habe ich so etwas schon gesehen.

Meiner Meinung nach ist es die Aufgabe der Schamanen und Häuptlinge, solche Leute zurechtzuweisen. Der Müll um die Häuser lockt Ungeziefer an. Aber heute gibt es keine Schamanen mehr hier, und der faule Häuptling will nichts unternehmen. Früher haben auch die Missionare auf den Müll geachtet. Vor der Sonntagsmesse mussten alle Gärten sauber sein.

Damals wurden die jungen Leute für solche Arbeiten eingesetzt. Sie wussten Bescheid über alle Arbeiten im Dorf und über das Leben im Wald. Sie lernten es von ihrem Großvater, ihrer Großmutter und ihren Eltern, aber vor 20 oder 30 Jahren begann sich das zu ändern. In den Wald gehen und Früchte suchen? Davor haben einige junge Huhuteni jetzt Angst. Zum letzten Mal sind sie auf einen Baum geklettert, als sie neun oder zehn Jahre alt waren. Mit zwölf oder vierzehn interessiert sie nichts mehr draußen im Wald, und sie finden jede Art von Arbeit schwer.

Dann wachsen sie auf, und wer versorgt sie dann? Das macht natürlich der Vater. Der Vater ist das Arbeiten noch gewohnt und hat nichts von seiner Kultur verloren. Er fischt, jagt und erledigt schwere Arbeiten, wo es nötig ist. Bis kurz vor Sonnenuntergang ist er noch im Wald unterwegs, um Patauá-Früchte nach Hause zu holen. Er klettert rasch an der Palme empor, Pa! Pa! Pa!, da ist er schon oben, er pflückt die Früchte und legt sie in einen Korb. Er gibt die Früchte seiner Alten und sagt: »Hier hast du die Früchte, jetzt gehe ich zum Fluss und nehme ein Bad.«

Mein Vater sagt: »Diese jungen Leute haben zu viel Schildkrötensuppe gegessen.[77] Wer die Früchte aus dem Wald holen will, muss aber Affensuppe essen. Ein Affe klettert auf jeden Baum, bis in die Krone, und wenn mal ein Ast bricht, ist ihm das egal. Der Affe hat längst schon den nächsten Ast gesehen und hält sich daran fest.« Bei uns zu Hause hat es immer viel Affensuppe gegeben, und sie hat gut angeschlagen. Ich klettere bis heute auf jeden Baum.

Das Leben war früher gut im Dorf. Wir befolgten die Zehn Gebote und haben uns gegenseitig respektiert. Wir hielten Frieden mit den Nachbardörfern und empfingen die Patres gut. Hipana war der wichtigste Ort am Ayari. Doch als mein Vater nicht mehr der Häuptling war, änderte sich das.

Der neue Häuptling richtete anfangs noch schöne Feste aus. Doch kaum hatten die Feste begonnen, brachen die alten Streitigkeiten aus. Einige Leute redeten nicht mehr miteinander, und sie verbreiteten böse Gerüchte. Für die Gemeinschaftsarbeiten meldete sich niemand an. Wer soll aber das Langhaus in Ordnung halten, wo die Frauen das Frühstück und das Abendessen servieren, wenn niemand mehr arbeiten will? Die Leute sagen, sie können diese Arbeit schon machen, aber sie wollen Geld dafür. Der neue Häuptling hat kein Geld, und er fragt auch keinen mehr.

Wir werden zu Menschen, die nicht mehr überleben können, wenn wir kein Geld bekommen. Wir rudern nicht mehr, denn jede Familie hat sich einen Außenbordmotor[78] gekauft. Für jede Reise brauchen wir also Benzin. Wir kaufen Gegenstände in den Städten ein. Zweimal im Jahr reist jede Familie flussabwärts nach São Gabriel oder flussaufwärts nach Kolumbien.

Vielleicht liegt es daran, dass es mehr Geld als früher gibt. Die Politiker fahren den Fluss hinauf und erklären uns, wie wir Geld verdienen können. Wer als Hilfslehrer Unterricht an einer Dorfschule gibt oder wer als Bootsmann bei der Flussambulanz mitfährt, bekommt dafür Geld vom Staat Brasilien. Familien mit Kindern können in der Stadt Sozialhilfe beantragen, und alte Leute erhalten Rente. Du gehst zu einem Amt und zeigst deine Ausweispapiere vor, dann geben sie dir einen Termin, und du unterschreibst ein Dokument. Du musst einen oder zwei Monate lang warten, danach kannst du zu einer Bank gehen und dein Geld abholen, 1000 Reais monatlich, 1500 Reais,[79] es kommt darauf an.

In der Stadt kaufst du Salz, Seife und Kaffee. Du bringst Medizin aus der Apotheke mit, und wenn du ein Raucher bist, packst du zwei Kilo Tabak ein. Aber heute kaufen die Familien auch Kekse mit Marmeladen- oder Schokoladengeschmack. Sie laden Einwegwindeln für die Babys auf ihre Kanus. Früher haben wir so etwas nicht gebraucht.

Wenn das Geld für die Einkäufe nicht reicht, kannst du bei einem Laden anschreiben lassen. Du lässt deine Bankkarte für die Rente oder Sozialhilfe an der Kasse zurück und darfst dein Boot mit Waren vollladen. Der Ladenbesitzer hebt dann jeden Monat die Bezahlung ab.[80] Wenn der Ladenbesitzer die Bankkarte hat, gibt es aber häufig Probleme. Ich kenne hier Rentner, die ihre Bankkarte nicht mehr zurückbekommen, weil sie schon all ihre Rente bis zum Lebensende beim Händler ausgegeben haben. Ihnen bleibt danach nichts, aber ich glaube, dass die Händler zu hohe Preise ansetzen. Sie rauben die Rentner aus. Meiner Meinung nach ist es besser, du machst ein eigenes Bankkonto auf und sparst das Geld dort an, bevor du etwas kaufst.

In Hipana sind die Sozialhilfeempfänger und die Rentner wichtige Leute geworden. Sie helfen ihren Familien beim Überleben. Wenn du in Hipana wohnst und kein Geld bekommst, kannst du nur einen Tauschhandel anbieten: Ich baue dir ein Kanu, ein kleines fürs Fischen oder ein Neun-Meter-Boot für Reisen auf dem Fluss. Dafür gibst du mir eine Kiste Tabak, Reis und Bohnen oder einen Außenbordmotor.

Wir stellen im Dorf viel Maniokmehl her, es ist von hervorragender Qualität. Einige Familien packen für jede Reise 20 Dosen[81] davon ein. Einen Teil des Mehls brauchen sie als Verpflegung, aber wenn sie etwas übrig behalten, verkaufen sie es in der Stadt. Doch alle Verwandten von allen Flüssen machen das Gleiche. Der Preis für Maniokmehl ist tief gefallen, dieses Geschäft lohnt sich kaum noch. Der Mehlverkauf macht die Kosten für das Benzin nicht wett. Früher haben wir auf Reisen in die Stadt auch geflochtene Körbe, Manioksiebe und Holzschalen mitgenommen, aber dafür bekommt man bloß noch 3 Reais pro Stück.[82] Einige Familien in den Nachbardörfern ernten *Uará*-Nüsse, dafür gibt es noch ordentliche Preise, aber sie wachsen nicht überall. Andere verkaufen geräucherten Fisch.

Immer wieder bleiben junge Leute nach den Einkaufsfahrten ganz in der Stadt. Sie wollen nicht mehr zurück ins Dorf, obwohl dort ihre Heimat ist. Sie begründen das damit, dass es in den Dörfern keine Gelegenheit zum Geldverdienen gibt.

Nur eine Möglichkeit haben wir hier am Içana-Fluss und am Ayari. Manchmal passiert es, dass ein Dorf Gold entdeckt. In unserer Gegend hat es immer viel Gold gegeben. Einige Dörfer sind reich geworden. Am großen Wasserfall von Tunuí, wo der Militärposten steht, gab es mal so eine Zeit. Viele Goldgräber zogen damals dorthin. Als die Goldgräber in der Gegend waren, konnte sich jede Familie in Tunuí ihren eigenen Laden leisten und ein Geschäft aufbauen. Die Goldschürfer brachten ihnen das Gold und tauschten es gegen Geld oder Waren ein. Die Verwandten aus Tunuí fuhren mit dem Gold in die Stadt und verkauften es dort weiter. Irgendwann hat die Regierung das Goldgeschäft verboten, da sind die Leute aus Tunuí wieder so arm geworden wie wir. Viele glauben aber, dass das Goldschürfen wieder erlaubt werden sollte, weil es eine gute Zukunft verspricht.

Einmal ist eine Gruppe von Goldsuchern nach Hipana gekommen. Mein Vater war verreist, also wurden die Männer zu mir geschickt. Sie wollten wissen, ob ich ihnen helfen könnte. Die Goldsucher hatten aber gar kein Interesse daran, in Hipana nach Gold zu suchen. Ihr Ziel lag flussaufwärts am Oberlauf des Ayari, nah an der kolumbianischen Grenze. Jeder weiß, dass es dort viel Gold und auch Diamanten gibt.

Ich sagte den Männern: »Wenn ihr weiterfahren wollt, müsst ihr die Hälfte eures Proviants an unseren Häuptling abgeben.«

Das wollten sie aber nicht.

Ich sagte: »Dann müsst ihr eben wieder verschwinden. Ohne unsere Hilfe könnt ihr euer Boot und den Proviant nicht über die Wasserfälle tragen. Ihr seid hier nicht bei der Sorte Schwächlinge angekommen, die ihr in den anderen Dörfern findet! Hier haben wir Huhuteni das Sagen.«

In Hipana wissen wir schon, dass es Gold bei uns gibt. Plinio hat kürzlich erst ein Nugget entdeckt, am Strand unterhalb des Wasserfalls. Ich glaube, dass tief unter den Steinen noch viel mehr liegt. Das ist der Reichtum unserer Natur.

Ich habe den Goldgräbern ein Gegenangebot gemacht. Ich habe ihre Weiterreise genehmigt, aber sie sollten vorher schauen, ob sich auch in der Nähe von Hipana Gold finden lässt. Ich wollte das nur wissen, weil eine Häuptlingsfamilie all ihre Möglichkeiten kennen muss.

Die Goldgräber fuhren mit ihrem Boot auf dem Ayari herum. Sie tauchten auf den Flussboden, aber sie fanden nichts, und am dritten Tag gab es dann das Problem mit dem *Pirarara*-Fisch.

Der Pirarara ist ein riesiger Räuber, der im Ayari häufig gesehen wird. Er ist sehr gefährlich, auch für Menschen. Einige werden vier Meter lang, der Pirarara ist ein richtig großer Fisch. Die Goldsucher tauchten damals in einer Höhle nahe dem Flussboden herum, und der Fisch setzte sich davor und verschloss das ganze Loch. Das passierte schon gleich nach Tagesanbruch, es war noch nicht mal neun Uhr. Der Taucher hatte einen Atemschlauch, also bekam er ausreichend Luft. Um 11:30 Uhr sagte der Kapitän des Goldgräberbootes zu mir: »Alberto, unser Taucher steckt unten fest. Irgendwas passiert dort unten, er kommt nicht wieder hoch, und wir haben einen riesigen Fisch gesehen.« Er wollte wissen, wann der Fisch wieder verschwindet.

»Das weiß ich nicht«, antwortete ich. »Er lauert darauf, dass er den Taucher fressen kann. Manchmal dauert so etwas lang. Ein Pirarara-Fisch hat viel Geduld.«

Um 18:30 Uhr gab der Fisch dann auf und schwamm wieder weg. »Euer Taucher ist dort unten längst erfroren«, sagte ich zu dem Kapitän, aber am Ende hat er doch überlebt. Wir saßen auf dem Boot, und die Goldgräber holten ihren Kollegen hoch. Ich sah den Fisch wegschwimmen, er war flussabwärts unterwegs.

Mein Vater hat uns schon als Kinder gewarnt, dass man in dieser Höhle nicht tauchen darf. Jeder weiß, dass es dort Wasserschlangen und Riesenfische gibt. Aber so einen großen Pirarara hatte ich auch noch nie gesehen.

Am Ende sind die Goldsucher einfach abgereist. Ich glaube, sie haben all ihren Kollegen erzählt, dass es bei uns zu gefährlich ist.

Du weißt schon, dass die jungen Leute sich nicht mehr für das Wissen ihrer Vorfahren interessieren, für die Gemeinschaftsarbeit, das Kunsthandwerk und den Wald. Das ist aber nicht die ganze Geschichte, ich muss noch etwas anderes dazu erzählen. Seit etwa 20, 30 Jahren wollen die Älteren ihr Wissen gar nicht mehr weitergeben. Die Vielgelebten im Dorf erzählen keine Geschichten mehr. Sie zeigen ihren Enkeln nicht mal, wie man einen Flechtkorb macht oder einen Keramiktopf herstellt.

Es gibt ein paar Ausnahmen, aber bei den meisten Alten ist es so. Ich weiß nicht, ob sie eine Verabredung untereinander getroffen haben. In unserer Kultur trägt nicht ein einziger Alter das ganze Wissen in seinem Kopf, nicht mal mein Vater weiß alles über unsere Kultur. Die alten Huhuteni haben das Wissen stets unter sich aufgeteilt. Der eine kann besser erklären, wie man Flechtarbeiten macht, ein anderer kennt die Schritte für unsere Tänze, und jeder bewahrt sein Wissen über die Kräuter, Beschwörungsformeln und die Muster der Hautbemalungen auf. Verschiedene Alte kennen unterschiedliche Teile des Kalidzamai-Lieds, die sie bei der Initiation und bei den Festen nacheinander singen. Das sind wichtige Aufgaben in meinem Volk.

Nicht alle Alten sind daran beteiligt, unser Wissen gemeinsam aufzubewahren. Einige haben auch selber keine Ahnung davon, so etwas kommt immer wieder vor. Mein Großonkel zum Beispiel, der alte Mann da drüben, der gerade vom Fluss hinaufstapft, kannst du den sehen? Diesen Großonkel habe ich schon viele Dinge gefragt. Mir scheint aber, dass er gar nichts weiß, weil er nie etwas begriffen hat. Keine Beschwörungsformel, keine Geschichte, keine Handwerkskunst. »Ich habe lange gelebt, aber ich weiß trotzdem nichts«, sagt er zu mir.

Du fragst mich, ob der Großonkel vielleicht schlechte Erfahrungen gemacht hat? Haben ihm die Sklavenhalter in der Kautschukzeit Angst eingejagt, sodass er nicht mehr sprechen will, oder die Missionare, die das alte Wissen als Teufelszeug abtaten? Nein, das glaube ich nicht. Den Großonkel haben sie nie zum Zwangsarbeiter gemacht. Meiner Meinung nach war er dafür zu doof.

Die meisten Alten in Hipana besitzen aber noch großes Wissen. Sie behalten bloß alles für sich. Früher kannten sich einige sogar noch mit der Schlangenmedizin aus, aber wir Jüngeren haben nur durch einen Zufall davon erfahren. Einmal war mein Bruder Eugenio im Wald, wo er eine tote Anaconda fand. Er nahm sie mit, weil man ihr Leder in der Stadt teuer verkaufen kann, die *Sucuri-jú* hat eine schöne schwarze Musterung auf weißer Haut. Mein Bruder hat nur an einer Stelle ein Loch durch Schlange gestoßen, damit er ein Seil daran binden konnte, um sie ins Dorf zu ziehen. Eine Anaconda kannst du nicht tragen, sie ist mehrere Meter lang und viel zu schwer.

»Was hast du da für ein riesiges Ding«, fragte ich Eugenio, als er im Dorf ankam. »Eine Anaconda-Schlange«, antwortete er. Ich sagte: »Aber sie ist so groß wie ein Hirsch!«

Wir waren beide zu müde, um der Schlange noch am gleichen Abend die Haut abzuziehen, also legten wir sie ins Haus, wo die Küche ist. In dieser Nacht stieg der Anacondageruch einer Klapperschlange in die Nase. Ich glaube, dass der Geruch einer Anaconda andere Schlangen anzieht. Die Klapperschlange kam ins Haus und setzte sich zu der toten Anaconda hin. Zum Glück hat niemand in der Küche geschlafen. Die Klapperschlange ist von allen das gefährlichste Tier.

Aber am Morgen stand unsere alte Mutter auf. Sie ging zum Herd und wollte ein Feuer anzünden, weil die Frauen morgens den Kaffee kochen. »Was liegt denn da in der Küche?«, fragte unsere Mutter Eugenio. »Und was macht das für ein Geräusch?«

Eugenio war immer noch müde, aber jetzt stand er auf. Er ging in die Küche und konnte nichts sehen, also holte er von draußen Brennholz herein. Er sagte, dass er selber das Feuer für den Kaffee vorbereiten wollte. Als er sich aufrichtete, sah er die Klapperschlange. Er sprang auf und riss sein Jagdgewehr von der Wand, dann legte er an und schoss sie tot. Ich

habe ihm gleich gesagt: »Du hast in deiner Hütte ein gelade-
nes Gewehr? Wer weiß, was da alles an Unfällen passieren
kann!«

Der Krach weckte im Dorf alle auf. Mein Bruder Silvestre
stand als Erster in der Tür, und bald versammelten sich die
Verwandten dort. Silvestre schnitt mit dem Messer den Kopf
der Klapperschlange ab und hielt ihn den Leuten hin. »So
eine teuflische Fratze!«, sagte er. In Hipana war es das erste
Mal, dass eine Klapperschlange in ein Haus gekrochen war.
»Und jetzt wirf dieses Biest in den Fluss!«, wies Silvestre
meinen Bruder an.

Aber eine der Alten, eine Großtante, zog Eugenio am
Arm. Sie griff nach der toten Klapperschlange und trug sie
weg. Dann kochte sie sie in heißem Wasser aus und strich
die Brühe über die Haut der kleinen Kinder. Sie erklärte uns
dazu aber kein Wort. Inzwischen ist sie gestorben, und keiner weiß, vor welcher Krankheit ihre Medizin die Kinder
schützt.

Ist es denn nicht die Pflicht der Alten, das Wissen unseres
Volkes weiterzugeben? Wie oft habe ich gesagt: »Großväter
und Großmütter, ihr dürft euer Wissen nicht einfach herunterschlucken! Wenn eure eigenen Enkel nicht danach fragen, müsst ihr strenger mit ihnen reden und sagen: ›Wir sind
die Alten, wir haben dieses Wissen, und wir werden es jetzt
an euch weitergeben.‹ Wenn ihr eure Enkel nicht leiden
könnt, erzählt eure Geschichten wenigstens im Nachbardorf. Glaubt ihr denn nicht, dass ihr sterben werdet? Denkt
ihr nur an euch selbst?«

Die meisten Alten reden trotzdem nicht. Wenn einer
stirbt, ist jedes Mal viel Wissen weg. Andere haben gesagt,
dass sie schon reden könnten. Aber sie wollen dafür von
ihren Enkeln Geld.

10

Wovon willst du hier leben?

Wir fuhren los, um alle zu erschießen. Ich war damals ein Unteroffizier in der brasilianischen Infanterie und im Grenzgebiet zu Kolumbien stationiert. Wir erhielten den Befehl, die Goldgräber in Cucui auszuheben, und was das bedeutet, versteht jeder Soldat sofort. Bandidos, Hurensöhne, Männer mit schweren Waffen im Wald. Das Motto lautet: die oder wir. Wir stiegen ins Boot und legten ab, die Gewehre geladen und bereit.

Wir waren aufs Töten eingestellt, aber ich räumte den Goldgräbern eine Chance ein. »Unser Befehl lautet: Feuer frei!«, rief ich über den Fluss, und von drüben brüllte einer zurück: »Um Gottes willen, nein!« Wir stürmten ihr Lager und nahmen sie fest und sahen die ganze Scheiße. Sieben Männer in Hängematten, die anderen waren schon weg. Kolumbianer, Brasilianer, alle durcheinander, getürmte Rebellen und Soldaten. Die Männer hatten Malaria, sie starrten uns aus glasigen Augen an, einer konnte nicht mehr alleine stehen. Wir hatten da keine Goldmine gestürmt. Das war ein Platz zum Sterben.

Wir wollten die Männer zum Militärposten führen, aber einer schaffte den Weg nicht mehr. Wir gruben ein Loch und warfen die Leiche hinein. Da haben wir das Gold gesehen. Aiii, war das ein reicher Kadaver! Er hatte alle Nuggets in seinen Kleidern versteckt. Also machten wir ein bisschen Druck. Wir quetschten die anderen aus, verstehst du? Sie sagten: »Im

Wald gibt es noch viel mehr von diesem Gold, unsere Ausrüstung haben wir zurückgelassen, alles liegt noch am gleichen Ort.«

Da sind wir abgehauen, desertiert. Wir haben die Armee gefickt. Die Stiefel haben wir am Einsatzposten zurückgelassen, weil sich das so gehört, und uns in Kolumbien neue gekauft. Alles andere, sogar die Uniformen, nahmen wir für die Wanderung mit.

Wochenlang marschierten wir durch den Wald, zu Fuß, so etwas mergelt einen Mann ganz schön aus. Wir fanden die Schürfwerkzeuge, die Männer hatten also die Wahrheit gesagt. Mitten im Indianergebiet war das, aber es wimmelte von Goldgräbern ringsherum. Ja, da war richtig viel zu holen! Vom Schürfen verstanden wir nicht viel, aber 500 Gramm[83] schafften wir da raus. Wo es Gold gibt, spricht es sich schnell herum. Bald waren 2000 Männer an diesem Ort.

So ist das im Amazonaswald: Das Gold lockt alle aus ihren Dörfern. Fürs Schürfen reisen sie von weit her an. Je mehr gefunden wird, desto mehr Goldgräber kommen, und die Verbote der Indianerschutzbehörde zählen nicht viel. Indianerschutz, wen wollen sie damit verarschen? Ich bin selber ein Índio, meine Vorfahren sind vom Volk Baré, und in meinem Namen hat niemand diese Gesetze erlassen. Wovon willst du hier leben, wenn du ein Índio bist? Ich habe nichts gelernt, einen anderen Beruf kann ich nicht machen. Ich suche Gold, wenn ich was verdienen will.

Goldgräber ziehen immer weiter, von einer bis zur nächsten Mine. So haben wir es auch gemacht. An unserem ersten Ort war irgendwann nichts mehr zu holen. Sie schickten damals neue Soldaten in die Gegend, vom brasilianischen und vom venezolanischen Militär. Mit den Soldaten kamen nur wenige Goldsucher zurecht, nur die großen Unternehmer, die ihre eigenen Flugpisten bauen und sie von Pistoleiros bewachen lassen. Wir kleinen Goldschürfer mussten uns vor den Soldaten verstecken. Als einzelnen Goldgräber knallen sie dich ab, aber wir waren immerhin in einer Gruppe von 15 unterwegs. Wir schlugen uns durch den Wald und entkamen über die Wasserfälle, dann fanden wir unseren nächsten Ort.

Diese Arbeit ist überall gefährlich, aber unter der Erde liegen ganze Klumpen Gold. 10 Gramm, 25 Gramm an einem Stück. Die Schächte werden bis zu hundert Meter tief gegraben, dann nimmt man eine Lampe und klettert hinein. Einige Goldgräber verlaufen sich unter Tage, weil die Wege so verschachtelt sind. Man kann aber eine Schnur spannen, um später wieder den Ausgang zu finden. Einige werden zerquetscht, oder sie ersticken, manchmal stürzen die Schächte ein. Felsen verschieben sich und versperren den Weg. Bei Regen laufen die unterirdischen Gänge mit Wasser voll. Am besten ist es, man hat einen Kameraden, der oben sitzt und ein Warnsignal gibt. Er zieht an der Schnur, zweimal, dreimal, und man klettert raus, damit man nicht ertrinken muss.

Ich habe schon an Orten weit draußen im Wald gegraben. Dort ist das Leben wie früher bei den Völkern: Wochenlang sieht man nichts als Wald. Dort operieren aber Lieferanten, die uns Goldgräber aus der Luft versorgen. An einem festgelegten Tag kommen sie mit ihren Flugzeugen in die Gegend und werfen Verpflegungspakete ab. Wenn irgendwo Malaria ausbricht, erfahren die Lieferanten das schnell. Dann kommen sie nicht mehr, weil die Goldgräber unten nicht arbeiten können. Wo keiner arbeitet, kann später auch keiner die Lieferungen bezahlen. An diesen Scheißflüssen hier findest du nichts zu essen, mit ihrem schwarzen Wasser, nicht mal ein Vögelchen zum Jagen. Wir sind hier in einem Teil der Welt, wo es überhaupt keine Nahrungsmittel gibt. Aber einmal

habe ich eine ganze Nescafé-Flasche mit Goldnuggets aufge-
füllt. Das Leben ist eine Party, wenn es gut für uns Goldgräber
läuft.

Jeder weiß, dass das Gold auch auf dem Grund der Flüsse
liegt. Im Ayari bin ich schon selber herumgetaucht, hier und
dort, mit einer Sauerstoffflasche und Gewichten. Dieser Leh-
rer aus dem Hipana-Dorf, Plinio, hat mir von seinen Goldnug-
gets erzählt. Er hat sie am Strand gefunden, vorne am Fuß des
Wasserfalls. Ich fragte ihn: »Wie wäre es denn, wenn man eine
Balsa einrichtet, ein Goldwaschschiff, könnten daran nicht
alle gut verdienen?«

Da hat er gesagt, dass im Dorf schon viel darüber geredet
worden ist. Vor Jahrzehnten waren schon Leute der großen
Bergbaugesellschaften hier, mit Radar und Helikoptern, und
suchten am Ayari nach Gold. Heute erlaubt das Militär das
nicht mehr.

Ich verstehe diese Verbote nicht. Hier sitzt ein Mann in sei-
nem Dorf, und seine Familie hat kaum was zu essen. Er schickt
seine Tochter in die Stadt, weil sie zur Schule gehen soll, aber
Geld kann er ihr keins geben. Woher denn auch? Will er ein
paar Ananas verkaufen und einen Sack Mehl? Einen Stapel
Maniokfladen? Das junge Ding zieht in die Stadt und macht
die Beine breit. Ab jetzt lebt sie als Prostituierte. Der Mann im
Dorf besäuft sich, die arme Sau, weil er weiß, dass er als Vater
versagt. Er kann seiner Tochter keine Bildung anbieten, keine
Zahnarztbehandlung, kein würdiges Leben. Alles wegen seiner
verfickten Indianer-Rückständigkeit.

Und vor seiner Tür, ein paar Schritte entfernt, liegt all die-
ses Gold im Fluss. Ich sage: »Es ist nicht verboten, wenn ein
Índio eine Hacke nimmt und ein bisschen gräbt oder taucht.«[84]

Komische Geschichte, dass es überhaupt noch Verwandte
gibt, die gegen das Goldschürfen sind. Ich glaube, ich kenne

den Grund dafür. Einige Häuptlinge sind dagegen, weil sie in ihren eigenen Dörfern noch kein Gold gefunden haben. Dann werden sie neidisch und beginnen mit ihren Intrigen. Sie reden mit den Soldaten und zeigen die anderen Häuptlinge an, bloß weil da einer in Würde leben will. Die Regierung sollte das Goldschürfen für alle erlauben, überall, dann wäre Schluss mit dem ganzen Streit.

Ich habe mir vom Gold ein Grundstück in São Gabriel gekauft. Inzwischen steht auch ein Häuschen drauf. Ich frage mich bloß: »Wo ist der ganze Rest?« Ein Goldgräber muss viele Sachen einkaufen, also wechseln wir unser Gold und geben das Geld bei den Händlern aus. Viel bleibt ja auch in den Bordellen. Die Mädchen behalten das Gold auch nicht für sich, soweit ich das überblicken kann. Sie geben es für Alkohol aus. Irgendwann heiraten sie einen, der besonders viel Gold gefunden hat. Die Frauen, die unter den Goldgräbern leben, finden am Ende einen Ehemann.

Mir selber ist es zu teuer, mir eine Frau zu suchen. Ich bleibe allein und bezahle, wenn ich eine brauche. So ist es auch leichter weiterzuziehen.

Adalberto Baré, 40, Goldgräber,
im Sommer 2018 auf dem Rio Ayari

11

Malikai – Rückkehr der Zauberer

Alles ist wahr, was ein Zauberer auf seinen Reisen sieht. Du schaust auf die Wolken und erkennst, dass sie andere Farben haben, dass sie anders leuchten, als gewöhnliche Menschen sie sehen. Du weißt, dass die Wolken etwas bedeuten. Hier ist ein Stein, dort ist ein Pfeil, ein Tier oder ein Bündel Haare. Wenn du Pariká nimmst, siehst du von der Welt viel mehr.[85]

Niemand kann sagen, warum mein Vater seine Meinung geändert hat. Keiner von uns Söhnen hatte noch damit gerechnet.[86] Aber vor zehn Jahren erklärte er plötzlich, dass er vor seinem Tod noch zwölf Lehrlinge zu Schamanen ausbilden will.

»Vater, Sie haben einen großen Fehler gemacht«, schimpfte ich mit ihm. »Warum tun Sie uns das an? Sie hätten viel früher damit anfangen sollen, als Sie noch stärker waren. In ihrem Alter geht das vielleicht gar nicht mehr. Warum haben Sie uns nicht alles beigebracht, als wir jünger waren? Warum haben Sie so lange geschwiegen?«

Mein Vater hat mich natürlich als seinen Lehrling ausgesucht. Außerdem fragte er meine Brüder Silvestre und Eugenio, meinen Schwager José Felipe und zwei von José Felipes Söhnen und Cousins, auch meinen Freund Plinio. Wir waren eine neue Lehrlingsgeneration, und unsere Ausbildung begann 2009. Damals lebten wir ja alle noch.

Wir saßen unter dem Orangenbaum, und mein Vater erzählte uns von der Entstehung der Welt. Er sagte die Beschwörungsformeln für die unterschiedlichen Krankheiten auf. Wenn du ein Lehrling bist, darfst du auch die Geschichten hören, die nicht für alle geeignet sind, sondern nur für die Malirinai selbst.

Die einfachen Geschichten erfährt bei uns schon jedes Kind. Bei uns weiß jeder, wie die Welt entstand, wie unser Schöpfergott Niaperikuli gegen die Seelen der Tiere kämpfte und dass die Fische und die Tapire früher unsere Feinde waren. Bei der Initiation erzählen sie uns, wie der Gott Kuwai geboren wurde und später sterben musste. Wir erfahren von der langen Nacht am Anbruch der Zeit, in der die Gifte und der böse Zauber entstanden. Doch zu allen Geschichten gehören noch andere Teile, Fortsetzungen und genauere Beschreibungen. Sie sind nur für die Ohren der Malirinai bestimmt, weil eine Zauberkraft darin steckt. Du musst in zwei Welten schauen, sonst kannst du sie nicht begreifen. Du musst Pariká nehmen, sonst ergeben sie keinen Sinn.

Als die Ausbildung begann, fuhr ich mit Plinio immer wieder in den Wald. Wir kochten viele Liter Pariká, alle Lehrlinge haben es so gemacht. Wir wollten alles lernen, so schnell wie möglich, und so viel Pariká nehmen, wie wir vertragen können. Wir wussten, dass es unsere letzte Chance ist und der einzige Weg.

Mein Vater gab uns sieben Tage hintereinander Pariká. Am Morgen um acht Uhr fing er damit an. Er setzte sich vor jeden Lehrling hin, schüttelte aus dem Döschen etwas Pulver in seine Hand und blies es mit einem festen Atemstoß in unsere Nasen. Jeder Maliri besitzt einen hohlen Adlerknochen, durch den er das Pulver blasen kann. Ein Atemstoß, phah!, dann kann deine Reise beginnen. Unsere Welt wird klein unter dir. Du steigst empor, als ob du fliegen kannst. Bald wanderst du durch die Häuser in der Anderen Welt.

Sechsmal pro Stunde hat mein Vater Pariká in unsere Nasen geblasen, denn am Anfang der Ausbildung soll man noch vorsichtig sein. Er sang die Lieder über die Andere Welt. Wenn du zum ersten Mal reist, brauchst du einen Maliri mit Erfahrung, damit er für dich singen kann. Einer muss dir die Namen aller Orte nennen, sonst kannst du die richtigen Wege nicht finden. Als Lehrling darfst du Wasser trinken, wenn du willst, denn es wird heiß in der Sonne, und die Körnchen vom Pariká rutschen in deinen Hals. Mir schmecken sie gut, würde ich sagen, zumindest habe ich mich an den Geschmack gewöhnt. Er ist ein bisschen sauer und ein bisschen süß. Meinem Vater habe ich häufig gesagt: »Ich vertrage das Pariká gut, geben Sie mir noch ein bisschen mehr!«

Du blickst auf die Wolken und bleibst einfach sitzen. Dein Herz schlägt schneller, und wenn es zu rasen beginnt, kannst du am Qualm der Zigarre riechen. So kommst du ein bisschen in diese Welt zurück. Doch der Lehrer steht schon mit dem Knochen da und bläst dir die nächste Portion in die Nase. Am Mittag kommt die Zeit für ein Bad.

Nach zwei, drei Tagen spürst du die Veränderung. Du weißt jetzt von Dingen, die gewöhnlichen Menschen verborgen bleiben, du siehst sie in deinen Träumen oder sogar am Tag. Was du siehst, wird eintreten, weil es die Wahrheit ist. Du weißt, welche Verwandten ein Unglück erleiden werden und ob es Mörder in den Dörfern gibt. Du kannst hören, wie deine Verwandten Pläne in ihren Gedanken schmieden, wie sie über diese oder jene Sache im Dorf denken. Du bleibst nur ganz ruhig und hörst ihnen zu und regst dich kein bisschen darüber auf. Auf deinen Reisen lernst du ferne Orte kennen, du besuchst die hohen Berge in Venezuela. Es ist ganz leicht, so als könntest du fliegen. Du stehst auf der Spitze der Berge und schaust hinab und siehst das ganze Land unter dir.

Ich weiß, dass in der Anderen Welt mein Großvater José noch lebt. Er ist mir dort begegnet. Als wir in der Sonne saßen, war es nicht mehr mein Vater, der mir Pariká in die Nase blies. Es war mein Großvater, und hinter ihm standen andere Männer, ältere Malirinai aus meiner Familie, Urgroßväter, an die ich mich kaum noch erinnern kann. Als ich ein kleines Kind war, habe ich sie zuletzt gesehen. Mein Großvater schickte mich in der Anderen Welt herum. *Geh hierhin, geh dorthin*, sagte er, und er warnte mich vor Gefahren auf den Wegen. *Pass hier auf, mein Enkel*, sagte der Großvater José. Noch einen Monat lang habe ich jede Nacht von meinem Großvater geträumt.

Bei meinem Vater ist die Ausbildung anders gelaufen. Er war 16 Jahre alt, als er damit begann, und er ist zu großen Meistern nach Kolumbien und Venezuela gefahren. Aber das war noch eine andere Zeit. In jedem Dorf arbeitete damals ein Schamane, in einigen sogar zwei oder drei. Wenn du ein Schamane werden solltest, konnten deine Eltern hingehen und um eine Ausbildung bitten.

Es geht dabei auch um den richtigen Preis. Ein Maliri muss sich seine Entscheidung gut überlegen. Die Eltern gehen mit ihrem Sohn zu ihm hin, und der Maliri sagt, was er für die Ausbildung braucht. Der eine will einen Dieselgenerator für Strom, der andere einen Fernseher oder ein Jagdgewehr. Es gibt Kreditmöglichkeiten, wenn die Familie kein Geld hat und erst später alles bezahlt.

Mein Vater sagt, er war sehr neugierig auf die Andere Welt. Er wollte lernen, wie man Menschen heilt. Als er ein kleines Kind war, wurde seine Mutter sehr krank, und er wollte, dass das nie mehr passiert. Die Malirinai haben seine Mutter damals geheilt. Am Anfang nahm mein Vater mit einem Familienangehörigen aus Kolumbien Pariká, Alejandro Dzauinaapi hieß der, dann mit Guilherme Garcia aus unserem Nachbardorf. Später ist er mit dem Kanu nach Venezuela gerudert und hat bei einem Piaroa studiert, der Fabricio hieß. Erst verbrachte er eine Woche im Wald, um viele Liter Pariká zu sammeln, dann nahm er sie auf die Reise mit. In Venezuela wächst unsere Art von Pariká nicht.

Mein Vater begann seine Ausbildung, und er musste streng alle Regeln einhalten.[87] Wenn du Pariká nimmst, darfst du nicht in die Nähe von Frauen gehen, die noch ihr Monatsblut bekommen. Die Frauen dürfen nicht mal dein Essen zubereiten. Warme Gerichte, Fleisch oder Pfeffer sind verboten. Ein Maliri isst nur sehr wenig, nichts als Wasser, Mehl und ein paar Früchte aus dem Wald. Die Lehrlinge nehmen viel Pariká. Die Ausbildungsorte lagen damals nicht im Dorf, sondern fernab von allen Leuten im Wald. In der Nähe von Hipana, ein paar Stunden zu Fuß entfernt, gab es damals auch so einen Ort. Ich glaube, dass man ihn heute noch finden könnte.

Nach den ersten Wochen findet eine Prüfung statt. Du fährst auf den Fluss und fängst einen Fisch. Der Fisch verrät deinem Meister, ob du Zauberkräfte hast. Es kommt darauf an, welche Art Fisch du gefangen hast. Vielleicht fängst du gar keinen Fisch, oder du verträgst kein Pariká. Vielleicht schaffst du es nicht, die Regeln zu beachten. Dann kannst du kein Maliri werden und musst wieder nach Hause gehen. Nicht der Meister trifft diese Entscheidung, sagt mein Vater, sondern Dzuliferi, der erste Schamane in der Anderen Welt.

Mein Vater sagt, dass er elf Jahre lang jeden Tag alle Regeln beachtet hat. So erhielt er seine große Zauberkraft. Vor einigen Jahren ist er noch mal nach Venezuela gefahren, um die Familien seiner früheren Lehrer zu finden, aber leider kannte sie dort niemand mehr.

Das Problem ist heutzutage, dass du zu nichts mehr kommst. In der modernen Welt hast du für die Ausbildung zum Maliri keine Zeit. Du musst Arbeiten erledigen, in der Schule als Hilfslehrer unterrichten, in die Stadt fahren und Besorgungen machen. Die Frauen reden ständig mit dir, und mit den Kindern gibt es laufend Probleme. Deshalb konnte keiner von uns Lehrlingen alle Regeln einhalten, die mein Vater für uns aufgestellt hatte. Wie soll das auch irgendwer schaffen?

Nach 14 Tagen Pariká wollte er, dass wir 30 Tage lang die Essensbeschränkungen beachten. Wir sollten einen Monat lang nur Maniok und Früchte essen. Mein Vater wollte, dass wir in dieser Zeit laute Orte meiden, weil wir uns sonst erschrecken könnten, und wir sollten lange unsere Frauen nicht sehen.

Ich habe meinem Vater aber erklärt, dass er es uns nicht so schwer machen darf. Ich halte es ohne eine Frau etwa 15 Tage lang aus, nicht mehr. Meiner Meinung nach muss die Ausbildung beschleunigt werden, weil niemand weiß, wie lange mein Vater noch lebt.

Ich habe ihm gesagt, ich mache das auf eigene Gefahr. Wenn ich daran sterbe, ist es meine eigene Schuld. Ich werde meinen Vater dann nicht verantwortlich machen. Die anderen Lehrlinge haben es auch nicht geschafft, so lange von ihren Frauen wegzubleiben.

Doch nach wenigen Wochen sah ich keine besonderen Dinge mehr, und mein Großvater verließ meine Träume. Mein Vater riet mir, dass ich wieder Pariká nehmen sollte. »Fang alles von vorne an«, sagte er.

Er macht sich aber Sorgen, weil das alte Wissen gefährlich ist, wenn man sich nicht an die Regeln hält. Vielleicht hat er deshalb so lange geschwiegen. Mein Vater sagt, dass die Lehrlinge vom Pariká verrückt werden, wenn der Meister nicht alles richtig macht. Nach drei oder vier Tagen fängt das schon an. Der Lehrling führt sich dann auf wie ein Tier. Er sieht die Dinge in der Anderen Welt, aber er kann sie nicht verstehen. Er hat keine Ahnung, wo er ist. Er weiß nicht, wie er zurückkehren soll, und er kann unterwegs sogar sterben. Das Einzige, was ihn noch retten kann, ist die Hilfe eines Maliri. Der Meister reist in die Andere Welt und fängt die verlorene Seele ein. Er zündet eine Zigarre an und bringt den Lehrling auf die Erde zurück. Mein Vater sagt, dass das nicht allen Schamanen gelingt. Einige Lehrlinge von anderen Meistern irren bis heute durch den Wald.

Früher waren aber auch andere Malirinai in der Nähe, zur Sicherheit, immer wenn die Zeit für die Ausbildung kam. An einem späteren Punkt der Ausbildung gibt der Meister seinen Lehrlingen ein stärker dosiertes Pariká. Damit verlassen sie für mehrere Stunden unsere Welt. Solche Reisen darfst du nur unternehmen, wenn ein oder zwei andere Malirinai schon vorausgereist sind, um die Lehrlinge in der Anderen Welt zu empfangen. Sie sagen: *Ah, da kommt dieser Kerl, folge mir, es geht hier entlang.*

Heute ist mein Vater allein. Er sagt, auf diese Weise hat noch nie jemand eine Ausbildung gemacht.

Es ist also wichtig, dass beim Pariká-Nehmen alles richtig läuft. Es ist eine Frage der guten Planung und der Sicherheit. Wir haben unsere Methoden dafür. Rote Farbe auf der Haut kann einen Maliri auf seiner Reise beschützen. Manche Reisende halten einen Stein in der Hand, einen besonderen Stein, der in der Anderen Welt das Ei eines Adlers ist. Mit so einem Stein findest du leichter wieder zurück. Der Meister singt und ruft die Namen der Lehrlinge und nennt sie auch beim Namen der Völker, aus denen sie gekommen sind.

Der Meister merkt, wenn seine Lehrlinge auf gefährliche Wege abbiegen. Dann packt er sie, und sie kehren zurück. Er zeigt ihnen die Zigarre und bläst Rauch in ihre Gesichter, damit ihre Seelen zurückkehren können. Ich finde es gut, wenn man Pausen macht. Nach zehn oder fünfzehn Tagen gibt der Meister einen Pariká-freien Tag. Dann liegst du in deiner Hängematte und träumst deine eigenen Träume, jeder nur für sich.

Ein guter Meister schaut tief in die Herzen und Seelen. Wenn der Lehrling viel zögert, ist Pariká nicht gut für ihn. Wer Angst bekommt, kann in der Anderen Welt nicht viel sehen. Erst muss ein Mensch seine Angst vor dem Reisen verlieren, sogar vor dem Sterben, erst dann wird aus ihm ein Maliri.

Wir haben nie erfahren, warum mein Vater unsere Ausbildung nach so vielen Jahren doch noch begann. Ich glaube aber, es hatte auch mit dem Amerikaner zu tun.

Der Amerikaner, Robin, kam 1976 zum ersten Mal nach Hipana.[88] Damals gab es hier noch nicht viel zu sehen, aber die Schule und eine Kapelle standen schon da. Die Familien waren aus dem Rundhaus in die einzelnen Häuser umgezogen. Mein Vater war der Häuptling, als der Amerikaner kam.

Robin hatte uns mithilfe der Missionare gefunden und schon viel über Hipana gehört. Damals arbeiteten in unserem Dorf sogar vier Malirinai! Mein Vater, mein Onkel, der Onkel meines Vaters, selbst der Großvater meines Vaters lebte noch. Robin war ein Anthropologe, ein junger Mann.

Geld hatte er damals noch nicht viel. Er hat jeden von uns unzählige Male befragt und hörte damit gar nicht wieder auf. Bei jedem Besuch reiste er für mehrere Wochen an, immer wieder kam er zurück, viele Jahre lang. Niemand hat ihn vergiftet. Als die Piste hinter dem Dorf fertig wurde, reiste Robin sogar mit dem Flugzeug an.

Robin hat ein Problem mit seinen Beinen. Er braucht einen Stock, um durchs Dorf zu gehen. Unsere Malirinai haben ihn einmal behandelt, sonst würde es ihm noch schlechter gehen. Robin hatte kein gutes Verhältnis zu unserer Lehrerin Teresinha, und manchmal brach Streit mit den Patres aus. Zu uns ist er aber immer sehr freundlich gewesen.

Robin schickte uns später Geld, für die kulturellen Projekte, auch als er schon wieder in Amerika war. Er schickte uns eine Bezahlung, damit wir mit dem Tonband unsere Geschichten, Lieder und Feste aufzeichnen konnten. Wir bekamen Geld für die Übersetzung. Ich würde sagen, dass uns keiner so viel geholfen hat wie er. Robin wurde zu einem guten Freund für meinen Vater.

Nach unserer Rückkehr aus Venezuela wohnten wir viele Jahre in São Gabriel. Hin und wieder wagten wir uns zurück nach Hipana, für ein Fest oder einen Besuch bei unseren Verwandten, aber niemals blieben wir lang. Ich hatte aber kein gutes Gefühl dabei. Mir gefielen die Dinge nicht, die ich in meinem Heimatdorf sah. Sollten wir einfach nur zusehen, wie unsere alte Kultur verschwand? Im Jahr 2000 dachte ich zum ersten Mal darüber nach, zurück nach Hipana zu ziehen. Mein Vater wollte das auch.

Ich überlegte, ob wir etwas tun konnten. Ich wollte ein großes Projekt erfinden, das allen im Dorf etwas nützt, sodass sie meine Familie willkommen hießen. Ich plante eine Schule für Malirinai.

Ich stellte es mir so vor, dass in Hipana wieder eine Maloca gebaut wird, ein Langhaus nach der alten Art. Es sollte mit der richtigen Art von Caraná-Blättern gedeckt werden und an den Wänden die Symbole der Malirinai tragen. Die Maloca wollte ich *Malikai Dapana* nennen, das Haus des schamanischen Wissens und der Macht. Vielleicht wollte ich meinen Vater damit auch überreden, dass er noch mal neue Lehrlinge akzeptiert, ja vielleicht habe ich im Jahr 2000 schon daran gedacht. Ich wollte meinen Vater dazu bringen, sein Wissen weiterzugeben, bevor es zu spät dafür ist. Er sollte selber in der Schamanenschule unterrichten.

Ich schrieb einen Brief an Robin und brachte ihn in São Gabriel zur Post. Wenn man Extraporto für einen Brief bezahlt, wird er mit dem SEDEX-Dienst verschickt. Dann arbeitet die Post schneller, und der Brief kommt schon nach wenigen Tagen an. Robin antwortete mir bald. Er wollte uns Geld besorgen, damit die Schamanenschule gebaut werden konnte.

Ich wusste, dass die Leute meines Volkes die Malirinai nicht vergessen haben. Sogar aus den Dörfern der evangelischen Pastoren kamen manchmal Patienten zu meinem Vater in die Stadt. Die Frau von Pastor Pedro war einmal bei uns, weil sie geheilt werden wollte. Nach außen beschimpfen sie uns als Katholiken, und die Malirinai nennen sie Teufel. Aber wenn der Tod näher rückt, bringen sie ihre Kranken zu uns.

Ich glaube, dass sie es zuerst in ihren Kirchen versuchen. Sie beten zu Gott und bitten um Hilfe aus dem Himmel. In einigen Fällen reicht das aber nicht aus, und den Patienten geht es noch schlechter als vorher. Dann laden die Frauen ihre Kranken aufs Boot und fahren zu meinem Vater. Siehst du, wie verlogen diese Evangelischen sind? Meiner Meinung nach begehen sie große Sünden. Sie lassen sich von meinem Vater heilen und reden trotzdem schlecht über ihn.

»Hier ist kein Platz für dich«, haben sie mir auch schon gesagt, als ich Verwandte am Rio Içana besuchen wollte. »Wenn du bleibst, treibst du nur irgendein Teufelszeug.«

Ich glaube bloß nicht, dass solche Lügner in den Himmel kommen. Warum machen sie sich überhaupt die Mühe, in die Kirche zu gehen? Ich entgegne diesen Evangelischen immer: »Wenn ich der Teufel bin, treffen wir uns in der Hölle.«

Jede Woche kamen damals zehn oder fünfzehn Patienten zu meinem Vater. Ich musste sogar einige wegschicken. »Mein Vater ist krank, er kann heute niemanden heilen, er hat keine Kraft dafür!« So viele Patienten kamen bei uns an, dass ich ihnen den Weg zum Krankenhaus erklärte. Aber wenn mein Vater Zeit fand und Wasser auf sie warf, standen sie schon nach drei Tagen wieder auf. Sie liefen ohne Fieber und ohne Schmerzen herum. Alle sagen über meinen Vater, dass er die Menschen heilen kann.

Für die erste Behandlung verlangt mein Vater 100 Reais[89], bei einer schweren Krankheit können es auch 300 Reais sein. Wenn mein Vater die Krankheit auch erklären soll, woher sie also kommt und wie sie begonnen hat, ist das eine andere Arbeit, die extra bezahlt werden muss. Dann kostete es noch mal 100 Reais. Nach der Behandlung spricht mein Vater die Beschwörungsformeln, aber das ist nicht dringend, es kann auch später, an einem anderen Tag geschehen. Über solche Dinge lässt sich verhandeln. Die Beschwörungsformeln machen meinem Vater viel Arbeit, und ich würde sagen, 100 Reais sind dafür ein guter Preis.

Ich bin traurig darüber, dass es nur noch so wenige Malirinai gibt. In São Gabriel arbeitet bis heute auch ein Onkel von mir, Eduardo, er stammt aus dem Volk der Kubeo und ist ein Benzedor. Das heißt, dass er kein Wasser wirft, sondern ausschließlich Beschwörungsformeln spricht. Eduardo verlangt für eine Behandlung 300 oder 400 Reais, und bei schweren Krankheiten musst du viele Male zu ihm kommen. Er stammt aus einem Nachbardorf von Hipana, das Jurupaí Cachoeira heißt, und in meiner Familie hat er schon viele geheilt. Einmal hat er sogar meinen Vater nach einer Tabakvergiftung gerettet. Auch Eduardo ist heute ein alter Mann. Bald wird aus dieser Generation keiner mehr leben.

Ich sehe aber, dass manche Patienten auf Betrüger hereinfallen. In São Gabriel triffst du einige davon. Wenn sie Wasser werfen oder die Krankheit aus einem Menschen saugen, stecken sie sich vorher schon ein Steinchen in den Mund. Das spucken sie auf den Boden. »Ich habe die Krankheit aus dir herausgesaugt«, sagen sie dann. Der Patient bezahlt, aber es geht ihm nicht besser. Ein echter Schamane holt die Steinchen aus der Anderen Welt. Ein richtiger kann einen falschen auch leicht enttarnen. Echte Malirinai erscheinen sich gegenseitig wie Jaguare in einem Traum. Mir gefällt es nicht, wenn unsere Kultur von den Betrügern nicht ernst genommen wird. Damit ist niemandem geholfen, so wird keiner wieder gesund. Wenn du zu einem falschen Maliri gehst, ist das rausgeworfenes Geld.

Mein Standpunkt ist, dass du nicht einfach so tun darfst, als wärst du ein Maliri. Erst musst du die Dinge richtig erlernen.

Zu Beginn unserer Ausbildung haben wir mit unserem Vater die Steine aus der Anderen Welt gesucht. Jeder Maliri braucht sie, damit er sie in seine Maraca-Rassel stecken kann. Sie begleiten ihn dann auf jeder Reise.

Aber kein Mensch kann sagen, wie viele Steine es heute noch gibt. Mein Vater reiste zu unseren Verwandten und fragte herum. Er wollte herausfinden, wo es noch Steine gibt. Wir wussten, dass vor vielen Jahren ein Maliri gestorben war, er war schon sehr lange tot, doch seine Familie hatte sich nie um die Steine gekümmert. Irgendwo mussten sie sein.

Wir fuhren hin und fragten nach den Steinen. Der Sohn des Maliri sagte uns, sie hätten sie nicht mehr. Es gab aber noch das Haus des Alten im Wald, das schon zusammengefallen war. Wir gingen hin und gruben unter dem Haus und fanden einen Beutel mit all seinen Sachen. Alle Macht dieses alten Maliri war in diesem Beutel versammelt, die Steine, die Papageienfedern, die Kristalle und die Rassel. Alles hatte er zurückgelassen, und keiner aus seiner Familie wollte sich darum kümmern. Vielleicht wagten sie es nicht, seine Sachen anzufassen.

Mein Vater nahm Pariká und sah sich die Steine an. Er sagte, dass einige Steine schon fehlten, dass ein paar von ihnen Fälschungen waren, aber die restlichen Steine hat er unter uns aufgeteilt. Jeder Lehrling bekam einen Stein.

Um das Jahr 2005 herum schickte uns Robin, der Amerikaner, das erste Geld. Es waren 5000 Reais.[90] Das war nur eine erste Anzahlung, damit ich nach Hipana fahren und herumfragen konnte: Waren die Verwandten dafür oder dagegen, dass meine Familie eine Schamanenschule baut? Würden sie dabei auch mithelfen?

Meiner Meinung nach war es wichtig, dass alle genau Bescheid wussten. In São Gabriel kaufte ich viel Proviant, um in Hipana ein gutes Essen auszurichten. Ich kaufte Bohnen, Reis, Nudeln, Salz, Kaffee, Milchpulver, Orangenlimonadenkonzentrat, Kekse, Sardinen und Trockenfleisch. Ich kaufte viel Benzin, damit auch die anderen Leute anreisen konnten, die ich zur Versammlung einladen wollte. Ich fuhr den Fluss hinauf, aber in den evangelischen Dörfern hielt ich nicht an. In den katholischen Dörfern machte ich Halt und lud die Verwandten ein.

Fels mit einer Darstellung des Gottes Kuwai an
den Fällen von Hipana (oben)

Die Kleinstadt São Gabriel da Cachoeira
im Morgenlicht (unten)

Ameisensammeln in Hipana (oben)

Zubereitung der Psychodroge Pariká (unten)

Ein Bad im Ayari-Fluss (oben)

Steine, Dornen, Holzstücke und Haare gelten bei den
Malirinai als die Krankheiten der Welt (unten)

Die Maraca-Rassel (oben) repräsentiert die Seele des Schamanen

Von Reisen die in Andere Welt kehrt man im Tabakrauch zurück (unten)

Bier- und Tanzfest in Hipana. Die Flöten werden für jede Aufführung neu hergerichtet (oben)

Die Körper werden kunstvoll bemalt (unten)

Schamanenhaus in Hipana (oben)

Der Jaguarschamane Mário reist in die Andere Welt, bewacht von einem
seiner Söhne (unten)

Der Katechist leitet den Gottesdienst in Hipana (oben)

Die Altardekoration wurde von den Missionaren mitgebracht (unten)

Der Jaguarschamane Manuel da Silva fällt bei einer Behandlung
in Trance (oben)

Dzuliferi (unten) möchte ihm nachfolgen
und außerdem Häuptling werden

Mehr Bilder, Videos und Tonaufnahmen aus Hipana
finden sich auf der Website: www.sohndesschamanen.de

Das Geld reichte für die Reise kaum aus. Trotzdem bemerkte ich gleich den alten Neid. In einem Dorf am Uferrand, das Miritica heißt, hielt ich an und kaufte einen Fisch.

»Was transportierst du da im Boot, Alberto?«, fragten sie mich.

»Material für die große Versammlung«, antwortete ich.

»Was denn für eine Versammlung?«

»Meine eigene Versammlung«, sagte ich.

Bald wussten alle von unserem Plan. Den Leuten gefiel es, dass es bald wieder Schamanen geben sollte. Eine Großmutter sagte mir, dass sie den Ärzten nicht traut. In Miritica fragten sie mich, ob sie ihnen Benzin für ihre Boote geben kann, denn sie wollten zur Versammlung fahren. Ich füllte ihnen 20 Liter in einen Kanister. In allen Dörfern, wo die Leute meinen Plan unterstützen wollten, ließ ich ein paar Liter Benzin.

Als ich in Pana-Pana ankam, im Dorf des alten Mário, sagten die Verwandten zu mir: »Wir wissen schon, dass du kommst.« Ich gab ihnen auch Benzin. Sie fragten: »Was ist da los, woher hast du wieder Geld bekommen?«

Und dann kamen die Verwandten aus Pana-Pana schon mehrere Tage vor der Versammlung in Hipana an. »Wir wollen bei der Vorbereitung helfen«, sagten sie, und ich verteilte ein paar Arbeiten. Sie konnten den Boden sauber fegen und das Langhaus am Dorfplatz für einen großen Anlass vorbereiten. Zum Essen brachte ich ihnen Wasser mit Maniokmehl.

Am Tag der Versammlung wurde es voll in Hipana. Die Frauen meiner Familie mussten viel Essen kochen. Die meisten Verwandten sagten, dass ihnen der Plan gefiel. Keiner sprach dagegen, und am Ende gab es Cashiri. Ich habe Robin später aber gesagt, dass 5000 Reais viel zu wenig waren.

Für den Bau der Maloca brauchten wir 25.000 Reais.[91] Robin hatte aber nicht so viel Geld. Er wollte uns helfen, Geld bei den Institutionen zu beantragen, bei der FOIRN-Selbstverwaltung und bei der staatlichen Indianerschutzorganisation. Robin sagte, wir sollten in São Gabriel bleiben und auf das Geld warten, er würde mit den Behörden telefonieren. Ich fragte mich schon, warum er uns kein Geld für die Verpflegung schickt, wenn wir so lange in der Stadt auf ihn warten sollten. 45 Tage lang blieben wir in der Stadt. Danach hatte Robin 6000 Reais für uns besorgt. Das reichte, um mit dem Bau der Maloca wenigstens anzufangen.

Wir schlugen eine Waldfläche frei und stellten die Pfeiler auf. Wir bauten ein Dachgerüst. Danach brauchten wir Palmzweige für das Dach. Mein Vater sagte, dass wir für ein Schamanenhaus eine bestimmte Palme finden müssten, eine bestimmte Art Caraná, das im Quellgebiet weißer Bäche wächst.

Die Verwandten aus Pana-Pana hörten von unserem Bauprojekt. Sie kamen nach Hipana und legten mit ihren Booten unten am Wasserfall an.

»Komm mal her, mein Enkel«, sagte Mário zu mir. »Wir haben gehört, dass du Hilfe beim Aufbauen einer Maloca brauchst.«

»Ja, wir haben hier ein Konstruktionsvorhaben«, antwortete ich. »Aber es ist Gratisarbeit, sie wird nicht bezahlt. Wer helfen will, kann gerne mitmachen, und abends wird eine Suppe für alle gekocht.«

»Essen haben wir selber genug«, sagte Mário, »aber wir brauchen Geld, um Besorgungen in der Stadt zu machen.«

»Ich habe kein Geld«, erwiderte ich und blieb hart.

»Aber von deinem Sohn haben wir das ganz anders gehört«, sagte der Alte zu mir. »Am Sonntag hat er eine Rast bei uns eingelegt, wir haben Cashiri zusammen getrunken, und er hat mir von Robin und dem Geld erzählt.«

»Davon hat er erzählt?«, fragte ich nach.

»Ich weiß nicht, ob dein Sohn ein Lügner ist, aber er hat gesagt, dass du viel Geld bekommen hast.«

»Ich habe ein bisschen Geld, aber es reicht nicht aus, um euch auch noch zu bezahlen.«

Ich war mit dieser Entwicklung nicht einverstanden. Das Geld von Robin war für die Leute aus Hipana da, für meine eigene Familie. Wenn alles in der Familie bleibt, vermeidet man viele Probleme. Ich war verärgert, weil mein Sohn seinen Mund nicht halten konnte. Die Verwandten aus Pana-Pana waren aber wirklich am Arbeiten interessiert. Sie kamen zurück und halfen mit. An einem Abend kam einer von Mários Söhnen betrunken zu mir. Ich weiß nicht, wo er überhaupt Schnaps gefunden hatte. Er sagte: »Wir haben tagelang für dich gearbeitet, und wo ist unsere Bezahlung?«

»Ich habe euch gar nicht hergebeten«, erwiderte ich ihm und wurde sehr wütend. »Ihr seid von selber gekommen. Ständig will sich hier jemand streiten oder beschweren. Vielleicht bekomme ich bald Geld von den Organisationen in der Stadt, vielleicht auch nicht. Wenn ihr bezahlt werden wollt, haltet den Mund, sonst kriegt ihr von mir am Ende nichts.«

»Ja gut«, sagte er. »Ich bitte um Entschuldigung.«

Aber am nächten Tag nahm ich mein altes Boot. Ich fuhr so schnell, wie ich konnte, in die Stadt. Ich habe Angst vor dieser Familie, vor ihren Flüchen und Vergiftungen. Sie haben merkwürdige Gebräuche. Zehn Tage lang blieb ich in São Gabriel, um Robin um mehr Geld zu bitten. Er schickte wieder ein paar Tausend Reais, und ich kehrte nach Hipana zurück.

»Für den Augenblick reicht das, du hilfst uns sehr, der Herr wird es dir danken«, schrieb ich Robin zurück, obwohl es wieder zu wenig war. Für das Benzin allein gibst du 1000 Reais aus, um nach Hipana zu kommen. Ich packte Reis und Bohnen aufs Boot, und das war ein Glück, denn bei der Ankunft im Dorf sagte meine Alte mir: »Vorgestern ist das Essen für die Helfer ausgegangen.« Am Ende habe ich aber alle gut bezahlt: 500, 600, 400, 200 Reais, jeden entsprechend der geleisteten Arbeit. Danach war das ganze Geld weg.

Die Verwandten aus Pana-Pana waren zufrieden. Ich habe ihnen gesagt, dass sie nicht wiederkommen dürfen.

Ich wollte, dass das Dach der Maloca fertig gedeckt wird. Das wollte ich unbedingt schaffen. In Hipana sollte es wieder so werden wie in der alten Zeit. Die Verwandten im Dorf wollten aber wieder zu ihrer eigenen Arbeit in den Gärten zurückkehren. Ich musste mit ihnen viel reden. »Lasst uns wenigstens an einem Tag pro Woche an der Maloca arbeiten!«, schlug ich vor. Der Häuptling des Dorfes nahm an der Versammlung nicht mal teil, seine Familie wollte nichts mit dieser Arbeit zu tun haben. Zehn Verwandte aus dem Dorf halfen trotzdem mit. Am Ende ist das Dach fertig geworden.

Ich meldete mich wieder bei Robin und sagte ihm: »Ich habe alles so gemacht, wie es vereinbart war. Jetzt musst du viel Geld für ein Eröffnungsfest schicken.«

Ich war lange fort gewesen, aber beim Bau der Maloca verbrachte ich wieder Zeit in Hipana. Die Dinge hatten sich verändert. Überall sah ich, dass unsere Kultur nicht mehr richtig beachtet wird, dass die Menschen krank werden und keine Zuversicht mehr fürs Leben haben.

Ich glaube aber, dass man die alten Zeiten zurückbringen kann. Am besten ist es, wenn der Häuptling selber ein Maliri ist. Ein Häuptling muss wissen, wie er sein Dorf organisiert. Er muss den Verwandten sagen, wie sie leben sollen, und sie an die Ratschläge erinnern, die die Alten bei der Initiation gegeben haben. Ein guter Häuptling muss alle Gäste im Dorf freundlich empfangen. Er hält Ordnung und verbreitet gute Stimmung. Er verteilt die Gemeinschaftsarbeiten und sorgt dafür, dass es bei den gemeinsamen Essen eine gute Auswahl an Gerichten gibt. Ich glaube nicht, dass das schwierig ist, aber wenn der Häuptling nichts macht, geht es abwärts mit seinem Dorf. Hier liegt doch überall Müll herum! Kein Wunder, dass die Menschen in die Stadt ziehen wollen.

Als wir die Maloca bauten, habe ich mich mit dem Häuptling viel gestritten. Er ist ein Verwandter, aber er denkt anders als unsere Familie. Wenn im Dorf jemand krank wird, kann er nichts machen, er hat nicht mal einen Schrank voller Medizin. Bei ihm steht nur das alte Funkgerät, mit dem er den Gesundheitsdienst rufen kann. Für alles brauchen wir jetzt Hilfe von außen. Ich finde es besser, wenn ein Häuptling weiß, wie man die Menschen heilt.

Ein richtiger Arzt kommt hier bloß alle ein bis zwei Jahre vorbei, der Zahnarzt eigentlich nie. Die Leute im Dorf haben Kopfschmerzen oder einen steifen Nacken, Schmerzen in den Schultern und Beinen. Sie tun nichts dagegen und halten die Krankheiten einfach aus. Ein Maliri könnte ihnen helfen. Ein Maliri weiß auch, dass die Menschen fröhlich sein müssen, um gesund zu leben. Als wir die Maloca bauten, haben sich alle gefreut. Wir saßen jeden Morgen zusammen und aßen Maniokbrei, bevor wir mit der Arbeit begannen. Jeder erkundigte sich nach der Familie des anderen, nach der Gesundheit der Kinder, dann besprachen wir den Tag.

Es ist gut für ein Dorf, wenn die Familien das Essen untereinander teilen, damit nicht jeder auf den anderen neidisch ist. So sollte es immer sein. Für die Versorgung der Schüler in unserer Dorfschule haben wir im Wald einen Garten freigeschlagen, wo alle gemeinsam Maniok, Ananas und Gemüse pflanzen. Auch die Schüler helfen dort mit. Der Häuptling muss es aber organisieren, dass dort reihum gearbeitet wird. Er darf nicht ständig in die Stadt reisen und sich bloß um sein eigenes Geld und seinen eigenen Garten kümmern.

Wenn eine Familie sich nicht an der Gemeinschaftsarbeit beteiligt, muss er mit allen reden. Er muss fragen: »Warum interessiert ihr euch nur fürs Geld? Warum braucht ihr so viele Sachen aus der Stadt?« Nicht jeder kann ein guter Häuptling sein, man braucht eine Vorbereitung dafür. Wenn die Leute keine gemeinsamen Aktivitäten haben, reden sie schlecht übereinander, und sie verbreiten Lügen. Am Ende kommt dann das Gift.

Mein Standpunkt lautet, dass gute Feste sehr wichtig sind. Wenn die Feste viele Tage lang dauern, trinken die Menschen viel Cashiri zusammen und kommen besser miteinander aus. Mein Vater hat immer gesagt, bei den Festen müssen alle willkommen sein. Wir wollen keine Feste nur für diese oder jene Familie allein. Die Benzedores müssen eingeladen werden, und sie müssen die richtigen Rituale ausführen. Beim Fest muss der Häuptling mit allen reden, er muss Interesse an ihrem Leben zeigen. Er soll von der Fröhlichkeit sprechen und muss die Lügen und das neidische Gerede verbieten.

Wie findest du das Fest?, soll er fragen. *Schmeckt dir das Essen? Hat sich schon jemand verletzt?*

Nein, der Häuptling kann niemanden zwingen, es so oder so zu machen. Wir haben keine Gesetze dafür. Jede Familie kann ihre Feste feiern, wie sie will. Wir wissen aber, dass das Leben in der Gemeinschaft besser ist. Unser Gesetz ist die Erinnerung der Malirinai.

Früher haben die Leute gemeinsam gejagt und vor der Jagd zusammen Beschwörungsformeln aufgesagt. Dafür gab es ein Ritual, doch inzwischen ist es verloren gegangen. Mit Ritualen für die Jagd muss man vorsichtig sein. Mein Großvater José erzählte, dass das Ritual für das Anlocken der Tiere umstritten war. Die Beschwörungsformeln lockten die Beutetiere an, also die Pakas, Tapire und Hirsche. Aber auch die Schlangen und Jaguare kamen an. Vielleicht werden die Beschwörungsformeln deshalb nicht mehr benutzt.

Wenn neue Leute ins Dorf ziehen, die unsere Regeln noch nicht kennen, muss der Häuptling sie über alles informieren. In Hipana haben sich aber schon Familien niedergelassen, die mehr Fische aus dem Fluss holten, als es richtig ist. Andere entdeckten die Patauá-Palmen im Wald, und sie wollten die Früchte ernten, aber sie kletterten nicht hinauf. Sie sägten die Palmen einfach um. In ihrer Kultur macht man es vielleicht so, aber ich bin sofort zu ihnen hingegangen. Ich sprach die Männer wegen der Palmen an und lud alle zu einer Versammlung ins Langhaus ein.

»Liebe Onkel und Cousins«, sagte ich. »Irgendwer zerstört hier die Patauá- und Açaí-Palmen im Wald. Aber schon mein Großvater José hat gesagt, dass man die Bäume nicht fällen darf. Wie sollen wir später noch Früchte ernten, wenn es keine Bäume mehr gibt?«

Meine Rede gefiel den neuen Dorfbewohnern nicht. Der Häuptling sagte nichts. Am Ende wurde trotzdem eine Lösung gefunden, denn die Frauen aus Hipana lachten die neu angekommenen Männer aus. Vor den Frauen kann man sich nicht verstecken.

»Ihr wollt Männer sein und wisst nicht mal, wie man Früchte erntet?«, fragten sie. »Sogar unsere Großväter können auf diese Palmen klettern!«[92] Danach hörte das Absägen der Bäume auf.

Als wir 2009 das große Fest zur Eröffnung der Maloca feierten, lebte mein Bruder Silvestre noch. Alle Lehrlinge meines Vaters waren zur Eröffnung der Maloca da.[93] Sogar Robin und der Chef der Indianerschutzbehörde reisten an, ein Fotograf von der Zeitung in São Gabriel kam nach Hipana, und Robin brachte noch Gäste aus Amerika mit. Die wichtigen Gäste flogen mit dem Flugzeug nach Hipana, dafür wurde die Landepiste bereit gemacht. Robin und die Indianerschutzbehörde hatten Geld für das Fest beigetragen, für das Essen und für die Anreise der Verwandten. Der Häuptling kam zu mir und wollte mich sprechen. Er konnte beim Bau der Maloca leider nicht helfen, sagte er. Er war zu beschäftigt gewesen, Entschuldigung.

Mein Vater hielt eine Rede gegen den Neid und die Lügen. Er sagte, dass ein Dorf zusammenstehen muss. Zu den Verwandten aus Pana-Pana bin ich später noch mal hingegangen und habe ihnen die Worte meines Vaters erklärt. Ich sagte: »Lasst es mit dem Gift! Es ist nicht gut, die eigenen Verwandten zu bedrohen und zu vergiften und schon mit bösen Absichten zu den Festen zu gehen.«

Bei jedem Fest sage ich das jetzt den Verwandten aus Pana-Pana.

Niemand wurde beim Eröffnungsfest vergiftet. Wir führten vor, wie die Malirinai Pariká nehmen. Wir präsentierten unsere Tänze, Lieder und Gebräuche. Die Gäste wurden mit Beschwörungsformeln gesegnet. Es war ein erfolgreiches Fest.

Meiner Meinung nach ist die Ausbildung 2009 aber nicht schnell genug losgegangen. Mal nahmen wir 15 Tage lang Pariká, dann bloß zehn Tage, ein andermal waren es nur fünf.

Einige von uns leben ja meistens in der Stadt. Jeder geht seinem Leben nach. Manchmal hatten wir kein Geld für Benzin und kamen nicht alle den Fluss hinauf. Als die Maloca fertig war, verstrichen Jahre, ohne dass die Ausbildung vorankam.

Als Silvestre nach der Einweihung der Maloca starb, blieb unsere Familie wieder lange in São Gabriel. Ich war traurig, weil mein Plan einer Schamanenschule nicht aufgegangen war. Ich hatte begonnen, mir in Hipana ein neues Haus zu bauen. Aber ich fand es zu früh zum Sterben. Zehn Jahre ist das jetzt her.

Nach dem Tod von Silvestre wurde mein Vater lange krank. Später starb ein weiterer von uns Lehrlingen, der Sohn eines Onkels von mir. Sie sagen, dass es eine natürliche Ursache war, eine Krankheit, aber es kann auch ein Zauber gewesen sein. Einige Male fuhren wir nach Hipana, nur um Pariká aus dem Wald zu holen, und mit meinem Vater trafen wir uns in der Nähe der Stadt. Es gab aber nie genug Pariká, um bis zu Kuwai zu reisen.

Trotzdem spürte ich nach einiger Zeit die ersten Kräfte eines Maliri in mir. Ich probierte aus, was mein Vater uns zeigte, und ich habe schon die ersten Krankheiten geheilt. Meine Cousine Maristela wurde meine erste Patientin. Ihr ganzes Leben lang hatte sie über schlimme Kopfschmerzen geklagt. Ich bereitete einen Kübel mit kaltem Wasser vor und streute Caapi-Blätter hinein, dann leerte ich alles über sie aus.

Das Wasserwerfen ist die einfachste Sache für einen Maliri, schon die Anfänger können das. Wir heilen damit einige Krankheiten, die aus den Flüssen, dem Wald oder den Steinen auf die Menschen springen. Nach dem Wasserwerfen hatte meine Cousine keine Kopfschmerzen mehr. Sie erzählte allen: »Mein Cousin hat mich geheilt!« Später hat sie leider viel Bier getrunken, daher kamen die Kopfschmerzen wieder zurück.

Mein Bruder Eugenio hilft häufig mit, wenn mein Vater in São Gabriel seine Patienten empfängt. Er bringt ihm sein Zubehör und bereitet das Wasser zum Werfen vor. Eugenio hat aber keinen so guten Kopf. Da geht nicht viel rein, er kann sich die Beschwörungsformeln nicht merken.

Eugenio sagt, dass er in seinen Träumen dem Schamanen Dzuliferi begegnet. Bei Eugenio ist aber das Problem, dass er Pariká viel zu gut verträgt. Unser Vater bläst ihm große Mengen davon in die Nase, mehr als jedem anderen von uns, und Eugenio will immer noch mehr. Er kippt trotzdem niemals um. Es scheint so zu sein, dass Pariká bei Eugenio nicht wie bei anderen Menschen wirkt. Die Pflanze hat bei Eugenio nicht den richtigen Effekt.

Mein Freund Plinio ist der Einzige von uns, der vom Pariká umgekippt und beinahe gestorben ist.[94] Er lag auf dem Boden wie ein toter Baum. Hinterher erzählte er uns, dass er zu Kuwai reisen wollte. Er erreichte das Tor, das von der Anderen Welt in den Anderen Himmel führt. Plinio sagt, dass es wie ein Maul mit blitzenden Zähnen aussieht. Die Zähne sind scharf wie Messer und gehen vor dir auf und zu. Wenn du den Mut hast, läufst du weiter, und die Zähne schneiden dich in der Mitte durch. Du siehst ein Stück deines Körpers vor dir liegen, und ein anderes Stück bleibt hinter dir zurück. Du stirbst, aber du stirbst auch nicht. Nur dein Körper stirbt, und du wirst ein Maliri.

Am Ende ist Plinio aber doch nicht durch das Tor geschritten. Er blieb davor stehen, und mein Vater holte ihn mit der Zigarre in unsere Welt zurück.

Mein Schwager José Felipe lebt in São Gabriel. Er hat einen guten Kopf und kann viele Lieder und Formeln aufsagen. Vor seinem Haus empfängt er manchmal Patienten, und er benutzt auch die Rassel und saugt die Krankheiten aus ihnen heraus. Doch José Felipe sagt, dass ihm das Heilen selten gelingt. Er lässt sich von seinen Patienten 50 Reais[95] bezahlen, und wenn die Krankheit nicht verschwindet, zahlt er das Geld zurück.

José Felipe nimmt viel Pariká. Jede Nacht träumt er von der Anderen Welt. Er sagt, dass er manchmal einen Jaguar erblickt, der ihn besuchen kommt, und dass der Jaguar nicht bedrohlich wirkt. José Felipe erzählt, dass sich der Jaguar nicht im Angriff nähert, sondern wie ein zahmer Hund. Wenn du von einem Jaguar träumst, begegnest du einem anderen Maliri. Je größer der Jaguar, desto größer ist seine Kraft.

Als Maliri kannst du träumen, dass der Jaguar ein Hühnchen oder ein Schwein verspeist. Mein Vater hat uns beigebracht, dass dann ein Mensch sterben muss. Wenn der Jaguar einen Tapir frisst, stirbt jemand beim Clan der Siusi, wenn ein Adler einen Inambú-Vogel in der Luft ergreift, bedeutet das höchste Gefahr für einen Huhuteni. Die Malirinai träumen von Kämpfen, die Jaguare unter sich austragen, mit Klauen und Zähnen und manchmal mit Revolver und Jagdgewehr. Sie führen Kriege in ihren Träumen. Wir glauben alle, dass mein Vater deswegen so schlecht schläft.

Aber José Felipe sagt, dass er selber niemals von Kämpfen träumt. Nur einmal hat er sich im Traum mit seinem Nachbarn gestritten. Der Nachbar ist evangelisch, er geht zu den Adventisten, und er beschimpft José Felipe als einen Teufel. Im Traum trug der Nachbar ein Jagdgewehr, aber José Felipe tötete ihn nicht. Er nahm ihm bloß das Gewehr ab. Es war ein einzelner Traum, und er ist schon eine Zeit lang her. Was er bedeutet, wissen wir nicht genau. José Felipe glaubt, dass der Mann sich wieder eine neue Waffe holen wird. Vielleicht muss er im nächsten Traum sterben.

Wir stehen ja erst am Anfang und wissen noch nicht viel. Wir wollen es weiter versuchen. Wenn unsere Kräfte wachsen, kehren wir alle ins Dorf zurück, um unseren Verwandten dort zu helfen. Eines Tages können wir sehen, was dieser Fluch ist, der die Menschen neidisch macht und sie gegeneinander kämpfen lässt. Vielleicht wird keiner von uns so stark wie mein Vater sein, aber zu dritt oder viert können wir doch etwas erreichen.

Meine Meinung ist, dass wir unsere Kräfte bündeln können. Die Leute aus dem Dorf sollen uns erzählen: *Gestern habe ich einen toten Fisch im Fluss treiben sehen.* Wir Lehrlinge reden dann gemeinsam darüber, welche Zeichen in unseren Träumen erscheinen, was wir in unseren Körpern spüren, welche Ereignisse der tote Fisch ankündigen mag. Ich bin der Meinung, dass uns gemeinsam eine gute Vorhersage gelingt. Wir sagen den Menschen, dass sie fröhlich sein sollen und dass einer auf den anderen aufpassen muss. Wir rollen unsere Zigarren, denn so arbeiten die Malirinai, sie wenden auf diese Weise das Böse ab.

Ich glaube, dass wir viel zu tun haben werden, weil es eine große Nachfrage gibt. So viel Schlechtes wird heute aus der Stadt in die Dörfer getragen. In São Gabriel sind die Menschen schon sehr krank. Sie spüren das Falsche dieser Welt in ihren Körpern. Sie bekommen Kopfschmerzen, Schwindel, Schmerzen in den Beinen. Einigen Verwandten tun die Knie so weh, dass sie am Stock gehen müssen. Das sind die Krankheiten der Welt.

Einmal habe ich mit einem Doktor aus Kuba[96] darüber gesprochen. Er arbeitete im Krankenhaus von São Gabriel. Ich fragte ihn, warum so viele Menschen Schmerzen in den

Beinen haben. Er antwortete, dass es durch das Essen kommt, das nicht zu unserer Kultur gehört, zum Beispiel gefrorene Hühnchen. Einige Leute wissen nicht, dass sie gefrorene Hühnchen besonders gut waschen und kochen müssen. Wenn ein Mensch das vergisst, wird sein Körper schwach. Dann hält er keine Malaria mehr aus, kein Denguefieber, keine Ansteckungen. »Wie oft hast du schon Malaria gehabt?«, fragte der Kubaner mich. »Nur fünfmal«, antwortete ich. Er sagte: »Und sicher ist sie jedes Mal schlimmer geworden. Es liegt an dem Gift aus den Hühnchen.«

Ich weiß nicht, ob der Doktor recht hatte. Aber es stimmt, dass es die Verschmutzung im Essen gibt, in den Flüssen und in der Luft. Sie kommt aus der Zivilisation. Es gibt auch die Traurigkeit, die sich über die Menschen legt. Sie ist in der Stadt am schlimmsten.

Junge Leute bringen sich heute selber um.[97] Sie kommen aus einem Dorf, in dem vielleicht fünf Familien wohnen. Der Häuptling weiß nicht, wie er ein frohes Leben für alle organisieren kann. Die Alten bringen den jungen Leuten nichts bei, sie haben sie schon aufgegeben und weisen ihnen keinen Weg in die Zukunft mehr. Die jungen Leute fahren in die Stadt und bleiben dort, sie schlafen auf der Straße und haben nichts zu essen. Es gibt nichts, das sie tun können, es gibt keine Arbeit für sie. Dann kaufen sie Alkohol, sie trinken Schnaps, aber Schnaps bringt keine Fröhlichkeit.

Was für ein Leben soll das sein?

12

Walimanai Ihriu – für die Ungeborenen

Vor der alten Kultur haben die jungen Leute keinen Respekt. Meine zwei Töchter und sechs Söhne sind alle von der gleichen Frau, von meiner Alten, und der Jüngste schließt gerade die Schule ab.

Ich habe ihn auf die städtische Schule in São Gabriel geschickt, damit er die mittleren Klassen besucht. In den evangelischen Dörfern haben sie Schulen, wo alle Klassenstufen unterrichtet werden, aber kaum jemand aus Hipana schickt seine Kinder dorthin. Wir glauben, dass in den evangelischen Dörfern nicht gut unterrichtet wird. Die Lehrer sind dort zu schlecht.

Wenn du ein Kind zur Schule schickst, musst du es auch versorgen. Das ist nicht leicht in der Stadt. Als Vater machst du dir viele Sorgen: Was soll der Sohn oder die Tochter essen? Vor einigen Jahren habe ich dafür einen Platz im Wald gefunden, zwei Stunden flussabwärts von der Stadt. Dort habe ich ein paar Bäume gefällt und einen Garten angelegt und ein Haus aus Holz und Lehmziegeln gebaut. Ich pflanze dort Maniok an. Ich kann Mehl herstellen und für meinen Sohn Tapioca-Fladen backen. Ich gehe fischen, am Rio Negro kann ich große *Piraíbas* fangen, ich filetiere sie und salze sie ein. Dann bringe ich sie meinem Sohn in die Stadt.

Alle zwei Wochen fahre ich hin und schaue nach ihm. Manchmal setze ich seine Mutter für ein paar Wochen bei ihm ab. Jemand muss doch kontrollieren, ob er abends zu spät nach Hause kommt und ob er wirklich jeden Tag die Schule besucht. Allzu häufig kann ich ihn nicht besuchen, weil das Bootsbenzin sehr teuer ist. Beim Benzin- und Lebensmittelhändler nehme ich manchmal Schulden auf, damit mein Sohn immer etwas zu essen hat. Ich bringe ihm zwei gefrorene Hühnchen, Reis, Bohnen und Nudeln mit.

Leider ist es bei mir selber so, dass ich das Essen nicht ausfallen lassen kann. Ich brauche mindestens eine Mahlzeit pro Tag. Meinem Sohn erkläre ich, dass er sich das Essen einteilen muss. »Es tut mir leid«, sage ich, »aber dein Vater will auch keinen Hunger haben. In 14 Tagen komme ich wieder zurück.«

Manche Familien kassieren Sozialhilfe für die Schüler in der Stadt. Wer vier Kinder hat, bekommt monatlich sogar 900 Reais[98], wenn alle Kinder regelmäßig in der Schule erscheinen. Ich bekomme Geld von der Stadtverwaltung, wenn eine Stelle als Hilfslehrer in den Dörfern frei wird, dann schicken sie mich dorthin, und ich unterrichte. Demnächst beantrage ich meine Rente, weil ich jetzt 60 Jahre alt bin.

Einige Schüler verdienen in der Stadt schon ihr eigenes Geld. Sie gehen nur abends zur Schule, ab 19 Uhr, so haben sie tagsüber fürs Arbeiten Zeit. Sie helfen am Hafen aus oder auf dem Markt. Andere erscheinen nur noch selten in der Schule und wollen auch nicht arbeiten gehen. Sie trinken jede Nacht Schnaps, und die Mädchen sind nach wenigen Monaten verheiratet. Ich finde, wenn es in diese Richtung läuft, müssen die Kinder zu ihren Eltern ins Dorf zurück.

Nach der Schule sollten sie gemeinsam mit ihrer Familie das Leben im Dorf aufbauen. Du weißt, ich habe selber schon lange in São Gabriel gelebt, aber mir gefällt es dort nicht. Meinem Bruder Eugenio geht es so wie mir, er lebt jetzt in einem Dorf in der Nähe der Stadt. Warum soll ich auf einen Markt gehen, um mir Obst und Mehl zu kaufen, wenn ich es auch aus dem Wald holen kann? In der Gegend um São Gabriel komme ich gut zurecht, obwohl der Boden und die Pflanzen ungewohnt sind. Meiner Meinung nach wächst hier zu viel Gras. Mit der Landwirtschaft klappt es am besten in Hipana.

Ich möchte, dass meine Kinder eines Tages in Hipana eine Arbeit finden. Sie sollen ins Dorf mitbringen, was sie in der Schule gelernt haben. Aber warum lernen sie dort nicht, wie man einen Schrank aus Holz zusammenbaut oder ein Fertighaus zusammensetzt? Warum erklären die Lehrer nicht, wie man Zement anrührt oder mit einem Computer umgeht? Die meisten Schüler lernen diese Dinge nicht. Es kommt wohl darauf an, was sie später einmal machen wollen. Wollen sie Bauern werden oder für die Stadtverwaltung arbeiten? Für Bauern ist es mit dem Computer nicht wichtig. Aber die Lehrer in der Schule sollten erklären, wie man eine Motorsäge bedient, damit es nicht so viele Unfälle gibt.

Meiner Meinung nach sollen die jungen Leute etwas fürs Leben lernen und vom Schnaps die Finger lassen. Das sage ich häufig meinen Söhnen. Wenn du Alkohol trinkst, was willst du dann vom Leben erwarten, was kannst du dann noch tun, wer bietet dir dann eine Arbeit an? Keines meiner Kinder hat ein gutes Leben in der Stadt gefunden. Alle haben dort ihre Schwierigkeiten. Zwei meiner Söhne sind vor einiger Zeit nach Hipana zurückgekehrt und leben beim Bruder ihrer Mutter. Einer ist gerade volljährig geworden, der andere ist 23 Jahre alt.

Meine jüngste Tochter geht in São Gabriel zur Schule, in die siebte Klasse, sie ist jetzt 14 Jahre alt. Meine ältere Tochter ist schon erwachsen, sie hat geheiratet, obwohl sie das eigentlich nicht tun sollte. Sie sollte ihre Eltern im Alter pflegen. Aber sie fand schon mit 17 Jahren auf der Schule ihren Verlobten, dann ist sie schwanger geworden. Als ich davon hörte, bin ich gar nicht erst hingefahren, um nachzusehen. Ich habe ihre Mutter geschickt. Der Verlobte war selber noch ein Schüler, aber er hatte ein Boot und fuhr damit angeln. Er brachte meiner Tochter Fisch. Ich glaube, dass ein Vater in solchen Fällen nichts weiter machen kann.

Warum gibt es keine gute Zukunft für meine Kinder hier in Hipana? Weil dieser neue Häuptling im Dorf nichts macht. Ich könnte aber ein guter Häuptling sein und alles besser verwalten. Viele sagen schon, dass ich zurückkommen soll. Ich höre es sogar von denen, die früher schlecht über meinen Vater geredet haben, sogar von meiner Tante Madalena aus dem linken Teil des Dorfes. Ob sie mich dann vergiften, weiß ich nicht. Wenn ich ein Maliri bin und die Menschen heilen kann, haben sie kein Interesse daran, mich zu töten. Dann werden sie mich zum Häuptling bestimmen.

Ich will dieses Dorf wieder wachsen lassen. Ich will ein neues, großes Haus bauen und alle meine Söhne und Töchter mit ihren Familien dort versammeln. Dann ist wieder Leben hier. Mit einer ordentlichen Einwohnerzahl ist es für alle leichter, die Gemeinschaftsarbeiten zu erledigen, das Langhaus in der Dorfmitte und die Gärten wieder herzurichten. Ich will sie Bananen anpflanzen lassen, und mehr Ananas. Mit einer höheren Einwohnerzahl erreichst du auch bei der Stadtverwaltung und bei der Indianerschutzbehörde mehr. Dann wirst du ernst genommen, weil dein Dorf so schnell gewachsen ist. Dann kommen mehr Lebensmittellieferungen für die Schule und Hilfsgelder für die Reparaturen der Maloca.

Der Häuptling und seine Familie wollen lieber unter sich bleiben und das Dorf für sich alleine haben. Er hat Plinio einmal gesagt, dass er die Feste der alten Art nicht mehr will und dass die Maloca abgerissen werden soll. Deshalb glaube ich, dass er hier nicht der Häuptling bleiben kann. Wenn wir unsere Kultur verlieren, was wird dann aus den Menschen, dem Dorf und der ganzen Welt?

Ich glaube, dass dann viel Zerstörung kommt. Plinio erzählt mir, dass längst Landkarten angelegt worden sind von Leuten, die in dieser Gegend Bäume fällen wollen. Ich glaube nicht daran, weil der Abtransport von Baumstämmen schwierig ist. Wollen sie dafür Straßen bauen? Oder an jedem Wasserfall die Baumstämme über die Steine tragen?

Aber wenn Holzfäller in eine Gegend kommen, bieten sie vielen Leuten Arbeit an, und einige Verwandte finden das interessant. Plinio sagt, dass auf den Versammlungen der Indianerselbstverwaltung über den Bergbau gesprochen worden ist. Die Vertreter einiger Völker wollen die Erlaubnis haben, dass sie auf ihren eigenen Gebieten wieder nach Gold suchen dürfen. Es gibt hier Politiker, die durch die Dörfer ziehen und mit den Häuptlingen über die Schürfrechte verhandeln. Sie wollen alles wieder erlauben. Die Regierung in der Hauptstadt Brasilia will das Gleiche. Ich weiß, dass einige Dörfer wieder heimlich Gold verkaufen. Einige sagen, die brasilianischen Soldaten wissen davon.

Du fragst, wie ich es mit dem Gold halten will, wenn ich in Hipana der Häuptling bin. Wenn es hier Gold gibt, finde ich es nicht schlimm, wenn du mit einer Spitzhacke und einer Goldpfanne danach suchst. Dann gehst du dreimal oder viermal hin und sagst später auch den Verwandten Bescheid. Vor einigen Jahren habe ich Robin, den Amerikaner, nach einem Metalldetektor gefragt, aber er wollte nichts davon wissen.

Ich glaube, dass das Goldsuchen schnell außer Kontrolle geraten kann. Wenn einer in Hipana Gold oder Diamanten findet, meinst du nicht, dass es sich herumsprechen wird? Am Ayari-Fluss leben gar nicht genug Männer, um das ganze Gold aus der Erde zu holen. Also kommen erst kleine Gruppen aus anderen Orten an, dann kommen Tausende Männer, und du glaubst doch nicht etwa, dass sie sich in unseren Dörfern respektvoll verhalten? Vielleicht tragen sie Waffen und stehlen unsere Mädchen. Sie ziehen in unsere Dörfer und richten ein riesiges Durcheinander an. Vielleicht wollen sie uns erschießen. Die Goldgräber wühlen den Boden der Flüsse auf, und sie verschmutzen das Wasser, bis die Fische nicht mehr kommen.

Also ist das eine Frage, die nicht nur Hipana betrifft. Wenn ein Dorf am Ayari das Goldgraben genehmigt, ist das eine wichtige Entscheidung über die Zukunft aller Dörfer. Dann müssen alle Häuptlinge von der Quelle bis zur Mündung des Flusses miteinander reden. Das ist nichts, was ein Häuptling alleine tun kann. Meinen Söhnen habe ich das Gleiche gesagt. Sie interessieren sich aber für das Gold und die Diamanten und wollen deshalb vielleicht nach Kolumbien ziehen.

Ich finde es besser für unser Dorf, wenn alle so leben, wie es der Kultur entspricht. Ich weiß, dass Plinio der gleichen Meinung ist. Nächste Woche startet er an der Dorfschule ein Projekt, bei dem wir unsere eigenen Karten machen wollen. Die Schüler sollen den Fluss vermessen und alle heiligen Orte auf Papptafeln eintragen. Sie sollen auch eine Liste der Heilpflanzen anfertigen, die im Wald und in den Gärten wachsen, und sich bei den Alten ihrer Familien darüber erkundigen. Plinio hat die Idee, eines Tages ein eigenes Schulbuch aus diesem Material zu machen oder zumindest ein paar Seiten auf Papier zu schreiben, die wir in der Stadt für alle fotokopieren. Er redet mit Wilson darüber, dem Enkel von Mário, der in Pana-Pana der Dorfschullehrer ist. In den Klassenarbeiten wollen sie neue Fragen stellen: Wie erstellt man einen Kalender: mithilfe der Regenwolken, des Mondes oder der Sterne? Die korrekte Antwort ist, dass man es mit den Sternen macht, aber viele wissen das nicht.

Das ist das Problem mit unserer Kultur. Als die Missionare kamen, brachten sie Schulmaterial aus den Städten mit, in dem alles auf Portugiesisch stand. Die Themen lauteten »Wie Rio de Janeiro entstanden ist« oder »Der Erste Weltkrieg in Europa«. Doch bei uns ist die Geschichte anders gelaufen. Meine Vorfahren, mein Vater und meine Urgroßväter, haben mit Kautschuk gearbeitet. Wir haben Kriege mit unseren Nachbarvölkern geführt, vor allem mit den Baré. Davon stand in den Büchern der Missionare nichts.

Heute ist es besser geworden. Viele Unterrichtsstunden werden in der Baniwa-Sprache abgehalten und Schulbücher speziell für uns gemacht. Sie kommen von den *Novas Tribos*. Diese Bücher erklären die Dinge besser, sie haben Zeichnungen unserer eigenen Pflanzen, Obstbäume, Melonen und Açaí-Palmen. Sie geben die Geschichten aus der Bibel gut wieder, aber weil sie von den Evangelischen gemacht werden, steht dort nichts über die Alte Zeit. Über Kuwai und Niaperikuli erfahren die Schüler aus diesen Büchern nichts. Bei den Evangelischen dürfen sie diese Namen nicht mal laut aussprechen.

Die Leute von der Schulbehörde und der Selbstverwaltung FOIRN sind aus der Stadt in die Dörfer gekommen. Sie haben uns gesagt, wir sollen einen Teil vom Unterricht selber bestimmen, weil es um unsere Kultur geht. Das ganze Dorf soll darüber abstimmen. Aber ich glaube, dann müssen auch die Lehrer wissen, wie es in der alten Zeit mit der Kultur gewesen ist. Die Stadtverwaltung darf keine Lehrer aus den evangelischen Dörfern schicken, die das nicht interessiert.

Wir brauchen auch Unterrichtsmaterial über die alte Zeit. Am Ayari sind schon viele weiße Forscher gewesen, Biologen, Anthropologen, Archäologen. Einige dieser Weißen können schon so wie Índios leben. Unsere Lehrerin Teresinha hatte immer gesagt, dass das nicht möglich ist. Sie sagte, die Leute aus der Stadt verlaufen sich im Wald. Sie werden krank, weil sie keine Duschen mit Seife haben. Aber ich glaube, dass das nicht stimmt. Ich habe sogar schon Anthropologen gesehen, die schwimmen können. Wenn sie uns besuchen, leben sie im Dorf wie wir, sie rudern und fangen ihre eigenen Fische.

Mir gefällt es aber nicht, dass sie ihre Forschung machen und danach wieder gehen. Sie nehmen Fotos auf und fragen die Leute im Dorf über die Heilpflanzen oder das Sternenlesen aus. Sie erfahren die Namen aller Musikinstrumente und filmen die Arbeit in den Gärten. Danach nehmen sie unser Wissen in ihre Städte und ins Ausland mit.[99] Die Kinder der Weißen können in ihren Schulen alles darüber lesen, aber wir in unseren Dörfern wissen nichts davon.

Wenn ich Häuptling bin, müssen alle Forscher Bücher in der Baniwa-Sprache veröffentlichen und Lehrmaterial für unsere Schulen hinterlassen.

Die Forscher sollen zu den Alten gehen und ihre Fragen stellen.

Verehrter Großvater, greifen die Fische die Menschen an?
Dann antwortet der Alte: *Ja, das tun sie.*
Und welche Art von Beschwörungsformel nimmt einem Fisch seine Waffen weg, sodass man ihn essen kann?

Und schon erzählt der Alte die Geschichte von Niaperi-kuli, dem Pfeffer und dem Kampf gegen die Fische. Er sagt die richtigen Formeln auf, und der Forscher kann sie für unsere Schüler aufschreiben. Das muss dringend gemacht werden, weil die alten Leute bald sterben. Die Forscher sollen in alle Dörfer fahren. Sie sollen auch in den evangelischen Dörfern mit den Alten sprechen. Einige wissen dort noch viel, sie halten ihr Wissen aber geheim. Das ist eine Arbeit, bei der ich selber helfen kann. Es wäre eine gute Arbeit für mich und alle in meiner Familie. Aber wer schickt mir ein Aufnahmegerät, einen Computer zum Schreiben, einen Schnellhefter und das Geld, damit ich die Alten für ihre Geschichten bezahlen kann?

Ich weiß genau, wie man mit einem Alten verhandeln kann. Der Alte sagt, dass er für eine Beschwörungsformel 100 Reais[100] bekommen will. Nehmen wir mal zwei verschiedene Segnungen für ein Mädchen, das die erste Menstruation bekommen hat, das sind 200 Reais. Oder drei Segnungen für 300 Reais. Wenn der Alte einen Bruder hat, musst du dem auch etwas geben, sonst wird dir der Alte nichts erzählen, weil unter Brüdern zu viel Neid entsteht.

Danach sagst du: *Ich ziehe 50 Reais wieder davon ab, weil die Beschwörungsformel nicht für mich ist, ich bin ja kein menstruierendes Mädchen. Es ist für das allgemeine Interesse gedacht. Ich sammele die Geschichten und Beschwörungsformeln für die Enkel und Großenkel in allen Dörfern.*

Das sind harte Verhandlungen, die du da führen musst. Die Alten denken immer nur ans Geld.

Danach kannst du ein Buch veröffentlichen mit allen Geschichten und Beschwörungsformeln der Huhuteni. Auf die erste Seite schreibst du die Formeln für den Liebeszauber und die Geschichte vom Vogel Inambú. Alle werden dann das Buch lesen wollen. Der Amerikaner Robin hat mich schon häufig nach diesem Zauber gefragt. Er kennt einige Stücke aus der Beschwörungsformel, aber andere fehlen ihm, und ich verrate sie ihm nicht. Das ist etwas für junge Männer, nicht für alte Leute wie Robin und mich. Er wollte aber unbedingt alles über den Liebeszauber wissen.

Ich habe ihm einen anderen Zauber verraten, einen, der für die Kräftigung der Handgelenke geeignet ist.

13

Inyaime – böse Seelen denken nur an Mord

Ich habe von dieser Reise abgeraten und meine Bedenken geäußert. Jetzt ist es deine Entscheidung. Ich werde dich nicht aufhalten, wenn du den alten Mário besuchen willst. Er ist ein Angehöriger meines Clans, ja Mário ist ein Huhuteni so wie ich. Er gehört zur Familie, und ich rede ihn mit »Onkel« an. Dann fahren wir ihn eben besuchen. Wir werden willkommen sein.

In Pana-Pana haben wir haltgemacht, aber Mário war nicht dort. Alle anderen aus seiner Familie leben zusammen im Dorf, Augusto, João, sechs Familien insgesamt. Sie haben dich freundlich empfangen. Sie haben sogar Bier ausgeschenkt, obwohl es noch Vormittag ist, und dir viele Geschenke gemacht. Unser Boot ist jetzt mit Orangen und Kokosnüssen voll. In Pana-Pana sind sie arm, manchmal fehlt ihnen dort selber das Essen, und diese Geschenke bereiten ihnen Kosten. Ob sie sich wohl etwas erhoffen?

Der alte Mário wohnt kaum noch in seinem eigenen Dorf. Seine Hütte steht anderswo, an der Quelle eines Bachs, Cará Igarapé. Die Reise ist weit, wir müssen stundenlang fahren.

Der Bach ist schmal und von Schilf zugewachsen, deshalb müssen wir mit dem Bootsmotor vorsichtig sein. Ich habe eine Einstellung gewählt, bei der die Schraube nur flach ins Wasser taucht, sonst bleibt sie noch irgendwo hängen. Das Wasser ist nicht tief, aber trüb und schwarz, bis auf den

Grund kannst du nicht sehen. Weiter vorne stellen wir den Motor besser ab und rudern das letzte Stück. Hier hängen einfach zu viele Schlingpflanzen ins Wasser.

Gleich wirst du Mário und seine Söhne treffen. Überlass mir zu Anfang das Reden. Mit diesen Leuten muss mutig verhandelt werden, in großem Ernst, es ist kein Spiel. Wichtig ist, dass du nichts sagst, was ihren Neid auslösen kann. Du darfst auch nichts versprechen, was du nicht halten willst. Wir werden hier nichts essen, und es ist gut, dass du deine eigene Wasserflasche mitbringst.

Nein, ich behaupte nicht, dass sie dich vergiften wollen, warum sollten sie das tun? Sie haben doch keinen Anlass dafür. Aber diese Familie ist so, wie sie ist. Sie mögen es, wenn sie anderen Leuten Schaden zufügen können. Ich werde dich also vorstellen, und nach deinen Gesprächen fahren wir wieder weg. Ein Tag, zwei Tage an diesem Ort sind schon sehr lang.

Da hinten ist Mário, in der dunkelsten Ecke des Hauses. Der Alte hat geschlafen, jetzt richtet er sich in der Hängematte auf. Lass uns warten. Seine Söhne sprechen mit ihm. Sie sagen, dass du dein Interview führen kannst, aber Mário ist ein alter Mann. Er hat schon sehr viel gelebt. Du siehst, dass er ein Greis wie mein Vater ist, diese Alten sind die letzten ihrer Generation. Die Söhne reden mit Mário in der Baniwa-Sprache, weil der alte Mann kein Portugiesisch versteht. Sie erklären ihm, wer du bist.

Merkst du, wie seine Hängematte schaukelt, weil er so unruhig ist? Die Hände des Alten bleiben nie still, er muss sie mit Anstrengung zusammenhalten. Seine Augen rollen und schauen im Zimmer herum, hierhin, dorthin, so unruhig ist der Geist eines Maliri. Mário sagt, dass er in der Hängematte sitzen bleiben will. Er schaut dich neugierig an.

Du sollst näher kommen. Du setzt dich jetzt bitte auf diesen Holzhocker und stellst deine Fragen. Fotografieren ist erlaubt. Er sagt, dass er der Schamane Mário Joaquim da Silva ist. Wenn er dir etwas beibringen soll, musst du ihm Geld bezahlen.

Du sagst, du willst nur eine Frage an ihn richten. Das ist gut, ich übersetze dann. *Ist es wahr, was die Leute in Pana-Pana erzählen? Dass es von Jahr zu Jahr weniger Fische im Ayari-Fluss gibt und dass seine Angehörigen weniger zu essen haben? Wenn er so ein mächtiger Zauberer ist, warum macht er dann nichts gegen das Verschwinden der Fische?*

Ich lege Wert darauf, dass ich mit deiner Frage nichts zu tun habe. An dieser gesamten Angelegenheit bin ich unbeteiligt. Du redest jetzt mit Mário, und nach dem Gespräch fahren wir wieder weg. Später soll niemand auf dem Bierfest erzählen, ich hätte dich zu Mário geführt, damit du in meinem Auftrag etwas fragst. Du bist aus eigenem Entschluss gekommen, und ich bin als Passagier auf deinem Boot dabei.

Mário sagt, dass er dir eine Antwort geben will.

Er sagt, dass Pana-Pana viele Feinde hat. Ein Fluch liege über den Fischen. *Ein Fluch woher? Was ist mit den Fischen passiert?* In seiner Jugend war der Ayari noch voller *Traíras*, und voller *Tucunaré*, aber er sagt, dass er kein Experte in der Fischfrage ist. Er arbeitet nicht als Fischer, sondern als Zauberer. Er wird also keine Frage über Fische beantworten, nur über den Fluch. Mário sagt, der Fluch wurde von weiter her geschickt, mindestens vom Rio Uaupes[101], weil am Ayari niemand die Fische verhext. Er sagt, dass er schon weiß, was man dagegen machen kann. Doch niemand bezahlt ihm genug Geld, damit er die Fische wiederbringt.

Du möchtest wissen, wie viel Geld er dafür braucht. Mário sagt, dass er es sich überlegen will. Beim nächsten Mal kannst du wiederkommen, um es zu erfahren. Er sagt, dass das Problem nicht im Wasser zu finden ist, nicht mal auf dem Grund der Flüsse, sondern tiefer unter dem Boden und den Steinen, in den Felsen. Dort gibt es einen Ort, wo alle Fische entstehen. Ihre Seelen werden aus glitzernden Steinen gemacht. Doch heute reisen viele Menschen in Booten auf dem Ayari. Sie kommen von weit her und graben den Boden auf. Sie lassen sich flussaufwärts nieder, und durch ihre Arbeit werden sie sehr reich. Diese Fremden haben mächtige Malirinai. Sie bezahlen ihnen viel Geld für das Verfluchen der Fische.

Ein anderer Maliri kann dieses Problem beheben, aber zunächst muss er das gleiche Geld dafür bekommen. Mindestens so viel Geld, wie diese Fremden verdienen. Dann kann er etwas gegen sie ausrichten. Mário könnte sie vertreiben und ihnen Schaden zufügen, um ihren Fluch zu brechen, das sagt er zumindest, so scheint es zu sein. Aber die Fremden haben drei Millionen Pesos bezahlt, um die Fische verschwinden zu lassen. Das ist das Gleiche wie drei Millionen Reais.[102]

Mário kann also diese Arbeit machen, aber er verlangt einen hohen Preis. Er sagt: Sonst ist es nicht gerecht. Die Familie will die Sache mit den Fischen jetzt untereinander besprechen, dann nennen sie dir noch mal einen genaueren Betrag. Die Söhne haben sich zu Mário gesetzt, die Frauen sind dazugekommen, sie wollen miteinander reden.

Du hättest mich auch nach den Fischen fragen können. Ich kann dir die Frage beantworten. Sind wir dafür so weit gefahren?

Am Ayari ist es schwierig geworden mit den Fischen. Nur an unserem Wasserfall in Hipana spürt man das Problem noch nicht. Die kleinen Piabo-Fische springen den Wasserfall hinauf in unsere Köcher, vor allem im Juni, Juli und

August, bis zum Oktober sogar. Im einen Jahr sind es weniger, im anderen mehr, doch im Schnitt kommen meiner Meinung nach genug. Doch auch bei uns bleiben die großen Fische weg.

Woran liegt das alles denn? Die Leute aus Pana-Pana, aus Mários Dorf, holen die Fische zu früh aus dem Wasser. Piabos können sie keine fangen, weil es bei ihnen keinen Wasserfall gibt. Sie fahren aber auch nicht mit ihren Kanus über den Fluss und angeln oder spießen die Fische mit der Harpune auf. Sie nehmen eine Lampe und tauchen bis auf den Grund hinab. Da unten holen sie Fische, die großen und die kleinen, sie tun es in der Nacht, wenn die Fische schlafen. Am Anfang funktioniert diese Methode gut, aber es dauert nicht lange, dann sind die Fische weg. Du fährst wieder an die gleiche Stelle und tauchst in das gleiche Loch, aber diesmal ist es leer. Also kommen die Leute aus Pana-Pana weiter den Fluss hinauf, um zu fischen, näher an unser Dorf.

Sie fischen also zu viel und stehlen auch Fische aus anderen Dörfern. Ist das vielleicht gerecht?

Mários Familie will aber nichts davon wissen, wenn wir uns bei ihnen beschweren. Mários Sohn João sagt bloß, dass die Fische allen gehören, es sei seine Meinung, dass es genug Fische für alle gibt. Aber warum bleibt er nicht in seinem eigenen Dorf und fängt die Fische dort? So denkt er nicht, diese ganze Familie denkt nie über die Zukunft der anderen Menschen nach. Ich glaube, wir müssen noch mal mit ihnen reden. Wir brauchen ein ernstes Gespräch. Ich will nicht gleich einen Streit beginnen, aber wir müssen ihnen einen Rat erteilen. Ein Ratschlag, zwei Ratschläge, drei Ratschläge. Wenn sie dann immer noch nicht hören wollen, ist es Zeit für einen Streit. Dann fahren wir hin und sagen den Verwandten: *Nehmt eure Kanus und fahrt zurück!*

Ich habe ja auch Enkel und Kinder. Ich denke über die Zukunft nach.

Ich glaube, als Mário jung war, hat er bei seiner Initiation nicht richtig aufgepasst. Er hat nicht alles gehört, was die Alten ihm erzählt haben, als er die Zigarre nahm. Vielleicht gaben die Alten aus seinem Dorf ihm auch keine guten Ratschläge fürs Leben, vielleicht dachten sie genau wie er. Es gab mal eine Zeit, als die Clans und Dörfer im Baniwa-Volk alle miteinander stritten und sich bekämpften. Jeder nahm sein Gift zu den Festen mit, und die Nachbarn brachten sich gegenseitig um. Aber so muss das Leben doch nicht sein! Haben die Vorfahren das dem alten Mário nicht beigebracht?

Über Mário denke ich, dass er nur hässliche Worte sagt und dass er die Seelen seiner Enkel und Söhne verdirbt. Sogar die Frauen laufen seinen Söhnen weg. Seinen Sohn Alfredo treffe ich manchmal in der Stadt, und dann frage ich ihn: »Wo ist denn deine Frau? Hast du die Geschichte vom Inambú-Vogel nicht richtig auswendig gelernt? Hast du den Liebeszauber nicht richtig gemacht?« Wenn eine Frau stirbt, ist das eine traurige Sache, aber Alfredos Frau hat ihn einfach sitzen lassen.

Ich frage mich, ob Mário kein besserer Mensch werden will. Sonst wird ihn seine Strafe schon treffen. Irgendwann wird er schlimme Schmerzen bekommen. Die Krankheiten der Welt setzen uns allen zu, und vielleicht ist es schon so weit, denn der alte Mário war in den vergangenen Jahren lange krank. Er musste sogar ins Krankenhaus. Jeder wusste Bescheid, als Mário dort lag. Die Ärzte nahmen ihm die Rassel weg, damit er keinen Zauber sprechen konnte. Sonst wäre niemand im Krankenhaus geblieben. Die anderen Patienten hätten zu viel Angst gehabt.

Ich glaube, dass es ein alter Krieg ist, der viele Opfer fordert, das Gute gegen das Böse. Mein Vater sagt, dass der Böse schon so heranwächst, dass er keine menschlichen Gefühle in sich spüren kann. Mit einem Bösen kannst du dich ganz normal unterhalten, aber dann tut er dir etwas an und spürt kein Mitleid dabei. Böse Seelen denken nur an den Mord und an das Gift. Der Böse wächst schon als Kind so heran und blickt voller Neid auf die Welt. Steht da ein schönes Haus? Dann will der Böse etwas gegen seinen Besitzer tun. Dabei hat dieser Mann sein Haus selber gebaut und dem Bösen gar nichts getan. Der Gute baut etwas auf, der Böse macht es kaputt, und der Gute muss es wieder richten. Mein Vater sagt, dass es diesen Kampf immer geben wird, dass er nie zu Ende geht, weil keine Seite ihn gewinnen kann.

Du siehst Mários Söhne. Sie sind harte Kerle. Sie haben Muskeln, und an ihren Händen kannst du sehen, dass sie vom Arbeiten etwas verstehen. Sie sprechen Spanisch, weil sie viel in Kolumbien waren, in ihrem Haus siehst du viele Waffen stehen. Ich kann dir nicht sagen, in welche Geschäfte sie sich verwickeln und wie oft sie in Kolumbien sind. Die Leute von der Gesundheitsbehörde erzählen, dass Mários Söhne hier schon Schnaps verkauft haben, dass sie sie deswegen schon besucht haben, aber bestätigen kann ich das nicht.

Was bringt Mário seinen Söhnen wohl fürs Leben bei? Ich habe die Initiationsrituale seiner Familie nie gesehen. Sie machen alles in ihrem Dorf unter sich. Vor vielen Jahren haben sie sich einmal bei mir eingeladen. Ich sollte der Patenonkel für einige Enkel von Mário werden. Die Enkel sollten zum Initiationsfest nach Hipana kommen, und ich sollte ihnen Ratschläge fürs Leben geben. Da habe ich mich aber gewundert. Ich sagte: »Das kann ich machen, aber ihr habt doch euren Initiationsritus bei euch im Dorf schon gemacht!« Als sie mich ansprachen, hatte Mário längst mit den jungen Männern die Zigarre geraucht.

Also habe ich abgelehnt und gesagt, ein junger Mann wird niemals zweimal initiiert. Wir müssen mit unserer Kultur auf die korrekte Weise umgehen. Für mich ist das alles kein Spiel. Mário ist damals ganz still geworden, ich glaube, dass ihn mein Verantwortungsbewusstsein beeindruckt hat.

Er soll sich bloß mal trauen, mir zu widersprechen! Wenn ich mit meiner Ausbildung weiter bin, werde ich vielleicht in meinen Träumen gegen ihn kämpfen, wie die Malirinai es tun. Dann können wir unsere Konflikte in der Anderen Welt austragen, und wir machen weiter, wo mein Vater aufgehört hat. Wenn der Böse etwas tut, bemerkt der Gute es in seinen Träumen. Sie tauschen Worte aus. *Warum tust du das? Was hat diese Person dir getan? Was ist der Grund für dein Handeln? Du musst das Gute tun, aber du bist böse, und ich werde gegen dich kämpfen.*

Bis dahin habe ich mir eine andere Methode ausgedacht. Wenn ich merke, dass man mich vergiftet hat, fahre ich mit dem Jagdgewehr in Mários Dorf und bringe ihn um. Das habe ich mir vorgenommen, danach kann ich in Ruhe sterben. Mein Vater hat immer gesagt, dass er niemandem etwas zuleide tut, aber ich denke anders über die Dinge. Ich habe keine Angst vor Mário. Wenn seine Familie noch mal jemanden vergiftet, mache ich mit seinem Leben Schluss. Offenbar weiß er das. Es sieht so aus. Malirinai wissen solche Dinge, er liest es in meinem Gesicht.

Einige in meinem Volk sagen, dass das Gift und der Fluch eine Strafe sind, weil der eine zu viel und der andere zu wenig hat. Alle sollen in Gleichheit leben und alles miteinander teilen, dann gibt es keinen Neid. Dann muss niemand die Feste durch schlechtes Reden stören, und es gibt keinen

Anlass für das Gift. Aber wie soll das, was diese Familie treibt, Gerechtigkeit sein?

Sie denken doch nicht an die Zukunft, sie haben bloß ihren Neid. Du musst nur irgendetwas Gutes schaffen, irgendetwas Neues aufbauen, und Mários Familie findet es schlecht. Ich habe vorgeschlagen, dass wir die Flugzeugpiste in Hipana wieder herrichten, damit wieder Flugzeuge landen können. Das wäre gut für alle hier. Die Soldaten könnten häufiger mit Flugzeugen kommen und uns wieder Sachen aus der Stadt bringen. Ich habe die Indianerschutzbehörde gefragt, ob sie uns Geld geben, damit wir die Piste von Pflanzen freiräumen und die Löcher ausbessern. Im Augenblick sind die Landungen gefährlich dort. Ich würde das gerne organisieren, aber diese Nachbarn aus Pana-Pana verderben mir die Lust. »Ah, da hat wieder einer Geld bekommen«, sagen sie dann, »und wir kriegen wieder mal nichts«. Wie kommen diese Leute darauf, immer nur so zu denken? Nützt die Landepiste am Ende nicht allen Menschen am ganzen Fluss?

Ja, ich kenne viele Leute in der Stadt, ich mache ihnen Vorschläge für Projekte, und manchmal bekomme ich dafür Geld. Ich will nicht so arm bleiben wie die Leute in Pana-Pana. Manchmal rede ich mit Robin, dem Amerikaner. Was ich mir ausdenke, kann uns allen nützen. Diese Leute sollen doch die Klappe halten und aufhören, Böses über mich zu reden. Das ist doch nur eine Entschuldigung für sie, den ganzen Tag in der Hängematte zu sitzen!

Robin, der Amerikaner, wollte schon ein Interview mit Mário führen. Das ist viele Jahre her. Sein Großneffe erzählt die Geschichte bis heute, denn er hat damals die Verhandlungen mit Robin geführt. Robin wollte ein Gespräch mit Mário auf einem Kassettenrekorder aufzeichnen, über sein

Leben und seine Gedanken. Der Großneffe sollte ihm dabei helfen und alles nach Amerika schicken. Robin hätte sogar Geld dafür bezahlt.

Aber Mário dachte drei Monate nach – März, April und Mai. Im Juni sagte er seinem Großneffen Bescheid. Er hatte eine Liste für Robin gemacht. Er wollte 50.000 Reais,[103] einen Stromgenerator, einen Fernseher, eine Satellitenantenne mit Kabeln, zwei Motorsägen und zwei dieselbetriebene Grasschneidegeräte. Ich habe gehört, dass Robin danach kein Interesse mehr daran hatte.

Jetzt sagen Mários Söhne, dass wir vor die Hütte treten sollen. Der Alte beginnt dort sein Ritual. Es ist schon fast Mittag, und sie haben ihn in die pralle Sonne neben die Eingangstür gesetzt. Sein Gesicht ist mit roter Farbe bemalt, er hat sich die Kette mit den zwei Jaguarzähnen umgehängt, und auf dem Boden siehst du sein ganzes Material. Die Steine, die ihm bei der Reise helfen, und den Kristall, mit dem er auf weit entfernte Orte blicken kann. Mário hält seine Rassel, die Maraca, und den Pariká-Knochen in der gleichen Hand. Die Kette kenne ich, sie ist schon sehr alt. Mários Vater hat diesen Jaguar geschossen.

Aus einem Glasfläschchen stopft Mário den Knochen voll mit blutrotem Pariká. Einer der Söhne bläst es tief in seine Nase. »Hee, hee«, singt Mário. So beginnt das Lied des Jaguars. Der Alte streckt seine Arme zum Himmel aus, so kann er die Wolken auseinanderschieben, um dahinter die Andere Welt zu sehen. Lass uns im Schatten sitzen, das wird lange dauern. Der Alte bricht zu einer weiten Reise auf.

Die Söhne erzählen, dass Mário sechs Jahre lang in die Schamanenlehre gegangen ist. Mit meinem Vater ist das gar kein Vergleich. Mário bildet ebenfalls Lehrlinge aus, einigen Söhnen und Enkeln bringt er sein Wissen bei. Das ist ein anderes Wissen als unseres, Mários Familie nimmt ein anderes Pariká. Sie kennen viele Beschwörungsformeln, um Gutes zu tun und Krankheiten zu heilen, Rückenschmerzen zum Beispiel. Aber dann gehst du hin und lässt dich heilen, und bald merkst du, dass du immer wieder zurückkehren musst. Du musst noch mal bezahlen, bald schuldest du Mário viel Geld, so ist es immer wieder geschehen. Mário weiß auch, was er machen muss, um einen Menschen zu töten oder ihm andere böse Dinge anzutun.

In Mários Familie sagen sie, dass das ihre Art der Verteidigung ist. Sie haben die Meinung, dass die Drohung mit bösem Zauber oder mit dem Tod ein guter Weg ist, um die Leben von uns Indigenen zu schützen. Ich glaube auch, dass es früher so war, aber heute haben wir ein besseres Wissen. Mein Vater sagt: »Wir müssen den Kreislauf der Rache durchbrechen.« Viele große Malirinai haben argumentiert wie er.

Ich will deshalb auch nicht sagen, dass Mário bloß ein böser Schamane ist. Ich sehe es so, dass er in der Mitte steht, dass er gute, aber auch schlechte Dinge tun kann. Er ist gut zu denen, denen er vertraut, und böse zu denen, die er angreifen will.

Mir gefällt es aber nicht, dass Mário Lehrlinge ausbildet. Es erinnert mich daran, dass unsere eigene Ausbildung schneller vorankommen muss. Mein Freund Plinio hat dazu eine andere Einstellung, die mir Sorgen macht. Plinio ist selber schon mit Mário in die Andere Welt gereist. Sie haben zusammen Pariká genommen. Das würde ich niemals tun. Ich habe Angst davor, dass Mário meinen Freund für seine Zwecke benutzt. Vielleicht will er unsere Ausbildung stören. Wie könnte ich mit jemandem Pariká nehmen, der schon versucht hat, meinen Vater mit einem Fluch zu belegen? Ich will Mário deshalb nicht nach seinem Wissen fragen, auch nicht als Übersetzer. Ich sitze hier nur und schaue zu.

Über Plinio solltest du ein Geheimnis wissen. Er fährt nicht bloß zu Mário, weil er sonst keinen Maliri zum Reden hat. Plinio hat noch einen anderen Grund, es hat mit der Vergangenheit zu tun. Wir reden nicht gerne darüber. Plinios Vater war selber ein Maliri. Er hieß Emílio und ist schon gestorben. Vor Emílio hatten alle Angst, und mein Vater hat ihn sein Leben lang bekämpft. Plinio hatte als Kind kein gutes Leben, der Vater schlug seinen Jungen schwer. Die Mutter hat ihn nicht vor dem Vater beschützt.

Aber wenn man eine Familiengeschichte wie Plinio hat, steckt auch Verantwortung darin. Ich glaube, dass Plinio einen Fehler macht, aber ich finde auch, dass er mutig ist. Als Plinios Vater starb, hat er seine Rassel mit den Steinen nicht an seinen Sohn vermacht. Plinios Onkel, der Bruder seines Vaters, nahm die Rassel weg und brachte sie zu Mário.

In den Steinen der Maraca steckt die Seele eines Maliri. Ich glaube, dass es Plinios Pflicht war, zu Mário zu gehen. Ich habe darüber selber so mit ihm gesprochen. »Wenn du das Erbe deines Vaters willst, musst du zu Mário gehen«, habe ich ihm gesagt. Seither geht Plinio immer wieder hin, auch mein Vater weiß davon, und er hat ihn trotzdem als seinen Lehrling akzeptiert.

An manchen Tagen sagt Plinio, dass Mário ein guter Lehrer ist, an anderen spricht er schlecht über ihn. Wer weiß schon, was er ihm beibringt, wenn sie sich treffen? Früher kehrte Plinio manchmal nach Hipana zurück und wollte tagelang nicht mit uns sprechen. Was Plinio denkt, kannst du nicht immer wissen.

Wir alle glauben aber, dass es für Plinio leichter wurde, als Mário die Steine verlor. Alle haben damals über ihn gelacht.

So viele Jahre lang hatte Mário Emílios Steine besessen und mit ihnen seine Patienten geheilt, mit der Zauberkraft des toten Maliri. Überall lief Mário mit der Ledertasche herum, in der seine Gegenstände steckten, nie ließ er sie aus den Augen. Er nahm die Tasche auch mit in die Stadt, nach São Gabriel, aber der Alte trank dort viel Zuckerrohrschnaps. In einer Nacht hatte er so viel Druck im Kopf, dass er auf der Straße liegen blieb. Er fiel einfach um und schlief ein, die Tasche hatte er im Arm. Als er wieder zu sich kam, war die Rassel weg.

Irgendwelches Gesindel hat ihm die Steine gestohlen. Sie waren wohl neugierig und nahmen den betrunkenen Alten aus. Nachts sind die Straßen in São Gabriel nicht sicher. Niemand weiß, wo die Steine heute sind, sie kehrten nie wieder zurück. Mário verlor die Hälfte seiner Zauberkraft, er sieht heute älter aus und läuft nur noch an seinem Stock. Etwa zehn Jahre ist das jetzt her. Aber ich rate Plinio, dass er vorsichtig bleiben soll.

Ich muss zugeben, dass es in Mários Familie auch einige gute Entwicklungen gibt. Mários Neffe lebt in der Nähe von São Gabriel, er heißt Luiz und hat in der Nähe der Stadt eine eigene Maloca gebaut. Ich weiß nicht, wie dieser Luiz das macht. Ich glaube, dass er Leute aus dem Ausland kennt, Entwicklungshelfer, er bekam sogar Geld von Petrobras[104]. Ganz in der Nähe von Mários Bach hält seine Familie eine Heilige Flöte aus der alten Zeit versteckt, und im vergangenen Jahr haben sie sie nach 25 Jahren hervorgeholt und wiederhergestellt.[105]

Der alte Mário weiß von Verstecken im Wald, die sonst nur noch mein Vater kennt. Die beiden Alten kennen Wege, die nur Schamanen gehen dürfen, und Felsen, die nur ein Maliri anfassen darf. Sonst berührt dich eine alte Kraft, du wirst zum Mörder, dich packt die Raserei. Die Alten sagen, diese Orte sind Waffen der Götter aus der alten Zeit.

Mário hat mit dem Singen aufgehört. Du kannst jetzt seinen Tabak riechen. Er ist zurück aus der Anderen Welt, und er will etwas von dir wissen. Die Sache mit den Fischen habe er gut erklärt, aber er sagt, dass du noch ein anderes Anliegen hast. Auf seiner Reise hat er es gesehen.

Hast du nicht? Mário sagt, dass du Feinde hast. Sie lauern in deiner Heimat auf dich. Er kann diese Feinde jetzt töten. Seine Söhne bestätigen, dass er das wirklich kann, dass er eine gründliche Arbeit macht. Er kann deine Feinde angreifen, oder er kann dich vor ihnen schützen. Dass du mit dem Kopf schüttelst, macht ihm nichts. Er sagt, dass eure gemeinsame Arbeit weitergeht und dass du zurückkommen wirst.

Mário sagt, er will jetzt Geld von dir. Siehst du? Jetzt haben wir den Ärger. Seine Söhne sagen, wie viel es kosten soll, aber dieses Wort kannst du selber verstehen, weil Mário es auf Portugiesisch sagt: *Cinco Mil*, 5000 Reais. Du sagst, dass das fast 1400 Dollar sind. Dazu habe ich keine Meinung, ich kenne die Umrechnungskurse deiner Währung nicht. Es ist eine Menge Geld.

Du lachst, aber Mário bleibt ernst. Meinst du, er macht einen Scherz?

»Jetzt ist es ganz schön teuer geworden«, sagt der Sohn. Der Alte will nicht verhandeln.

Ich habe das von Anfang an kommen sehen. Du hast meinen Großvater interviewt, meinen verehrten Onkel hier, und jetzt will er eine Bezahlung. Der Sohn übersetzt, dass die Arbeit eines Maliri schwierig ist. Viele Jahre lang musste Mário dafür studieren. Er sagt, dass es so viel wert ist, wie er jetzt haben will. Du musst viel Geld bezahlen, weil du von weit her gekommen bist.

Ich werde ihm jetzt deine Antwort mitteilen, dass du die 5000 nicht bezahlen willst, weil du um gar nichts gebeten hast. Aber habe ich dir das nicht bereits erklärt? Wenn du einem Alten Fragen stellst, bekommst du die Antworten nicht umsonst. So ist es die Sitte hier. Alle denken so wie Mário. Du hättest besser vorher einen Preis festgemacht. Irgendwas musst du ihm jetzt geben.

Wie viel hast du denn dabei? Nur die paar kleinen Scheinchen?[106] Ich werde ihm erklären, dass du am Ende deiner Reise bist und dass dir das Geld ausgeht. Die Söhne nicken, sie wollen dich ziehen lassen. Ich schlage vor, wir steigen schnell ins Boot und fahren weg. Wir haben viel Zeit hier verbracht.

Mário hast du selber verstanden. Seine Abschiedsworte muss ich dir nicht übersetzen. Plötzlich hat Mário doch Portugiesisch gesprochen. Er hat alles verstanden, was du sagst, schon die ganze Zeit. Er hat deine Hand berührt und gesagt: »Du kommst wieder, und wir arbeiten mehr.« Er hat dich in der Anderen Welt gesehen. Es werden Dinge geschehen, von denen du noch nichts weißt.

14

Mit den Augen eines Schöpfers

*A*uf seinen Reisen erfährt der Zauberer alles über diese Welt. Er begegnet Niaperikuli, der den Dingen ihre Form gegeben hat. Er reist mit ihm an den Anfang der Zeit und erlebt die Schöpfung mit.

Wer zum Zauberer wird, lernt, dass er in seinen Träumen die Welt erschaffen kann. Er spürt die Macht eines Gottes in sich, und er weiß, dass eine große Verantwortung darin steckt. Alles muss so gestaltet werden, wie es für das Volk am besten ist. Der Zauberer macht die Steine und den Wald, und am Ende lässt er sich selber neu entstehen. Er wird ein Baum oder ein Jaguar, ein Geier oder ein Flussdelfin, er verwandelt sich in einen Alligator oder wird ein anderer Mensch. In seinem Traum ist der Zauberer Niaperikuli selbst.

Dann blickt er mit den Augen eines Schöpfers auf die Welt, und er weiß, wie sie wirklich ist.

Manuel »Mandú« da Silva Baniwa,
Jaguarschamane

15

Kuwai – die Musik des Lebens

Mein Vater hat mir ein Steinchen geschenkt. Er hat mir auch eine Dorne gegeben, ein Stück Holz und dieses Knäuel aus Haaren.[107] Du kannst sie dir anschauen, sie liegen in meinem Lederbündel hier. Bitte fass sie nicht an.

Steinchen, Dornen, Holz und Haare. Ich muss lernen, wie ich sie herunterschlucken kann. Das wird meine erste Prüfung sein. Für unsereins ist das ein wichtiger Schritt, um die Zauberkraft zu erlangen, Malikai.

Du schaust mich verständnislos an. Vielleicht meinst du, dass das ein gewöhnliches Steinchen ist, wie man es im Fluss finden kann? Vielleicht glaubst du, dass dies ein gewöhnliches Stück Holz von der *Burití*-Palme ist? Deine Augen täuschen dich, die Inhalte dieses Lederbündels kommen nicht von dieser Welt. Mein Vater hat sie von seinen Reisen mitgebracht, er hat den Gott Kuwai umarmt und diese Gegenstände aus seinem Pelz gerissen und uns mitgebracht.

Du musst sie herunterwürgen, wenn du ein Maliri werden willst, am besten ohne Wasser, dann wachsen sie in dir heran. In deinem Körper erwachen sie zum Leben, sie erscheinen dir in deinen Träumen, und selbst am Tag denkst du häufig daran. Du musst viel Pariká nehmen, weil das ihre Nahrung ist. Die Steine, Dornen, Hölzchen und Haare sind die Krankheiten der Welt. Sie werden ein Teil von dir, weil du sie heruntergeschluckt hast.

Sie machen dich aber nicht krank, ganz im Gegenteil. Du wirst zu ihrem Besitzer, ihrem Herrn.[108] Wenn du die Krankheiten geschluckt hast, weißt du alles über sie. Aus deinen Patienten fallen sie heraus, wenn du einfach nur einen Kübel Wasser über sie entleerst. Später kannst du die Krankheiten auch aus den Menschen saugen und sie auf den Boden spucken. Dort werden sie wieder ein Stein, ein Dorn, ein Stück Holz oder ein Haar. Die Krankheiten sind die ersten vier Zauberkräfte, die ein Schamane an seine Lehrlinge überträgt. Später kommen viele weitere hinzu, und du musst sie gut unterscheiden lernen, dann kannst du selbst die schwersten Krankheiten heilen. Sogar das Gift eines bösen Zauberers gehorcht dir dann.

Mir selber bleiben die Gegenstände noch im Hals stecken, wenn ich sie schlucken will. Bisher ist das so, ich gebe es offen zu. Ich glaube, dass das nur ein Rückschlag ist, eine unangenehme Komplikation, nicht mehr. Mein Vater sagt, dass ich mich nicht entmutigen lassen darf. Ich soll mehr Pariká nehmen. Auf Dauer wird es wohl eine Frage der Übung sein. Es ist keine leichte Aufgabe, die Krankheiten zu schlucken, das kannst du mir glauben, es ist sehr schwer.

Wir sind echte Männer, sage ich zu meinen Brüdern, natürlich können wir das schaffen.

Das ist der Grund, warum ich meinem Vater so viel frisch gemachtes Pariká mitbringe, wenn wir nach São Gabriel zurückkehren. Er soll es segnen, damit wir wieder in der Anderen Welt auf die Reise gehen. Ich könnte meinen Vater auch nach Hipana zurückbringen, um die Ausbildung hier im Dorf fortzusetzen, aber ich habe ja diesen Platz am Fluss in der Nähe der Stadt. Dort ist es einsam genug, und wir müssen nicht alle so weit mit den Booten fahren. Beim nächsten Mal wollen wir mindestens 30 Tage lang die Andere Welt besuchen, vielleicht sogar 60 Tage, solange das Pariká reicht. Vorher und nachher werden wir die Essensvorschriften beachten und unsere Frauen nicht sehen. Wir wollen diesmal alles richtig machen.

Heute ist mein Geburtstag, ich werde 60 Jahre alt. Deshalb habe ich mich so angezogen, wie du es siehst. Ich trage ein weißes Hemd und eine lange Hose mit einem Gürtel. Die ganze Zeit über hatte ich sie in meinem Reisegepäck. Meinst du denn, ich laufe immer nur in Badehosen herum? Besondere Anlässe rufen nach einer besonderen Bekleidung, und mit 60 Jahren beginnt ein wichtiger Lebensabschnitt. Auf dem Kopf trage ich die Krone meiner Familie, sie ist aus roten und blauen Arafedern gemacht, und um den Hals eine Kette aus roten Samen. Den Frauen habe ich Geld für das Zubereiten der Mahlzeiten gegeben, für das Brauen der Biere, und unter den Männern verteile ich Tabak. Ich habe eine Kiste Bonbons für die Kinder.

Das Bierfest werden wir in der Maloca feiern und nicht im kaputten Langhaus am Dorfplatz, so wie der Häuptling es immer macht. Mein Schwager José Felipe und sein Sohn haben sie im vergangenen Jahr ein bisschen hergerichtet und die Symbole an den Außenwänden mit Farbe nachgemalt. Plinio hat die Maloca mit frischen Palmzweigen dekoriert.

In einigen Jahren will ich hier Initiationsriten für die verwaisten Söhne meines Bruders ausrichten. Sie kommen bald in das richtige Alter. Ich glaube, dass ich das Silvestre schuldig bin. Die zwei Jungen haben ihr Heimatdorf nicht mehr gesehen, seit ihr Vater gestorben ist.

Es ist gut, die Feste auf die alte Art zu feiern. Die Lieder und Tänze erinnern uns daran, wo das Zentrum der Welt gewesen ist. Es liegt nicht in São Gabriel, wo wir einkaufen und die Sozialhilfe ausgezahlt bekommen. Auch nicht in der

Missionsschule von Iauarete und nicht mal in Rom, wo der Papst der Katholiken wohnt. Keiner dieser Orte wäre entstanden, wenn Niaperikuli in der Alten Zeit nicht die Welt erschaffen hätte, und das hat er an den Fällen von Hipana getan. Sind wir nicht die Geschöpfe von Niaperikuli? Haben wir Malirinai nicht die Aufgabe, unsere Welt immer wieder neu zu erschaffen, so wie es für unser Volk am besten ist?

Das Fest wird gleich beginnen. Hast du Plinio wiedererkannt? Ich finde, dass er wie ein Waldgeist aussieht, mit all der roten Farbe im Gesicht und dem Ring aus geflochtenen Palmblättern im Haar. In Wirklichkeit ist er aber mein Freund Plinio, der Lehrer. Ich will heute keine Witze über ihn machen. Er schwitzt und arbeitet hart für das Fest.

Viele Tage lang hat Plinio mit seinen Schülern in der Maloca verbracht. Jede Flöte ist gestimmt worden, damit sie wieder gut klingt. Die mehrstimmigen wurden mit frischen Baumwollfäden zusammengewickelt, die Schüler haben weiße, rote und blaue Farbe angerührt und die Flöten damit gefärbt. Die Mädchen haben Grasröcke genäht, die kleinen Kinder haben farbige Samen für die Körperbemalung klein gestoßen. Plinio weiß über unsere Kultur mehr als ich, er weiß sogar mehr als einige Alte hier.

Plinio sagt, dass das Einüben der Lieder die schwierigste Aufgabe ist. Jede Flöte hat ihren eigenen Ton, und nicht jede eignet sich für jede Melodie. Sie sind unterschiedlich, erzählen verschiedene Geschichten und verbreiten andere Arten von Fröhlichkeit. Es gibt Flöten, die Frieden stiften, und andere, die die Menschen zum Tanzen anspornen oder zu Liebesdingen verlocken. Wir haben auch eine Heilige Flöte im Dorf, die aus dem Körper von Kuwai gemacht ist. Die wirst du heute nicht hören, weil sie nur für Initiationsfeste geeignet ist. Heute bleibt sie in ihrem Versteck unter dem Fluss.

Unsere Feste sollen fröhlich sein, aber der Umgang mit den Liedern ist wichtig und ernst. Die Musik, die wir spielen, dürfen wir niemals verändern, denn es ist die Musik vom Ursprung der Welt. Wenn wir die Flöten hören, wissen wir, wie das Leben ist.

Unten am Wasserfall haben die Nachbarn aus Pana-Pana ihre Boote angelegt. Mário ist nicht dabei. Er kommt schon seit vielen Jahren nicht mehr her. Er ist zu alt und bleibt meistens in seiner Hütte am Bach. Aber Mários Sohn João ist mit seiner Familie hier, mit seinen Brüdern und Cousins. Gleich werde ich sie begrüßen, sie sind willkommen. Wenn ich zu einem Fest einlade, sollen auch die Verwandten aus Pana-Pana mitfeiern, ich will sie bloß nicht aus den Augen verlieren. Nichts wird passieren, wenn du achtsam bleibst. Es ist besser, du hältst dich beim Cashiri zurück.

Das Fest beginnt, die Tanzvorführungen gehen los. Setz dich in der Maloca an den Rand, wo ein Bänkchen steht, und schau Plinio und seinen Schülern zu. Die ersten laufen herein für den Ameisentanz, erkennst du, was er darstellen soll? Bei Nacht schwärmen die Ameisen aus, eine hinter der anderen her. Sie wenden sich nach links und rechts und schauen sich nach Nahrung um. So machen es die Tänzer jetzt auch. Nun hat der Tanz der Leuchtkäfer begonnen, alle drehen sich und treiben in der Maloca umher. Keiner wird den anderen berühren. Die Flöten spielen fröhlich auf, weil als Nächstes der Tanz der Bauern folgt. Die Schüler haben sich Hüte aus Stroh aufgesetzt, und sie tragen eine Motorsäge herein.

Beim Liebestanz schauen sie nur einen an, den Flötenspieler, der in der Mitte steht. Natürlich muss das Plinio sein, er ist der beste Flötenspieler weit und breit, der alle Tänze beherrscht. Mütter, haltet eure Töchter fest! Ob Plinio wohl gerade den Inambú-Zauber macht?

Die Frauen kommen zu uns, im Arm tragen sie Töpfe, jetzt gibt es Cashiri. Nimm dir eine Holzschale und mach sie voll, trink alles in einem Schluck. Es ist nicht höflich, Cashiri übrig zu lassen, und gleich kommt die nächste Frau mit ihrem Topf. Du bist von weit her angereist, du stammst aus einem anderen Land. Du musst viel trinken, damit du wieder zu Kräften kommst!

Die Kinder feiern ihr eigenes Fest, sie jagen sich gegenseitig zwischen den Beinen der Erwachsenen hindurch. Keine Sorge, du wirst nicht auf sie treten, dafür sind sie viel zu flink. Die alten Männer haben Tabakzigarren angesteckt und reden von der alten Zeit, aber du solltest nicht bei ihnen sitzen bleiben. Geh auf die Tanzfläche und schnapp dir ein Mädchen. Alle sind betrunken hier, wir spüren die Wirkung des Cashiri. Du kannst es sehen, weil die Ersten den Anschluss bei den Tänzen verlieren. Es ist heiß, aber das Trinken erfrischt. Tanz einfach den Rhythmus, den alle tanzen. Zwei Schritte vor, ein Wiegeschritt, zwei Schritte vor und wieder von vorn. Das ist schon recht gut, aber stampf nicht so fest! Ist es in Deutschland deine Arbeit, die Ameisen am Boden zu zertreten?

Wir müssen wieder mehr Feste in Hipana feiern. Keiner soll mir die Freude daran verderben. Sollen sie mich doch vergiften, wenn sie wollen! Oder gelingt es uns, irgendwann den alten Fluch zu brechen? Muss denn jede neue Generation den Streit fortsetzen, der von den Älteren begonnen worden ist?

Wenn ich in Hipana bin, denke ich an meinen Großvater, dem ich im Traum begegne, und an meinen Vater, mit dem ich als Kind die Obstbäume gepflanzt habe. Ich denke an Niaperikuli, der die ersten Menschen aus dem Wasserfall gezogen hat und der uns die Pariká-Pflanzen hinterlässt.

Wenn mein Vater stirbt, führen meine Brüder und ich ihre Arbeit fort. In Hipana wird es eine neue Generation von Malirinai geben. Wir schulden es unseren Kindern und Enkeln, dass sie weiter im Dorf leben und von den Obstbäumen essen können. Neue Generationen von Huhuteni sollen geboren werden, und neue Generationen von Malirinai sollen sie heilen. Sie werden in die Andere Welt reisen, das Böse in seine Schranken weisen und unser Dorf gegen seine Feinde verteidigen.

So ist das Leben meiner Familie. Wir waren Zauberer, sind es immer gewesen.

16
Über dieses Buch

Hipana im Amazonaswald, die Wasserfälle am Ursprung der Welt, sind ein Ort von außergewöhnlicher Naturschönheit. Tropenbäume umrahmen einen ruhigen See, in dem sich die mächtigen Amazonaswolken spiegeln. Am Rand gleitet das Wasser eine Klippe hinab, beim Aufprall verwandelt es sich in weiße Gischt, und dahinter, 200 Meter weiter, erblickt man einen weiteren Wasserfall. Strudel haben im Lauf der Jahrtausende tiefe Höhlen in die Felsen gegraben. Nach den Vorstellungen der Huhuteni führen sie geradewegs in die Unterwelt.

Von diesem Ort stammt Dzuliferi Huhuteni – Schamanensohn, Wanderer zwischen den Welten und hinreißender Geschichtenerzähler. Er schildert in diesem Buch sein Leben. Gemeinsam mit seiner Familie bewahrt er einen Wissensschatz um Trancetechniken und Kräuterkunde auf, eine jahrtausendealte Schamanenkultur, der bis heute erstaunliche Heilungserfolge nachgesagt werden. Doch schon als Kind hat Dzuliferi sich auch lustvoll und neugierig für die vorrückende Moderne interessiert: für die fahrenden Händler, die ihm Plastikspielzeug aus den kolumbianischen Grenzstädten mitbrachten, und für die katholischen Missionare, die ihn zum Katechisten machten.

Obwohl Dzuliferi in einer so entlegenen Region des Amazonaswalds aufwuchs, lernte er in seinem eigenen

Heimatdorf bald Soldaten und Behördenvertreter kennen, Goldsucher und Drogenkuriere, Holzfäller und bewaffnete Urwaldrebellen aus Kolumbien. Er tat, was man hier macht, wenn man überleben will: Er hat sich mit allen Seiten klug arrangiert.

Für die Zwecke dieses Buches ist er damit ein ganz außergewöhnlicher Zeuge. Dzuliferi ist einer, der genauso kundig über das traditionelle Aufwachsen im Regenwald und die komplizierte Kosmologie der Huhuteni-Schamanen berichten kann wie über die Welt der Eindringlinge, die seine Heimat zerstören wollen.

Die Recherchen für dieses Buch begannen 2017, und für diesen deutschen Journalisten – geübter Stadtbewohner, Campingskeptiker und Vielbenutzer des Internets – stellten sie sich als eine Serie von Kulturschocks dar. Viele Male flog ich mit Davilson in die brasilianische Amazonasmetropole Manaus, wo der erste Teil unserer Expeditionen im *Fitzcarraldo*-Stil begann: auf einem Flussdampfer den Rio Negro hinauf bis zum chaotischen Waldvorposten São Gabriel.

Hinter São Gabriel nimmt der Reisekomfort dann ab. Die Flüsse Içana und Ayari, die bis nach Kolumbien führen, lassen sich wegen der reißenden Strömung und der vielen Felsen nur mit schmalen Booten passieren. Die Fahrt kann einige Tage, aber auch Wochen dauern, abhängig vom Wasserstand und der Kondition des Außenbordmotors. Nach Hipana und zurück sind es auf den gewundenen Flüssen etwa 1000 Kilometer. Wenige Minuten hinter São Gabriel reißt der Telefon- und Internetzugang ab.

Dzuliferi hat diese Flussfahrt in seinem Leben schon einige Hundert Mal unternommen. Meist war er in einem Kanu mit kleinem Außenbordmotor unterwegs, in jüngeren Jahren ist er einfach gerudert. Bei der Planung unserer Reisen engagierte er sich mit viel Liebe zum Detail, und sein Wissen erwies sich als unbezahlbar. Stets ging es darum, die Transportkapazität unseres Bootes zu maximieren, dabei aber die Gefahr des Kenterns oder des Auflaufens auf einen Felsen im Rahmen zu halten. Unsere längste Expedition bis nach Hipana erforderte in dieser Hinsicht eine Meisterleistung. Da reisten neben dem Schamanensohn, dem Waldführer Davilson Brasileiro und dem deutschen Journalisten auch noch der Fotograf Giorgio Palmera mit, der die Aufnahmen auf dem Umschlag dieses Buches gemacht hat, und die auf seltene Gewächse spezialisierte Botanikerin Dr. Luiza de Paula, die bei der korrekten Benennung all der Heilpflanzen und Gifte in diesem Buch half.

Neben dem Gewicht der Passagiere, der Expeditionsausrüstung und des Proviants dreht sich die schwierigste Kalkulation um das Benzin. Der Treibstoff muss ausreichen, um das Boot hin- und zurückzubringen, man braucht außerdem einen Puffer für Extrafahrten in die Seitenflüsse, und manche Dorfbewohner entlang der Strecke erwarten ein paar abgefüllte Liter als Gegenleistung für Fische oder Trägerdienste. Wir bestiegen eine schwimmende Bombe: Am Ende standen 600 Liter Benzin an Deck, in blauen Plastikkanistern unter einer schwarzen Plane, auf die die glühende Amazonassonne schien. Wir waren auf Leben und Tod diesem Schamanensohn ausgeliefert, der allerdings übermenschliche Navigationskünste zu besitzen schien.

Anfangs hatten wir unsere Zweifel, ob dieser feiste Kerl mit seinen gestreiften Polohemden und seinen ausgelatschten Badeschlappen wirklich so viel vom traditionellen Leben im Regenwald versteht. Dzuliferi stand auf dem Bug des Bootes und hielt weitschweifige Reden über seinen Umgang mit Soldaten, Goldgräbern und Behördenvertretern. Er erzählte derbe Geschichten über das vielfältige Nachtleben in São Gabriel. Mit den Dorfbewohnern entlang der Strecke feilschte er schlitzohrig, wenn es um den Kauf von Fischen oder Maniokbroten ging.

Die Situation verstieß gegen meine romantischen Vorstellungen davon, wie es auszusehen hat, wenn mich der letzte Erbe einer weisen Schamanenkultur ins Herz des Amazonaswaldes führt. Wenn Dzuliferi später das Boot an wichtigen Felsen stoppte, um kaum hörbar seine Beschwörungsformeln zu murmeln und die Geister um eine Vorbeifahrerlaubnis zu bitten, fragte sich der skeptische westliche Berichterstatter in mir: Meint der das wirklich ernst, oder macht er eine Show für die Besucher aus dem Westen? Will er mir später eine Rechnung für geleistete Beschwörungsdienste präsentieren?

Ich konnte aber nicht leugnen, dass der Schamanensohn jede Flussbiegung, jede Sandbank und jeden Felsen unter der düsteren Wasseroberfläche beim Namen zu kennen schien. Er wusste genau, an welchen Stellen wir unsere Flaschen mit sauberem Wasser auffüllen konnten, und pausenlos erklärte er die unterschiedlichen Vegetationsformen, Bodenqualitäten und geologischen Formationen am vorbeiziehenden Uferrand. Er erläuterte die lokalpolitische Lage in den einzelnen Dörfern und ihre historische und mythische Vorgeschichte.

Vor allem erwies sich Dzuliferi als ein Navigator mit Zauberkräften. Mit den Gesetzen der Physik könnte ich jedenfalls nur unzureichend erklären, wie er einmal, an einem Wasserfall, unser Boot hoch in die Luft springen ließ. Ein paar Stunden flussabwärts von Tunuí Cachoeira gibt es eine schwierige Stelle, die wie eine Treppenstufe aus Felsen aussieht, und da ließ er uns alle aussteigen. Sogar der Proviant und das Benzin mussten abgeladen werden. Wir trugen unser Gepäck auf Schultern und Köpfen die Böschung entlang.

Draußen auf dem Fluss hielt unser Reiseführer dann geradewegs auf zwei flache Granitplatten zu, mit voll aufgedrehtem Außenbordmotor. Ganz offensichtlich würde das Boot in wenigen Sekunden daran zerschellen. Doch Dzuliferi ließ es exakt in eine tiefe Wasserrinne zwischen den Felsen gleiten, die vom Uferrand aus für uns nicht zu sehen war. Das Boot tauchte tief ein und sprang wieder aus dem Wasser heraus, für eine Sekunde schien es schwerelos über die Gischt zu gleiten, dann platschte es oberhalb der Felsen tief ins Wasser hinein. Es schlingerte wild und neigte sich gefährlich, aber Dzuliferi brachte es mit beherzten Ruderschlägen unter Kontrolle. Fröhlich und durchnässt winkte er herüber und strich sich auf seinem breiten Kopf zufrieden durchs gescheitelte Haar. Die Fahrt konnte weitergehen, in seinen Heimatort Hipana.

Was Schamanen sind, wird im Westen oft missverstanden. Wir formen unsere Erwartungen nach unseren Wünschen. Zumindest war das bei mir der Fall, als ich Dzuliferi wegen seiner äußeren Erscheinung und seines Auftretens zu Beginn nicht ganz »echt« finden mochte. In meiner Fantasie war so ein Schamane ein weiser Großvater im Tabakrauch, der schwer beladene Hüter eines geheimen Wissens, ein Kräuteröhi aus dem Regenwald.

Bestimmt hatten die Bilder in meinem Kopf mit der Popularisierung solcher Schamanenfiguren in westlichen Filmen und Romanen zu tun, und mit meinen Eindrücken aus der spirituellen Bewegung des westlichen Neoschamanismus[109], die sich eklektisch an traditionellen Kulturen bedient. Solche westlichen Formen entwickeln rasch eine kommerzielle

Seite, und es ist kein großes Geschäftsgeheimnis, dass sich stereotype Vorstellungen am besten verkaufen lassen.

In den vergangenen Jahren hat eine touristische Bewegung viel Zulauf erhalten,[110] die westliche Reisende zu einschlägigen Festivals und an die Wirkungsstätten schamanischer Praktiker in Kolumbien, Venezuela und Brasilien führt und ihnen dort bestimmte Erfahrungen und Behandlungen ermöglicht. Häufig kommt auf solchen Reisen die bewusstseinserweiternde Droge *Ayahuasca* zum Einsatz, die unter anderem etwas DMT erhält, also die hauptsächlich wirksame psychotrope Substanz im Pariká der Huhuteni.

Solche westlichen Vereinnahmungen des Schamanismus haben ihre Vorläufer in früheren Epochen, etwa in der Hippie- und Beat-Ära zu Beginn der Sechzigerjahre. Damals reisten die Schriftsteller Allen Ginsberg und William S. Burroughs nach Mexiko und Südamerika und nahmen die DMT-haltige Droge Yage[111]. Der US-amerikanische Anthropologe Carlos Castaneda schrieb Weltbeststeller über die Lehren eines mexikanischen Schamanen namens Don Juan Matus.[112] Don Juan wird inzwischen als eine frei erfundene Figur angesehen, erfüllt aber sämtliche Klischees, und westliche Sehnsüchte sind bis heute von solcher Literatur geprägt.

Selbst der wissenschaftlichen anthropologischen Literatur wird bisweilen vorgeworfen, dass ihre Beschreibungen des Schamanismus westlichen Wunschvorstellungen entsprechen. Die Anthropologen Nicholas Thomas und Caroline Humphrey[113] etwa schrieben 1996, viele ihrer Kollegen achteten einseitig auf »Heilungen, Trance und medizinische Aspekte, [...] Symbole oder Ekstasetechniken und auf den Schamanen als einen einzelnen rituellen Praktiker«.

Eine andere Seite des Schamanismus bleibt dabei unterbelichtet: Schamanen als Politiker und Machtmenschen, die mal als Mittler in gewaltsamen Auseinandersetzungen unter Völkern und gegenüber Kolonisatoren auftreten, mal als Anstifter zum Krieg und Organisatoren des Widerstands. Der brasilianische Anthropologe Carlos Fausto erinnert daran, dass der Schamanismus nicht nur aus der Heilkunde entstanden ist, sondern auch aus der Spurenleserei für die Jagd und der Vorbereitung von Gewaltakten im Krieg.[114]

Ich konnte mit Dzuliferi mehr anfangen, als ich damit begann, seinen Schamanismus und den seiner Familie, die Malikai der Jaguarschamanen, politischer zu sehen. Ich begann ihm Fragen über Macht, Gewalt und lokalpolitische Überzeugungsarbeit zu stellen, im Allgemeinen und in seiner konkreten Situation. Wie sieht Dzuliferi die Rolle seiner Familie angesichts der zunehmenden Bedrohung des Amazonaswalds durch Abholzung, Goldgräberei und kulturellen Wandel? Was hält er von der modernen Staatsgewalt und den wirtschaftlichen Zwängen, die die westliche Welt seinem Volk überstülpt? Was hält er vom Krieg zwischen kolumbianischen Rebellen und brasilianischen Soldaten, der sich mitten auf dem angestammten Territorium der Huhuteni abspielt?

Als interessanteste Antwort darauf empfand ich Dzuliferis unerwarteten Wutausbruch, der im Kapitel 9 geschildert wird. Der Schamanensohn, der sonst immer geschmeidig mit allen Seiten verhandelte und eine einvernehmliche Lösung anstrebte, reagiert dort tief gekränkt. Bis heute wird Dzuliferi wütend über den Zwischenfall, als venezolanische Polizisten sein Wegerecht beschränkten. Er wird laut und ballt seine Hände zu Fäusten, wenn er davon erzählt, wie ihn die Polizisten als »Ausländer« aus einem Goldgräberdorf in den Bergen vertreiben und ihn später bei einer Fahrt über die Flüsse aufhalten wollten. Hier tritt ein unvermittelbarer Gegensatz zwischen den Kulturen ans Licht.

Ein historischer Rückgriff führt zum Kern der Sache. Im 18. Jahrhundert, im Anschluss an die *Conquista* der Neuen Welt, bereiteten die spanische und die portugiesische Krone ihre Kolonialterritorien für eine systematische wirtschaftliche Nutzung vor. Am Amazonas wurden Beamte und Soldaten auf Urwaldexpeditionen geschickt. Sie sollten weiße Flecken auf den Landkarten mit Informationen füllen, nützliche Verkehrs- und Transportwege identifizieren, Bodenschätze und nachwachsende Rohstoffe wie zum Beispiel Hölzer katalogisieren und die Wohnorte indianischer Arbeitskräfte erfassen.

Es begann eine goldene Ära der Landvermessung und Kartografie. Das Kartenmachen nach europäischer Art, mit Messinstrumenten und der maßstabsgetreuen Repräsentation geografischer Flächen auf Papier, überlagerte nun die amerindischen Methoden zur Beschreibung von Raum und Land. Früher wurden geografische Informationen mündlich überliefert, bei den Huhuteni etwa wurden sie von schamanischen Praktikern in Kalidzamai-Liedern weitergegeben. Sie enthielten eine Fülle von Informationen, die zum Beispiel Reiseberichte, Reisedauern und eine umfassende Beschreibung der Pflanzen, Tiere, Menschen und Geisterwesen umfassen können. Das Wissen über die Geografie, der »Besitz« dieser Lieder und auch das Reise- und Bleiberecht auf den beschriebenen Territorien waren von sozialen Normen bestimmt.[115]

Die Kolonialherren gaben den Bergen, Flüssen und Stromschnellen neue Bezeichnungen. Sie ersetzten die Namen aus den alten Geschichten und löschten damit in aller

Regel die Bezüge auf die alten Kulturen und ihre Erzählungen. Was für die indigenen Bewohner der Unterleib der Urmutter Amuru, der Geburtsort aller Fische oder eine Opferstelle der Götter war, wurde zu Ortsmarkierungen mit europäischen Namen. Hier sollten ab jetzt die Normen der neuen Kolonialherren gelten, einschließlich ihrer Vorstellungen von Besitztum, Wegerechten und Grenzen.

Dass Dzuliferi so leidenschaftlich auf der Reisefreiheit beharrt, vermittelt eine Idee davon, wie sich schamanischer Widerstand versteht. Seine Familie unternimmt eine Fahrt, um Verwandte im Nachbarland wiederzusehen und neue Beschäftigungsmöglichkeiten zu suchen, und sie bewegt sich dabei auf den Kuwai-Routen, den Wanderwegen ihrer Götter. Dzuliferi versteht es als einen Affront gegen die Gesetze aus der mythischen Zeit, dass ihm die Grenzposten der Weißen das verbieten wollen. Egal, ob er auf seiner Reise von Brasilien nach Venezuela oder Kolumbien gelangt, und egal auch, dass er sich einer illegalen Aktivität, der Goldgräberei, widmen will. Ein Huhuteni darf auf seinem Territorium machen, was er will.

Dzuliferis Bereitschaft zum wütenden Protest gegen den venezolanischen Polizisten speist sich daraus, dass er ein Initiationsfest hinter sich hat, die Kuwai-Reisegeschichten kennt und sich als Teil der überlieferten Kultur versteht. Die Weitererzählung und das Lebendighalten der Kalidzamai-Lieder durch die Schamanen, Benzedores und Zeremonienmeister bleiben ein Mittel der Selbstbehauptung in kolonialen und postkolonialen Zeiten, ein gesungenes Instrument des Widerstands.

Bis heute setzt sich die Kartografie der Lieder immer wieder wirkungsvoll gegen die Welt der Planquadrate durch. Die Huhuteni verstehen viele ihrer Lieder und Geschichten als

Schlüssel zu einer verborgenen Welt, zum indigenen *Underground*, weil sie Hinweise auf den Zugang zu Jagdgründen, Heilpflanzen, Waffen und Giften enthalten. Angehörige ihres Volkes fliehen auf solchen Routen vor ihren Feinden, zum Beispiel vor Goldgräbern und Soldaten, oder sie verstecken sich, wann immer es ihnen passt. Auf den Wegen des Kuwai führen sie Banden von Drogenschmugglern oder FARC-Rebellen durch den Wald, um die Wachposten naiver Militärs herum. Auf weiten Reisen nehmen sie Kontakt mit verstreut lebenden Familienmitgliedern auf und organisieren Solidarität und Widerstand.

Nach der Ansicht von Historikern hat das Weitererzählen dieser Geschichten, das selbst in der kolonialen Gefangenschaft nicht abbrach, vermutlich zur Entstehung des Huhuteni-Clans geführt.[116] Ein jüngerer Zyklus dieser Erzählungen beginnt damit, dass die Vorfahren der Huhuteni von ihren Feinden, den weißen Kolonisatoren und den mit ihnen verbündeten Baré-Indianern, zu Sklaven gemacht und an den unteren Rio-Negro-Fluss verschleppt wurden. Die Kolonialstadt Barra war im 18. Jahrhundert ein wichtiges Regierungs- und Handelszentrum der Portugiesen, und in den Geschichten heißt es, dass sich die Vorfahren dort in Weiße verwandelten. Nur einer konnte entkommen. Als Einziger seines Volkes floh »Großvater Krieg«, den Dzuliferi mal mit dem portugiesischen Wort *Guerrero* bezeichnet und mal mit dem indigenen Namen *Kéeroaminali*, auf den alten Wegen zurück in die Region am oberen Ayari. Seine Frau und Kinder ließ er in der Gefangenschaft zurück. Er wehrte einige Feinde durch seine überlegene Kriegskunst ab, auch durch magische, schamanische Fähigkeiten, und knüpfte Allianzen mit Nachbarvölkern. So entstand und überlebte der Clan der Huhuteni: als eine rekonstituierte Gruppe von Indigenen, die das Trauma der Kolonisierung in ihren Erzählungen verarbeitet und seine Überwindung als Lehrstück für alle Nachkommen aufbewahrt.

Ähnlich wie die Karten, wird auch diese Form der Geschichtsschreibung von manchen Anthropologen als eine Waffe verstanden.[117] Die Erinnerungen der Huhuteni haben manchmal mehr, manchmal weniger mit unseren westlichen Vorstellungen von einer Chronologie historischer Ereignisse zu tun. Für ihre Selbstbehauptung aber entfaltet diese Erzählweise offenbar eine große Kraft. Dzuliferi hat in den Gesprächen für dieses Buch häufig betont, dass die Erzählungen seines Volkes, die mythischen wie die quasi-historischen, ihm eine Anleitung fürs Leben bieten. Er sagt, dass ein Huhuteni danach sein Leben gestalten kann und dass sie eine exzellente Anleitung für einen Häuptling abgeben, damit er Führungsfunktionen übernehmen kann.

Tatsächlich sind die Geschichten voller Anleitungen für alle erdenklichen Lebensbereiche. Sie können alltägliche Dinge wie die Partnerfindung betreffen, die Zubereitung des Essens und die Jagd. Einige Geschichten handeln konkret von der Durchsetzung gegenüber Feinden im Krieg und auch von lebensbewahrenden Unterwerfungen. Ich wurde allerdings beim Hören und Lesen dieser Geschichten nie den Eindruck los, dass ich nur einen Bruchteil ihrer Bedeutung verstand. Der brasilianische Anthropologe Eduardo Viveiros de Castro[118] tröstete mich damit, dass allein die Fremdheit solcher Erzählungen und ihre Undurchdringlichkeit für westliche Interpreten als Widerstand gegen die Kolonialherren begriffen werden können.

Das Verstummen der Alten von Hipana und in so vielen weiteren Dörfern am Içana und Ayari bekommt vor diesem Hintergrund eine besonders düstere Bedeutung. Die Alten wollen der jungen Generation die identitäts- und lebensstiftenden Weisheiten nicht mehr vermitteln, sie überlassen ihre Enkelgeneration dem eigenen Schicksal und dem kulturellen Tod. Es spricht vieles dafür, dass die Selbstmordwellen junger indigener Heranwachsender in der Region um São Gabriel auch mit dem Verstummen der Lieder zu tun haben.[119] Vor diesem Hintergrund sind Dzuliferis Bemühungen um eine Wiederbelebung der Traditionen mehr als sentimentale Vergangenheitsliebe: Er will die Tänze, Rituale und schamanischen Praktiken aufrechterhalten, weil er glaubt, dass seine Nachfahren nur damit eine Zukunft haben.

Schamanische Überlieferung führt in einigen Fällen zu grässlicher Gewalt. Dzuliferis Geschichten über den tödlichen Tabak seiner Verwandten am Uapes-Fluss deuten eine solche Vergangenheit an. Es ist zwar schwer vorstellbar, was mir die Männergruppe von Hipana in vollem Ernst erzählte: dass Schamanenzigarren früher wie Artilleriegeschütze abgeschossen wurden und ganze Dörfer in Brand steckten. Doch dass schamanische Praktiker früher die Männer eines Dorfes durch Kräuter, Trancetechniken und Geschichten in einen Blutrausch versetzten und sie zu brutalen Vernichtungsfeldzügen und Quälereien anstifteten, ist hinreichend belegte Geschichte.[120] Tabak und Blut sind eng miteinander verbundene Symbole schamanischer Macht.

In seinem Roman *Canaíma* schildert Rómulo Gallegos[121] auf der Basis historischer Vorlagen die abstoßende Brutalität schamanischer Tötungs- und Foltertechniken in Venezuela, die sich aber als effektiv für die Abschreckung gegen manche kolonialen Übergriffe erwies. Dieser Roman, der im Wanderungsgebiet der Huhuteni auf den Kuwai-Reiserouten spielt, wurde in Venezuela zeitweise verboten. Die Anthropologen Silvia Vidal und Neil L. Whitehead dokumentierten in dieser Region ebenfalls Fälle schamanischer Gewalt als Mittel der Politik.[122] Der Gebrauch von Gift, Folter, Verwünschungen und Tabakzauber gegen äußere und innere Feinde fällt in eine Tradition des »dunklen« oder »bösen« Schamanismus, des »Angriffsschamanismus« und der »Hexerei«. Es handelt sich um eine Art schamanische Spezialdisziplin unter den Huhuteni und anderen Clans der Baniwa und ihrer benachbarten Völker. Manche Praktiker pflegen sie mehr und andere weniger.

Die schamanische Gewalt richtet sich gegen äußere Angreifer und Unterdrücker, doch in der Geschichte von Hipana wird auch klar, wie grausam sie manchmal die eigene Verwandtschaft trifft. Schamanen treten als Auftragsmörder in Aktion, um nach Todesfällen Blutrache zu üben. Es scheint egal zu sein, wie berechtigt oder unberechtigt die Schuldzuweisungen sind; Mordvorwürfe werden bei den Huhuteni schnell erhoben, natürliche Tode scheinen eine Rarität zu sein. Mit Gift und bösem Zauber beteiligen einige Schamanen sich an den Teufelskreisen der Rache, für sie ist es ein lohnendes Geschäft. Reisende und Missionare haben in unterschiedlichen Epochen immer wieder davon berichtet, dass bisweilen ganze Familien und Dorfgemeinschaften durch Rachezyklen ausgerottet wurden.[123] Der Schamanenlehrling Moisés Luiz da Silva berichtete mir im persönlichen Gespräch: »Zeitweise gab es hier kaum eine große Versammlung oder einen Evangelischen Kirchentag, bei dem nicht ein oder zwei Verwandte vergiftet wurden.« Sein Lehrer und Großonkel, der Maliri Mário, bot mir selber, wie im Kapitel 13 geschildert, einen Auftragsmord gegen Bezahlung an.

Vor der Abreise wurde ich von besorgten Mitarbeitern des staatlichen brasilianischen Gesundheitsforschungsinstituts Fiocruz auf unsere Expeditionen vorbereitet, und ich sprach mit Angestellten des Gesundheitsdiensts für die indigene Bevölkerung, Sesai. Durch Vertreter beider Behörden wurde ich davor gewarnt, am Içana- und am Ayari-Fluss irgendwelche angebotenen Speisen und Getränke zu akzeptieren. Sie meinten das als Vorsichtsmaßnahme gegen die Gifte, die in der Praxis natürlich völlig undurchführbar ist. Dzuliferi sagte, er mache sich keine Sorgen, dass einer von uns Westlern vergiftet würde. Dafür fehle, zumindest bisher, jegliches Motiv.

Ein Mitarbeiter der Sesai erzählte vertraulich und unter Nennung aller Namen, er sei selber mal von einem weitbekannten Maliri aus dem Huhuteni-Clan mit einem Fischgericht vergiftet worden. Anlass war seiner Meinung nach, dass der Gesundheitsdienst den Missbrauch von Schnaps verbieten wollte. Der Mann wurde damals mit einem Hubschrauber nach Manaus gebracht und im Krankenhaus durch tagelange Infusionen gerettet.

Dzuliferis Familiengeschichte zeigt, dass sich schamanische Morde auch gegen die eigenen Verwandten richten können. Das kann aus allerlei niederen Motiven geschehen. Es ist aber besonders häufig der Fall, wenn bestimmte Angehörige einer Gemeinschaft die etablierten Regeln des guten Zusammenlebens verletzen, wenn sie sich asozial verhalten. Ihr Vergehen kann darin bestehen, dass sie Reichtümer anhäufen, statt einen großen Teil ihres Hab und Guts im Dorf zu verteilen. Dzuliferi beschimpft solches Denken als »Neid«. Aber die Angriffe auf seine Familie lassen sich auch als eine Konsequenz aus strengen Gleichheitsvorstellungen verstehen, die die Huhuteni in der alten Zeit pflegten. Nach diesem Verständnis sind die Verwünschung von Festen, das Krankmachen durch Zaubersprüche und schließlich der Giftmord gerechte Strafen für Protz und Prasserei.

Falls es stimmt, dass ein Teil der Huhuteni noch nach solchen Gleichheitsidealen lebt, müssen diese Leute durchgedreht sein, als mehr und mehr westliche Einflüsse die Dörfer erreichten. Missionare verteilten Kleider in einigen, aber nicht in allen Dörfern. Die Essensausgabe in der Schule geschah selektiv, weil Häuptlinge sie als Druckmittel nutzten, um ihren Einfluss in den Dörfern zu sichern. Flussfahrende Händler brachten käufliche Waren in die Dörfer, was den Anreiz für die Familien erhöhte, möglichst viel Maniokmehl, Flechtarbeiten oder Nüsse für die nächsten Tauschgeschäfte herzustellen. Die Gemeinschaftsarbeit und das kommunale Teilen gerieten ins Hintertreffen.

Kaum eine andere Gruppe war in dieser neuen Welt mit so vielen Vorteilen gesegnet wie die Schamanenfamilie von Hipana. Der Ort ist wegen seiner guten Böden reich an Obst, und am doppelten Wasserfall lassen sich die Fische mit einem Köcher im Schlaf fangen. Dzuliferis Vater und Großvater waren die Machthabenden im Dorf, also erhielten sie die Zuwendungen von Kirchenleuten und Politikern als Erste. Aus der ganzen Region reisten Patienten nach Hipana an, um sich heilen zu lassen, und Dzuliferis Vater Manuel ließ sich das gut bezahlen. Auch von den Militärs ließ er sich Geld geben, um die Flugpiste instand zu halten, und die Soldaten nahmen ihn im Helikopter für Einkaufstrips in die Stadt mit. Ein US-amerikanischer Anthropologe kam ins Dorf, um die berühmten Jaguarschamanen von Hipana kennenzulernen, und schickte jahrzehntelang Schecks für Aufzeichnungen und Übersetzungsarbeiten.

Wie mag das auf jemanden gewirkt haben, der auf der anderen Seite von Hipana oder im Nachbardorf lebt und nichts von dem neuen Reichtum abbekommt? Erst recht dann, wenn der Chefmanager und öffentliche Sprecher dieser

Schamanenfamilie das jugendliche Großmaul Dzuliferi war, den einige Zeitzeugen aus den Siebzigerjahren als einen unerträglichen Angeber und Besserwisser beschreiben?

Wir kamen mit Dzuliferi nach Hipana, an den Ort seiner Kindheit, von dem er uns auf dem Boot voller Hingabe erzählt hatte. Doch in den ersten Tagen nach der Ankunft wirkte unser Reisebegleiter manchmal verunsichert und fremd. Sein Vater ist seit Jahrzehnten nicht mehr der Häuptling im Ort, und die ganze Familie musste wegen der Giftmorde mehrfach für mehrere Jahre ins Exil. Das heutige Hipana mit seinen rund 80 Einwohnern ist wohl nicht mehr das Dorf, an das Dzuliferi sich erinnert. Die traditionelle Wirtschaftsweise, das gemeinsame Feiern und die Verehrung der alten Kulturmeister und Schamanen haben an Bedeutung verloren. Die moderne Welt hat viele Siege über die überlieferten Vorstellungen errungen. Aufrechte Traditionalisten wie der Dorflehrer Plinio, Dzuliferis Jugendfreund, haben inzwischen einen schweren Stand.

Es ist interessant, dass sich Dzuliferi für diese erste Rückkehr nach längerer Zeit ausgerechnet auf eine Expedition mit fremden, weißhäutigen Besuchern eingelassen hatte. Vermutlich versprach er sich davon Vorteile. Bei unserer ersten Begegnung in São Gabriel ging es ihm noch ums Geld: Er lieh sich ein paar Hundert Reais bei Davilson aus, um allerlei vage definierte Besorgungen im Vorfeld unserer Reise zu machen. Er schlüpfte in seine geübte Rolle als Chefverhandler für seinen Vater und setzte Preise für dessen Dienstleistungen fest: 100 Reais für das reisegerechte Verschließen eines Körpers durch Tabakqualm, 200 Reais für eine Zauberzigarre to go, mit der man die Felsengeister an den Wasserfällen von Hipana beruhigen kann. Gemeinsam mit seiner Schwester Ercilia trieb er diese Preise in die Höhe und berichtete ausführlich davon, wie großzügig frühere Reisende waren.

Das führte zu meinem ersten großen Problem bei den Recherchen, denn anfangs hatte ich mir nur klassische journalistische Arbeiten für DIE ZEIT vorgenommen.[124] Es gilt aus guten Gründen als unethisch für Journalisten, wenn sie für Informationen Geld bezahlen. So etwas kommt vor, aber es birgt die Gefahr, dass Informanten sich genau die Geschichten einfallen lassen, die der Journalist ihrer Meinung nach hören will. Informationshonorare erzeugen *Fake News*.

Ich wusste aus meinen früheren Projekten schon, dass die Geldfrage sich bei einigen Recherchen im Amazonasraum nicht ganz umgehen lässt: dort, wo die Informanten, in diesem Fall eine Familie und eine Dorfgemeinschaft im Regenwald, zugleich auch Herbergseltern, Verpfleger und Logistiker sind. Ich habe mir in solchen Fällen das Fingerspitzengefühl meines erfahrenen Begleiters Davilson zunutze gemacht. Er hat es so ausgehandelt, dass wir für alle Dienstleistungen wie Bootstransporte, die Beschaffung frisch gejagter Pakas, Hilfe beim Tragen und die Geistervertreibung großzügig bezahlten – für Interviews und Informationen aber nicht. Es blieb jedem freigestellt, auf Fragen zu antworten oder Kameraaufnahmen zuzustimmen. Für dieses Buchprojekt stellte sich das Problem dann nicht mehr in gleicher Weise, weil Dzuliferi der Co-Autor ist. Später wird noch die Rede davon sein, was Dzuliferi mit seinem Anteil am Autorenhonorar anfangen will.

Nach einiger Zeit schien das Geld aber für Dzuliferi nur noch ein nachgeordnetes Thema zu sein. Er genoss seinen Auftritt gemeinsam mit mir. Die zünftige Ankunft in einem Boot mit einem 90-PS-Außenbordmotor und Ausländern an Bord wurde zum Statusprojekt. Es war eine Demonstration seiner Macht, interessante und möglicherweise mächtige und lukrative Gäste aus der Welt der Städte ins Dorf zu bringen. So ähnlich muss es früher gewesen sein, als sein Vater Manuel sich so gut mit den Missionaren und Soldaten verstand, die bewundernde Aufmerksamkeit des US-amerikanischen Anthropologen Robin Wright genoss und die weißhäutige Lehrerin Teresinha für die Dorfschule rekrutierte. Meine Anwesenheit war wohl nützlich für Dzuliferis Projekt, mit seiner Familie ins Dorf zurückzukehren und eines Tages den Häuptlingsposten zu übernehmen. Ihm ist daran gelegen, dass sich die Leute in Hipana viel von einem Häuptling Dzuliferi versprechen.[125]

Umgekehrt reagierte er empfindlich, wenn ich mit Mitgliedern der rivalisierenden Familien sprechen wollte. Ohne Unterlass redete er schlecht über den amtierenden Häuptling, der sich selten in Hipana und überwiegend in der Stadt aufhält. An den Nachbarn aus Pana-Pana ließ er kaum ein gutes Haar. Einmal fuhr ich gemeinsam mit dem Fotografen Giorgio Palmera nach Pana-Pana. Dzuliferi reagierte äußerst angefasst, als Giorgio einigen Kindern des Dorfes anbot, ihnen beim nächsten Mal billige Kameras als Geschenke zu bringen und einen kleinen Fotokurs zu veranstalten. Er riet dringend davon ab, weil solche Geschenke bloß Neid erzeugten. Am Ende würden wir alle vergiftet.

Das ist keine ungewohnte Interessenkonstellation für einen Berichterstatter im Regenwald. Die Gefahr einer Instrumentalisierung muss man im Blick behalten, und ich finde es richtig, sie hier für die Leser offenzulegen.

Mein Ruf als ein mächtiger Weißer wuchs ins Unermessliche, als die Soldaten kamen, um mich festzunehmen. Einige Tage lang war im Dorf schon darüber geflüstert worden, dass sich ein Brigademajor der brasilianischen Luftwaffe für mich interessierte, ein Militär etwa vom Rang eines Generals. Ich weiß nicht genau, wie dieser Buschfunk funktioniert. Alle wussten offenbar Bescheid, dass die Leute des Brigademajors mit mehreren Booten hinter mir her seien, hinter dem Deutschen, Thomas. Sie würden bald im Dorf sein.

Als ich davon hörte, konnte ich mir keinen Reim auf diese Geschichte machen, ließ aber den Fotografen sicherheitshalber alle Ton- und Bildaufnahmen in einer regenfesten Plastiktüte zwischen den Palmen verstecken. Da kamen die Soldaten schon. Eine Gruppe von acht Männern umstellte das Dorf und drang mit den Gewehren im Anschlag ein. Ein Leutnant des Heeres stellte uns aggressiv seine Fragen. Er wollte unsere Genehmigungen und Ausweispapiere sehen, die wir ordnungsgemäß bei uns führten, seine Leute überprüften unser Gepäck.

Ich vermute, sie hegten den unklaren Verdacht, dass ich ein Spion aus Deutschland war und die Goldschätze am Amazonas in meine Heimat verbringen wollte. Unter Soldaten, Polizisten und in der breiten Bevölkerung blühen Verschwörungstheorien, nach denen »das Ausland« sich unter dem Deckmantel von Umweltschutz, ethnologischer Forschung und journalistischer Berichterstattung anschickt, Bodenschätze auszubeuten. Der brasilianische Präsident Jaír Bolsonaro greift solche Ängste in seinen Ansprachen gerne auf.

Vielleicht hatte es auch nur irgendein bürokratisches Durcheinander gegeben. Die Soldaten an den Militärposten entlang der Flüsse hatten zwar jeweils unsere Genehmigungspapiere kontrolliert, Funksprüche abgesetzt und uns anschließend passieren lassen, aber später könnte die Sache irgendeinem Vorgesetzten merkwürdig vorgekommen sein. Die Dorfbewohner von Hipana wurden von den ruppigen Soldaten mit Gewehren eingeschüchtert, aber sie fühlten sich gut unterhalten. Das ganze Dorf versammelte sich und bildete einen Menschenpulk in der Dorfmitte.

Mein Glück war, dass im Boot dieser Armeesoldaten tatsächlich auch der angekündigte Brigademajor der Luftwaffe angereist war. Die Dorfbewohner hatten mir schon Tage im Voraus seinen Namen verraten. Er hieß José Hugo Volkmer, trug also einen deutschen Nachnamen, was in Brasilien fast immer auf eine Herkunft aus dem Süden hinweist. Dort leben viele Nachfahren von Deutschen, die seit dem Beginn des 20. Jahrhunderts ausgewandert sind, und ihre Familien pflegen bis heute eine große Liebe für die deutsche Kultur und Verehrung für das Vaterland. Ich begrüßte den hochgewachsenen Soldaten, der würdevoll aus dem Gebüsch trat, über den Dorfplatz schritt und dabei einen gewissen Abstand zu den Kollegen der Bodentruppen hielt. Ich ging ihm mit ausgestreckter Hand entgegen und sagte auf Deutsch »Guten Tag«. Bald waren wir in Fachgespräche über die Kulturen am Rio Ayari vertieft.

Volkmer hatte bis vor Kurzem von der Küstenstadt Recife aus die Luftstreitkräfte im brasilianischen Nordosten befehligt, aber in den Jahren davor war er im äußersten Nordwesten des Amazonas stationiert gewesen. Damals schon hatten ihn die Reisen des deutschen Forschers Koch-Grünberg interessiert. Inspiriert von seinem Landsmann, hatte er damit begonnen, anthropologische Aufzeichnungen in den Dörfern zu machen. Er kaufte Handwerksprodukte, Kunstgegenstände und Setzlinge für schamanische Gewächse und nahm sie in seine Villa in der Hauptstadt Brasilia mit. Als ich ihn später dort besuchte, zeigte er mir ein Manuskript. Der Mann von der Luftwaffe hatte damit begonnen, ein Buch über den Ayari-Fluss und Koch-Grünberg zu schreiben.

Ich reime es mir so zusammen, dass Volkmer die Razzia seiner Heereskollegen sozusagen per Anhalter nutzte, um »den Journalisten Thomas« kennenzulernen, in dem er einen Quasi-Landsmann mit gleich gelagerten Interessen sah. Die Soldaten zogen unverrichteter Dinge ab, was die Dorfbewohner beeindruckte, und Dzuliferi war mit der ganzen Show hochzufrieden.

Uns war aber klar: Wir wurden auf allen Reisen beobachtet. In São Gabriel gingen wir sowieso davon aus, dass jeder Schritt von einem Netzwerk aus Fahrern, Händlern, Hotelbediensteten und Marktleuten an irgendwelche Polizeidienststellen gemeldet wurde, oder zumindest an die reichen Händler, die wahren Herren dieser Stadt. Als ich einmal mehrere Wochen lang hintereinander in der Grenzstadt blieb, quartierte sich ein gut trainierter Turnschuhträger mit knappem militärischem Haarschnitt im Nachbarzimmer ein. Er sagte, er stamme aus Manaus, und fragte mich jeden Morgen beim Frühstück über meine politischen Ansichten aus.

Bald erfuhr ich, dass meine Interviewpartner in den Außenbezirken von São Gabriel, die ich zum Beispiel über die medizinische Versorgungslage befragte oder über die im Untergrund operierenden Netzwerke von Schamanen und Beschwörern, im Anschluss Besuch von meinem politisch interessierten Zimmernachbarn erhielten. Einmal war ich mit Davilson auf einem Boot unterwegs, um eine verborgene Stätte für schamanische Initiationen zu besuchen, und Davilson postete unvorsichtig ein Bootsfahrt-Selfie auf Instagram. Er wollte den ungewohnten Umstand dokumentieren, dass er an dieser Stelle mitten auf dem Fluss plötzlich Handyempfang hatte, doch das Selfie löste einen Fahndungsbefehl aus. Wohin war der deutsche Journalist entkommen? Hatte er sich um die Militärposten herumgemogelt und war unerlaubt ins Reservat eingedrungen?

Wenn man nichts über die politische und kriegerische Dimension des Schamanismus im Amazonasgebiet wüsste, würde man das nicht verstehen. Diese Recherchen könnten dann unpolitisch erscheinen, sie beschäftigten sich mit einem kulturellen Thema, doch so naiv sind die Verantwortlichen in São Gabriel nicht. Der Zusammenhang zwischen Schamanismus und Widerstand gegen den Vormarsch der staatlich verordneten Waldzerstörung ist dort wohlbekannt. In der Gegend gibt es genug historische Beispiele dafür, und die Recherchen für dieses Buch fanden vor dem Hintergrund extremer Spannungen statt. In der Regionalpolitik haben die lauter werdenden politischen Forderungen nach Goldgräberlizenzen für die Indianerreservate hitzige Debatten zwischen den Dörfern, Interessenvertretungsgruppen, Politikern und Soldaten ausgelöst.[126] Für die brasilianische Bundespolitik ist das Thema der Amazonaszerstörung sensibel geworden, die Anwesenheit ausländischer Journalisten in den Indianerreservaten und Naturschutzgebieten ist zunehmend unerwünscht.

Dieses Buch ist aus der Perspektive Dzuliferis erzählt. Es ist ein subjektiver Bericht. Das Ausgangsmaterial haben wir auf unseren gemeinsamen Reisen und Treffen gesammelt, es füllt Kladden voller Mitschriften und Computerordner voller Tonaufnahmen. Die Gespräche ergaben sich zu unterschiedlichen Tages- und Nachtzeiten auf Booten, Veranden und in Hängematten mitten im Wald oder in den Dörfern. Andere entstanden in langen Arbeitssitzungen in São Gabriel. Als die Corona-Pandemie 2020 eine geplante Serie persönlicher Treffen unmöglich machte, fanden wir einen neuen Weg: Dzuliferi – der zu diesem Zeitpunkt bereits eine

Corona-Infektion überstanden hatte – quartierte sich einige Zeit lang in São Gabriel ein, und ich bezahlte von Hamburg aus für seine Sitzungen im Internet-Café an der Hauptstraße. Gemeinsam überprüften wir per Telefon und Internet einzelne Fakten, Jahreszahlen, korrekte Schreibweisen für bestimmte Namen.

In der ersten Zeit hatte ich den Eindruck, dass es mit Alberto, oder Dzuliferi, keinerlei Verständigungsprobleme geben würde. Er beherrscht nahezu fließend die portugiesische Sprache. Wo es im Gespräch mit Dritten nötig wurde, hat Dzuliferi aus seiner Muttersprache, der Baniwa-Sprache, übersetzt.[127] Diese Sprache dominiert an den Flüssen Içana und Ayari und gehört zur sogenannten Arawak-Sprachfamilie. Verwandte Sprachen werden von zahlreichen indigenen Völkern gesprochen. Das Siedlungsgebiet der Arawak sprechenden Völker erstreckt sich vom Herzen des brasilianischen Amazonasgebiets nordöstlich nach Venezuela und in die Guyanas bis hin zur Karibikküste. Die Verbreitung der Arawak-Sprachen lässt die erstaunlichen Wanderungsdistanzen und die weiträumigen kulturellen Verflechtungen früherer Epochen erahnen.

Dzuliferi ist ein geborener Geschichtenerzähler, der seine Zuhörer mit Spannungsbögen und wohlplatzierten Pointen gefangen nimmt. Mal gibt er den selbstironischen Possenreißer, an anderen Tagen sind seine Erzählungen von großem Pathos beseelt. Er kann auch zum sorgfältigen Erklärer werden, der sich durch viele Rückfragen vergewissert, ob sein Gegenüber auch alles verstanden hat. In solchen Momenten scheint der Hilfsdorfschullehrer Alberto durch, und vielleicht auch der Einserschüler aus den Siebzigerjahren.

Nach einiger Zeit bemerkte ich aber, dass Dzuliferi sich häufig widerspricht. Einige Erlebnisse erzählt er mal so und mal so, ich hatte so etwas schon bei früheren Recherchen bei indigenen Völkern erlebt.[128] Den grundsätzlichen Ablauf seiner Goldgräberreise nach Venezuela etwa, die wichtigsten Schauplätze, Ereignisse und Zusammenstöße, erzählt er immer wieder gleich. Doch mal geraten Jahreszahlen durcheinander, mal schwankt die Reisedauer, mal stimmt die Summe der mitreisenden Familienmitglieder nicht mit der in der letzten Erzählung überein.

Ich wusste: Dzuliferi flunkert mich nicht an, er nimmt es aber mit konkreten Eckdaten nicht so genau wie ich. Ich glaube, dass er sie nicht mal wichtig findet und dass Zahlen und Maße nicht ganz zur Erzählkultur seines Volkes gehören. In seinem Gedächtnis ordnet er sein Leben anders, als wir es im Westen tun. Ich hatte auch den Eindruck, dass seine Erinnerungen in Bewegung bleiben, dass sie in ihm weiterleben, weshalb sie je nach Kontext und Publikum eine andere Bedeutung annehmen und ein bisschen anders erzählt werden müssen. Ich brauchte aber lange, bis ich seinen Erzählungen vertraute, weil ich ihn besser verstand.

Trotzdem reagierte ich auf Dzuliferis Widersprüche mit den Techniken westlicher Verhörtechnik. Ich ließ mir die gleichen Sachen drei- oder viermal erzählen, unterbrach den Erzählfluss und hakte mit Fragen nach, schrieb große Fragezeichen an den Rand meiner Kladden und glich das Erzählte mit zusätzlichen Quellen ab. Ich sprach mit Dzuliferis Familienmitgliedern in São Gabriel, in Hipana und in anderen Dörfern. Die unbeliebten Verwandten von Pana-Pana erhielten Besuch von mir, ich interviewte den Familienpatriarchen Mário. Mários Großneffe und Lehrling Moisés Luiz da Silva erwies sich als wertvolle Hilfe beim *Factchecking* für dieses Buch. Ich besuchte Behördenvertreter, fragte Goldgräber aus, in Venezuela empfing mich ein Schamane vom

Piaroa-Volk. Über das Baniwa-Volk und die Huhuteni sind schon mehrere akademische Forschungsarbeiten geschrieben worden, was mir die Überprüfung vieler Fakten, ihre historische Einordnung und das religionswissenschaftliche Verständnis erleichterte.

Trotzdem blieben einige Angaben am Ende ein Rätselraten. Ich habe sie mit entsprechenden Endnoten gekennzeichnet. Das korrekte Alter von Dzuliferis Vater etwa stellt eine ungelöste Recherche-Herausforderung dar. Die ganze Familie beharrt darauf, dass Manuel da Silva 100 Jahre alt geworden ist, weil er um das Jahr 1920 herum geboren wurde. Das staatliche Geburtenregister macht ihn aber um mehr als ein Jahrzehnt jünger, dort ist die Jahreszahl 1933 aufgeführt. Nicht alle Geburten im Amazonaswald wurden in dieser Zeit korrekt eingetragen. Manchmal dachten sich Leute irgendwelche Geburtsdaten aus, oder die Staatsangestellten trugen Zufallszahlen ein. Wenn man einige Ereignisse in Manuels Leben jeweils mit seinem ungefähr realistischen Alter abgleicht, etwa das Jahr, als die jungen Männer als Zwangsarbeiter zur Kautschukernte gezwungen wurden oder als die ersten Missionare kamen, passt 1933 besser als 1920. Eine exakte Angabe wird aber wohl unmöglich sein.

Wo es mir sinnvoll erschien, habe ich die Widersprüche in Dzuliferis Erzählungen unverändert wiedergegeben, damit sie im Sinne einer »kontrollierten Widersprüchlichkeit« (Viveiros de Castro)[129] weiter bestehen. An anderen Stellen habe ich jeweils die Version eingesetzt, die nach vielen Wiederholungen als die wahrhaftigere erschien. Ich habe Dzuliferis Antworten auf meine Fragen und die Ergebnisse gemeinsamer Faktenüberprüfungen in den Text gewoben. So ist dieses Buch keine rohe Mitschrift aus dem Regenwald, sondern eine Weitererzählung des Erzählten. Mit Blick auf westliche Leser hielt ich es für sinnvoll, viele Wiederholungen auszulassen. Ich habe Sinnzusammenhänge durch die Gliederung des Buches geschaffen, Worte für einige Gesten und Körpersignale gefunden, das Gesagte mithilfe zusätzlicher Quellen entschlüsselt und präzisiert. Für eine solche anthropologische Übersetzungsarbeit gibt es keine Patentrezepte, aber ich konnte mir gelungene Vorbilder[130] und eine breite wissenschaftliche und literarische Debatte[131] zunutze machen.

Das größte Verständigungsproblem drehte sich um eine zentrale Frage dieses Textes: Was meint Dzuliferi bloß mit Zauberei?

In der Baniwa-Sprache bezeichnet Malikai wörtlich: Zauberkraft. Das Wort wird als Sammelbegriff für alle Fähigkeiten gebraucht, die einem Praktiker schamanischer Techniken zur Verfügung stehen. Dazu zählen spirituelle Heilkräfte und der Gebrauch von nicht materiellen Waffen. Malirinai können in andere Zeiten und an ferne Orte blicken. Sie nehmen magische Transportmöglichkeiten in Anspruch, meistens im Geiste, aber unter Umständen vollziehen sich ihre Reisen auch körperlich. Praktiker von Malikai können sich innerlich und äußerlich in Tiere verwandeln, und sie schlüpfen nach Belieben in die Gestalt von Geisterwesen und anderen Menschen.

Solche Zauberkraft spielt eine zentrale Rolle im Weltbild der Huhuteni. Sie wird nicht als Gegensatz zu den Gesetzmäßigkeiten der Natur verstanden, sondern als eines ihrer Konstruktionsmerkmale, als eine Erfindung der Götter aus der Alten Zeit. In den Mythen der Huhuteni geht es sofort nach der Schöpfungsgeschichte um Malikai. Der Gott Niaperikuli und sein jüngerer Bruder laufen durch den Wald, um herauszufinden, wie man mit magischen Mitteln Donner und Blitz erzeugt.[132] Sämtliche Zyklen der Huhuteni-Mythen sind von magischen Ereignissen durchwirkt, von der Ankunft des geheimnisvollen Kinds des Universums über die Transformationen der Gottheit Kuwai bis zu den quasi-historischen Erzählungen über den Sklaven Kéeroaminali, der vor den Kolonialherren fliehen konnte und zum Großvater aller Huhuteni wurde.

Ich habe Dzuliferi und andere Angehörige der Schamanenfamilien einige Male direkt gefragt: »Kann man davon sprechen, dass ihr magische Dinge tut, dass ihr zaubert?« Die Antworten reichten von einem klaren »Ja« bis zu einem »annäherungsweise ja, so kann man es ausdrücken«. Für sich genommen, helfen solche Auskünfte aber nicht weiter.

Anthropologen debattieren kontrovers darüber, was Zauberei ist. Claude Lévi-Strauss[133] beschrieb in den Sechzigerjahren die Institution von »Zauberern« als soziale Konstrukte in indigenen Gesellschaften. Für ihn war Zauberkraft zumindest in der Hauptsache das Ergebnis einer sozialen Übereinkunft über ihre Wirksamkeit. Einige spätere Autoren[134] lehnten diese Analyse und sogar den ganzen Begriff als zu eng gefasst ab.

Tatsächlich umfasst das »Zaubern«, also die praktische Anwendung magischer Kräfte, nicht alles, was die Schamanen und Gesundbeter der Huhuteni tun. Ihre Seelenreisen verfolgen nicht nur konkrete Ziele, sondern können auch dem Erkenntnisgewinn, der Erforschung von Parallelwelten und dem spirituellen Wachstum dienen. So gesehen kann man den Huhuteni-Schamanismus als Bewusstseins-Technologie verstehen.[135] Eine umfassendere Definition von Malikai würde auch die Befähigung der Huhuteni-Schamanen zum direkten, willensgesteuerten Kontakt mit spirituellen Welten und ihr kanonisches Wissen über Mythen,

Erzählungen, Rituale, Lieder, Musik und Tänze enthalten. Der Anthropologe und Religionswissenschaftler Robin Wright, der die Huhuteni und andere Clans des Baniwa-Volks jahrzehntelang erforscht hat, übersetzt Malikai daher mit »Wissen und Macht der Schamanen« und an anderer Stelle als »schamanische Aktivitäten«.[136] Diese Formulierungen sind aber so allgemein, dass sie kaum noch einen Inhalt haben. Für die Zwecke dieses Buches, das sich auf die praktischen Seiten des Schamanismus fokussiert, habe ich »Zauberei« benutzt.

Ich habe ohnehin das Gefühl, dass solche Begriffsdiskussionen von der spannendsten Frage bloß ablenken: Können die Malirinai zaubern? Haben ihre schamanischen Aktivitäten, ihre Seelenreisen und Beschwörungen, praktische Folgen, die sich aus unserem bekannten empirisch-wissenschaftlich geprägten Weltbild heraus nicht mehr erklären lassen? Persönlich sind mir esoterische Spekulationen suspekt. Ich war mit der Hoffnung zu den Huhuteni gereist, dass sie womöglich ein paar naturnahe Heilmethoden beherrschen, die man im Westen noch nicht kennt, die aber durchaus auf physische oder psychologische Wirkmechanismen zurückgeführt werden können. Mit dieser Hoffnung blicke ich auch weiterhin auf die Aktivitäten der Malirinai, allerdings hat der Technologiephilosoph Arthur C. Clarke[137] einmal klug bemerkt: »Jede weit fortgeschrittene Technik erschiene uns, wenn sie bloß ausreichend anders als unsere eigene wäre, wie pure Zauberei.«

Bei meinen Recherchen wurde mir immer wieder von Einzelerfahrungen und anekdotischen Hinweisen darauf berichtet, dass die Techniken, mit denen die Malirinai heilen und verletzen, fremdartig, aber wirksam sein können. Mitarbeiter des staatlichen Gesundheitsdienstes in São Gabriel versicherten mir, dass etliche Völker der Region noch über hausgemachte Heilmittel verfügten und dass sie mit Erfolg eingesetzt werden können. Einige Völker bekommen angeblich auch Krankheiten in den Griff, an denen die westliche Heilkunde manchmal versagt, zum Beispiel die schwere Parasitenkrankheit Leishmaniose. Ohne systematische Forschung sind diese Aussagen alle nicht zu überprüfen.

Ich erhielt solche Auskünfte auch im staatlichen Zentrum für Biotechnologieforschung in Manaus. Das ist eine milliardenschwere Laboreinrichtung der brasilianischen Regierung, die in der Artenvielfalt des Amazonas nach neuen Heilmitteln, Kosmetika und Werkstoffen sucht.[138] »Einige Völker benutzen schon lange Verbindungen, die sich bei uns im Labor als unheimlich wirksam erweisen«, berichtete mir dort eine Forscherin. »Für den Markt müssen wir sie manchmal bloß etwas höher dosieren.« Auch der US-amerikanische Ethnobotaniker Mark Plotkin[139] schreibt schon seit vielen Jahren von erstaunlich potenten Heilsubstanzen aus Pflanzen, Tieren und Mikroben, die er bei Traditionsvölkern im Amazonaswald entdeckt.[140]

Dzuliferi und die anderen Mitglieder seiner Familie beharren aber darauf, dass derlei Kräutermedizin bei ihren Heilungen nur am Rande eine Rolle spielt. Für sie können auch die physisch verabreichten Gifte nur teilweise erklären, wie ein tödlicher Schamanenangriff funktioniert. Das Wesentliche geschieht ihrer Meinung nach im Kopf, auf Traumreisen in parallele Welten. Ihre wichtigste Heilpflanze ist die Psychodroge Pariká, die solche Reisen ermöglicht.

Daraus kann man entweder schließen, dass die Heilerfolge der Malirinai, wo sie sich einstellen, auf einen Placeboeffekt, eine Illusion oder Hokuspokus zurückzuführen sind – oder dass dahinter eine wirksame Technik für das

Heilen und Verletzen steckt, die aber radikal anders als die im Westen geläufigen medizinischen Verfahren funktioniert.

Auffällig ist, dass schamanische Heilungen und Verletzungen sich meist in Bereichen abspielen, wo westliche Ärzte gern psychosomatische Ursachen diagnostizieren: Kopfschmerzen, Kinderlosigkeit, Rückenleiden, Autoimmunerkrankungen. Bei meinen Recherchen habe ich Schulmediziner und biologische Forscher getroffen, die ihre zunächst völlig ablehnende Haltung gegenüber dem vermeintlichen Schamanen-Hokuspokus abgelegt haben. »Dafür habe ich einfach zu viel Unerklärliches gesehen«, berichtete mir die Medizinerin Magda Magris, die damals ein universitäres Forschungsinstitut im venezolanischen Amazonaswald leitete und sich mit dem Schamanismus der Piaroa-Indianer auskannte. Ihr Arbeitskollege Carlos Botto, ein Spezialist für Infektionskrankheiten, spekulierte bei meinem Besuch über mögliche Wirkungsmechanismen: »Der Schamane versucht (bei einigen Behandlungsmethoden), über die Psyche die Abwehrkräfte zu aktivieren.« Er sprach vom noch wenig erforschten Feld der Neuroimmunologie. Ob das auch funktioniere? »Das funktioniert«, antwortete Botto knapp,[141] allerdings nicht, ohne anschließend die generelle Überlegenheit schulmedizinischer Verfahren herauszustellen.

Der australische Anthropologe Robin Rodd[142] hat ebenfalls viel Zeit mit den Piaroa-Schamanen verbracht, die von den Huhuteni fast furchtsam als eine Art Großmeister verehrt werden. Er hat sich in ihre Arbeitsweise einführen lassen, DMT-haltige Substanzen eingenommen und sich die Bilder in seinem Kopf deuten lassen. Rodd beschreibt die Technik der Piaroa-Schamanen in der Hauptsache als eine Art tiefenpsychologischer Einflussnahme. Nach seinem

Verständnis sind der Drogengebrauch und die bewusstseinsverändernden Prozesse während der langen Ausbildung die Schlüssel dafür. Die Piaroa erarbeiteten sich ein gesteigertes Einfühlungsvermögen in einzelne Menschen und gesellschaftliche Zusammenhänge und eine fortgeschrittene Verarbeitungskapazität für vorrationale Bilder und Zusammenhänge im menschlichen Unterbewusstsein.

Diese Hypothese ist konsistent damit, dass viele Amazonaskulturen den Drogengebrauch und die Traumreisen bis hin zur Nahtoderfahrung für die schamanische Arbeit unerlässlich finden. Einige Praktiker bezeichnen Pariká, Niopo, Caapi und andere psychotrope Pflanzen, also die Drogen an sich, als ihre wichtigsten Lehrer.[143] Einer der zahlreichen Geisteszustände, die unter dem Einfluss DMT-haltiger Substanzen auftreten, wird vom Anthropologen Rodd wie auch von dem US-amerikanischen Psychiater und Pharmaforscher Rick Strassman als eine Art ruhiger Klarsichtigkeit geschildert, frei von Emotionen und Wunschvorstellungen in einem wachen Bewusstsein. Ein frischer Blick, eine radikal veränderte Perspektive, voller Möglichkeiten für neue Einsichten über die Welt.

Es ist vorstellbar, dass solche Schamanen aufgrund des Drogengebrauchs oder ihrer Erfahrung besonders gut darin sind, verdrängte Spannungen und Widersprüche in den Menschen und in ihrem sozialen Umfeld zu erkennen, und dass sie gezielt darauf einwirken. Ihr Instrumentarium sind Trancetechniken, evokative Erzählungen und bedeutsame Symbole aus dem gemeinsamen Kulturschatz von Patient und Behandler. Manchmal scheint es eine hilfreiche Rolle zu spielen, für eine Krankheit einen konkreten Schuldigen zu benennen, zum Beispiel einen »bösen« Zauberer aus der Region, gegen dessen schädlichen Einfluss der Betroffene sich dann innerlich wehren kann.[144] Das Ergebnis mag wie eine heilende Auflösung psychischer Lasten wirken – oder auch als krank machender Fluch.

Heilbehandlungen werden in der Regel an Individuen durchgeführt, aber bei den Piaroa wie bei den Huhuteni betonen Praktiker, dass sie in einem Rutsch auch die ganze Familie oder das ganze Dorf von einer Krankheit »heilen«, selbst wenn sie sich nur bei einzelnen Menschen manifestiert. Das weist auf familien- und gruppenpsychologische Bestandteile der schamanischen Arbeit hin.

In der westlichen Medizin gibt es Psychiater und Psychotherapeuten, die ihre Arbeit nicht anders beschreiben.[145] Doch sind solche Dinge vergleichbar? Ist die Arbeit der Amazonas-Schamanen eine Art drogenbeschleunigte Traumatherapie? Viveiros de Castro warnt davor, Wissenskörper aus unterschiedlichen Kulturen direkt miteinander zu vergleichen.[146] Ich finde es sinnvoll, ihm hier zu folgen. Die Frage der Zauberei bleibt ein Raum für Spekulation.

Magisches Denken spielt bei den Huhuteni-Schamanen aber noch auf einer anderen Ebene eine Rolle. Im Westen glauben wir häufig, dass es in den Amazonaskulturen als höchstes Gut verstanden werde, im Einklang mit der Natur zu leben, sich an ihre Gegebenheiten anzupassen und das Leben an allen gottgegebenen Zyklen auszurichten. Das ist auch nicht falsch und trifft auf einige Kulturen in hohem Maße zu.[147] Bei den Huhuteni ist es anders.

In Hipana müssen Schamanenlehrlinge, die unter dem Einfluss der Droge Pariká in die Andere Welt aufbrechen, als eine ihrer ersten Prüfungen Gestaltungswillen zeigen. Sie sollen im Gesang erklären, wie sie sich eine Welt vorstellen, in der es für alle Lebenden und Toten besser ist. Nachbeten ist nicht erlaubt, es zählt die Originalität. Der alte Jaguarschamane

Manuel da Silva beschreibt im Kapitel 14, dass Gedankenreisende unter dem Einfluss von Pariká die Welt tatsächlich als formbar und gestaltbar wahrnehmen. Mit geistiger Vorstellungskraft verändern sie die materielle Wirklichkeit, die Steine, Pflanzen, Tiere und sogar sich selbst.

Die Malirinai erheben für sich einen Gestaltungsanspruch über die Natur und über das menschliche Gemeinschaftsleben. Sie wollen die Welt nach ihren Vorstellungen schaffen. In den Dörfern haben Schamanen es immer wieder als ihre Aufgabe verstanden, die Leute mit charismatischen Ansprachen zu einer Lebensweise im Sinne des Gemeinwohls und der Volksgesundheit anzutreiben. Sie nutzen Feste und Rituale dafür, um Fröhlichkeit zu verbreiten, den Gemeinsinn zu fördern und die düsteren Einflüsse von Neid und Rachegelüsten einzudämmen. Gemeinschaftserfahrungen stehen im Kern ihrer Vorstellungen von Volksgesundheit.

Der charismatische Einfluss der Malirinai kann sich auch gegen äußere Gegner kehren. An den Içana- und Ayari-Flüssen hat es immer wieder politisch-religiöse Bewegungen unter der Führung einflussreicher Schamanen gegeben, sogenannte »messianische Bewegungen«, die die Völker für bewaffnete Kämpfe gegen ihre Kolonisatoren einen konnten.[148] Bei meinen Gesprächen mit Dzuliferi wurde mir klar, dass er sich auch an diesen Vorbildern aus der Geschichte orientiert. Er hat die Reden schamanischer Fundamentalisten im Kopf, wenn er seine Systemkritik an der »krank machenden« und zerstörerischen Mehrheitskultur der Weißen äußert, wenn er seinen Back-to-the-Roots-Plan für Hipana erläutert und sich zu politischen Ambitionen im Dorf bekennt.

Eine wichtige Rechtfertigung für ihren Machtanspruch beziehen die Huhuteni-Schamanen daraus, dass das

Baniwa-Volk sie als Wächter über die heiligen Felsen von Hipana mit ihren geheimnisvollen Reliefzeichnungen sieht. Kein Mensch geht in dieser Region davon aus, dass die Felsen menschengemacht sind. Sie gelten als Spuren, die die Schöpfergötter in der mythischen Vorzeit hinterlassen haben.

Malirinai behaupten, dass sie aus diesen Zeichen ablesen können, wie die Menschen heute leben sollen. Sie erkennen in ihnen Tipps und Tricks für einen aufrechten Lebenswandel im Wald. Zum göttlichen Wegweisersystem gehören ihrer Ansicht nach nicht nur die Felsen, die an mehreren markanten Punkten der Gegend aufgestellt sind, sondern auch Naturdenkmäler wie hohe Berge, reißende Stromschnellen und unterirdische Reservoirs für Schwarzerde.

Die ungewöhnlichen Felsen von Hipana waren schon frühen Amazonasreisenden aufgefallen. Seit dem 18. Jahrhundert gab es immer wieder Berichte darüber. Theodor Koch-Grünberg machte sich die Mühe, Hunderte der rätselhaften Symbole von den Steinen abzuzeichnen und sie in einem Buch zu veröffentlichen.[149] Der hessische Forscher hielt die Steinzeichnungen für einen Ausdruck »kindlicher Kunst«, aber schon zu seinen Lebzeiten brach reger Streit darüber aus. Es gab andere Gelehrte, die ihm entschieden widersprachen.

Die Deutungen der Relieffunde reichten schon damals vom Naheliegenden bis zum Fantastischen. Waren sie als eine Art Schrift zu verstehen, als das verschlüsselte Vermächtnis einer untergegangenen Hochkultur?[150] Sollten sie Freudendenkmäler zur Feier der Ankunft der Europäer sein? Waren Phönizier und Ägypter auf unerklärliche Weise an diesen Ort gereist und hatten sich zum Beweis in den Steinen verewigt? Immer wieder tauchen neue Spekulationen auf, und manche Autoren behaupten heute, dass die unbekannten Bildhauer bloß Aliens gewesen sein können.[151] Ein deutscher Auswanderer, der sich als indigener Häuptling namens Tatunca Nara ausgab, verbreitete Geschichten von versunkenen Hochkulturen und sogar von Pyramidenbauten in dieser Waldregion.[152]

Wie alt die Felszeichnungen in den Steinen wirklich sind, ist in den meisten Fällen schwer zu sagen. Sie enthalten kein konserviertes biologisches Material, das eine genaue Bestimmung etwa durch Kohlenstofftests zuließe. So bleibt bisher nur das Ungefähre: Vielleicht sind die Felszeichnungen 800 Jahre alt, vielleicht auch 3000 Jahre oder mehr.

Die moderne Forschung hat also noch etwas Arbeit vor sich, aber in einem Punkt gibt sie den Schamanen heutzutage recht: Es könnte sein, dass diese Felsen wirklich Botschaften aus der Vorzeit in sich tragen.

Seit der Jahrtausendwende ist an einigen Topuniversitäten der Welt, von São Paulo über Harvard bis Bonn, ein vormals exotisches Forschungsfeld aufgeblüht: Amazonas-Archäologie[153]. Früher ging man davon aus, dass in der Andenregion Hochkulturen wie die Inkas entstanden waren, die schon beeindruckend viel über die Landwirtschaft, Architektur, Philosophie und Sternenkunde wussten, dass aber das tiefer gelegene Amazonasgebiet ein dumpfes Hinterland blieb. Nach den gängigen Darstellungen war die Urwaldregion bloß von ein paar wenig kopfreichen Völkern besiedelt, die es über das Jagen, das Sammeln und einfache Landwirtschaft nicht hinausbrachten. Das, so die These, lag an ihrem täglichen Anpassungskampf gegen eine übermächtige und eher menschenfeindliche Natur.

Dabei hatten frühe Amazonasreisende im 16. Jahrhundert,[154] die auf der Suche nach Gold unterwegs waren, von einer gewaltigen Bevölkerungsdichte an den Ufern der Flüsse berichtet. Einige wollten sogar fremdartige Kleinstädte und Gartenanlagen gesehen haben. Solche Berichte wurden bald als die Fieberfantasien malariageplagter *Conquistadores* abgetan, und spätere Besucher, die wenige Jahrzehnte nach ihnen folgten und wissenschaftliche Untersuchungen anstellten, fanden dergleichen nicht vor.

Interessanterweise schenken moderne Archäologen den alten Conquistadores neuen Glauben. Mithilfe von Baggern und Spitzhacken sowie mit moderner Radar- und Lasertechnik haben sie zuletzt allerlei versunkene Strukturen entdeckt, die nicht schlecht zu den alten Reiseberichten passen.[155] An einigen Stellen gab es offenbar erstaunlich groß angelegte, komplexe Dorfanlagen mit Gräben ringsherum und ein System kulturell oder religiös bedeutsamer Stätten. Sie wurden über Wege miteinander verbunden, die in einigen Fällen überraschend geradlinig gezogen sind, was auf Kenntnisse in der Landvermessung und Sternenkunde hindeutet. Es liegt eine bittere Ironie darin, dass die voranschreitende Abholzung und die verkehrsmäßige Erschließung des Amazonasraums heute dem archäologischen Erkenntnisgewinn hilft. Einige Baustrukturen aus der Vorzeit erkennt man jetzt aus der Luft oder gar auf Satellitenbildern bei Google Earth.[156]

Auch dort, wo der Wald noch steht, kommen Geschichtsforscher neuerdings mit modernen Methoden voran. Statistiker und Biologen haben gemeinsam unerwartete Zusammenballungen bestimmter Baumarten entdeckt, die am wahrscheinlichsten dadurch zu erklären sind, dass sie vor einigen Jahrhunderten oder Jahrtausenden als Pflanzungen künstlich angelegt wurden.[157] Wenn Archäologen dann an diese Orte reisen, stoßen ihre Spaten auf die Spuren vergessener Kulturen: alte Pfeilspitzen, fein gearbeitete Keramik mit unbekannten Mustern oder Tierdarstellungen, Graburnen, Wassergefäße und dergleichen. Mal sind sie ein paar Hundert Jahre, mal ein paar Tausend Jahre alt. 2020 entdeckten Forscher der Universität Exeter auf kolumbianischem Gebiet Tausende von Höhlenzeichnungen mit detaillierten Darstellungen von Fauna und Flora in einer anderen Erdzeit, 11.000 bis 13.000 Jahre alt, die eine völlig neue Einschätzung der damaligen Fauna, Flora und menschlichen Besiedlung möglich gemacht haben.[158]

Forscher finden an früheren Siedlungsorten große Mengen menschengemachte Erde, sogenannte Schwarzerde, die ohne das geplante Einwirken einer sehr großen Zahl von Menschen schwer zu erklären ist. Der Amazonasboden ist eigentlich überwiegend sehr unfruchtbar, aber die Schwarzerde ist durch jahrhundertelanges Kompostieren entstanden und eignet sich hervorragend für den Ackerbau.[159] Einige Amazonas-Historiker und Archäo-Botaniker sind dazu übergegangen, noch sehr traditionell lebende Völker wie die Baniwa zu besuchen und aus ihren heutigen Landwirtschaftsmethoden etwas über die Vergangenheit zu lernen. Dabei stoßen sie auf erstaunlich lebendig gehaltene Techniken und Praktiken, auf Deutungssysteme für Vorgänge in der Natur und kosmologische Vorstellungen mit einer langen Vorgeschichte.

Moderne Amazonasforscher wie der Archäologe Eduardo Neves, der an den Universitäten São Paulo und Harvard lehrt, gehen inzwischen davon aus, dass bis zur Ankunft der ersten Europäer wohl Millionen von Menschen im Amazonasraum lebten. Sie sind davon überzeugt, dass die traditionellen Verfahren der Land- und Forstwirtschaft damals Millionen von Menschen ernährten und dass es dabei deutlich naturfreundlicher zuging als heute in der westlichen Landwirtschaft.[160]

Die Indigenen seien dann später massenhaft ausgestorben, binnen weniger Jahrzehnte nach der Ankunft der Europäer. Sie konnten den eingeschleppten Krankheiten nichts entgegensetzen, also brach das Ende ihrer Welt herein.

Einige der Reliefzeichnungen von Hipana bleiben für heutige Betrachter unverständlich, andere zeigen offenbar Manioksiebe, Schlangen, Sternformationen und unterschiedliche Ansichten der Gottheit Kuwai. Es ist eine schöne Spekulation, dass Dzuliferis Vorfahren hier Erinnerungen an ihre Lebensweise in die haltbarste Zeitkapsel gesteckt haben, die Menschen kennen: symbolische Botschaften, gemeißelt in Stein. Und vielleicht tragen die Jaguarschamanen der Huhuteni noch ein paar Wissensbrocken aus dieser Vorzeit in ihren Köpfen, die sie von Generation zu Generation überliefern, letzte Überbleibsel einer Hightech des Heilens und Tötens aus vergangener Zeit.

Dzuliferi, der spätberufene Schamanenlehrling, will sein überliefertes Familienwissen um jeden Preis weitervermitteln. Seine Aufgabe ist aber zuletzt nicht leichter geworden. Beim Redaktionsschluss für dieses Buch stürzte die Corona-Pandemie den nordwestlichen Amazonaswald ins Chaos. Das Virus breitete sich in quasi allen Dörfern aus, und das staatliche Gesundheitssystem mit seinen zwei Helikoptern und wenigen Rettungsbooten brach unter der Last zusammen. Das Militär riegelte das Indianerreservat für Besucher weitgehend ab. Das hat die Spannungen vor Ort noch verschärft. An einem der Militärposten entlang der Flüsse eröffneten Drogenkuriere von einem Boot aus Feuer und erschossen einen jungen Soldaten.

Dzuliferi hat seine Infektion mit dem Coronavirus inzwischen überstanden, aber Anfang 2021 teilte er mir eine traurige Nachricht mit: Sein Vater und Lehrer, der

Jaguarschamane Manuel da Silva, ist im November 2020 verstorben. Seine Söhne und die anderen Lehrlinge hatten mit seinem Ableben gerechnet. Sie wollen die Schamanenausbildung trotzdem auf eigene Faust durchziehen, andere Lehrer besuchen und in den kommenden Jahren das Wissen weiterer Alter in der nahen und fernen Verwandtschaft erschließen. Dzuliferi spricht davon, dass er Kopien der vielen Hundert Stunden Aufnahmen anfordern will, die Anthropologen und andere Forscher über die Jahrzehnte bei Zeremonien und Interviews in seinem Dorf aufgezeichnet haben.[161]

Dzuliferi verfolgt weiterhin den Plan, wieder nach Hipana zurückzukehren und das Häuptlingsamt anzustreben. Gleich nach dem Tod seines Vaters brach er zu einer Art Wahlkampfreise nach Hipana auf. Die alte Idee von der Schamanenschule im Dorf hat er aufgegeben, aber er sagte mir, dass er sich noch vielfältige andere kulturelle Wiederbelebungsprojekte ausdenken will. Ihm macht es Hoffnung, dass solche Projekte in anderen Bereichen gelingen. Zum Beispiel tun sich indigene Frauen am Ayari neuerdings zusammen, um verloren geglaubte Keramiktechniken wiederzubeleben. Sie fahren im Kanu zu Verwandten in ferne Dörfer, wo solche Techniken noch lebendig sind, und bringen das Erlernte zurück. Organisationen wie das brasilianische Instituto Socioambiental (ISA) unterstützen diesen Austausch mit Ressourcen wie dem alles entscheidenden Bootsbenzin. Die indigene Selbstverwaltung FOIRN ist an solchen Projekten inzwischen beteiligt, auch die Kulturministerien von Brasilien und Kolumbien wirken daran mit.[162]

Dzuliferi will einen Teil der Bucherlöse aus dem *Sohn des Schamanen* darauf verwenden, mit einem Aufnahmegerät zu den alten Leuten am Içana- und Ayari-Fluss zu fahren. Er will ihre Erzählungen, Beschwörungsformeln und Arzneirezepte aufzeichnen, sie gemeinsam mit den anderen Lehrlingen studieren und, wie er es im Kapitel 12 erträumt, in der Baniwa-Sprache niederschreiben.

»In der Zukunft werden wieder Generationen geboren, die dieses Wissen brauchen«, sagte er mir an einem unserer Gesprächsabende im Hipana-Dorf. Er blickte damals traurig auf die jungen Leute, die in der Dämmerung auf dem Dorfplatz Fußball spielten. Sie trugen Turnschuhe und Plastiktrikots aus der Stadt. Dzuliferi klagte über Konsumsucht, über die Verführungen der westlichen Kultur und wie immer über den miesen Zustand des Hipana-Dorfes und den allgemeinen Niedergang der Jugend.

»Irgendwer muss unser Wissen für die Ungeborenen bewahren«, sagte Dzuliferi an jenem Abend zu mir. »Wir werden tot sein, aber sie finden es dann in solchen Büchern.«

17

Danke

Ich habe mich heftig gegen dieses Buch gewehrt. Davilson Brasileiro, mein langjähriger Reisebegleiter durch den Regenwald, leistete eine Menge Überzeugungsarbeit, bevor ich mit den Recherchen begann. Seine Erzählungen über mächtige Jaguarschamanen und geheimnisvolle Felszeichungen kamen mir allzu fantastisch vor, und Stereotype im Stile von Indiana Jones wollte ich nicht bedienen. Wie politisch die Ausbildung neuer Schamanen in einem Hotspot der Amazonaszerstörung durch Goldgräber war, überblickte ich anfangs nicht. Ich bin also dankbar dafür, dass Davilson so beharrlich blieb. Später stellte er den ersten Kontakt zu Dzuliferis Schamanenfamilie her, bahnte unserem Projekt seinen Weg durch den brasilianischen Behördendschungel und brach gemeinsam mit mir – einmal sogar mit einem Gipsverband um sein gebrochenes Bein – zu langen Flussreisen im nordwestlichen Amazonaswald auf.

Überhaupt verdanke ich dieses Projekt der Beharrlichkeit vieler Menschen. Meine Agentin Heike Wilhelmi trieb mich jedes Mal weiter, wenn ich wieder mal festzustecken glaubte, aus Ehrfurcht vor diesem schwierigen Thema und den gewaltigen logistischen Problemen bei den Recherchen. Es hat dann geholfen, dass sie mir Mut zusprach und sich außerdem regelmäßig »mal neugierig erkundigen« wollte, wann das Manuskript endlich fertig wird.

Sophie Boysen vom Heyne Verlag glaubte von Beginn an fest an dieses Buch und ließ sich durch keine Katastrophenmeldung des Autoren Fischermann (»Mein Co-Autor hat sich für einige Monate incommunicado in den Wald abgesetzt«) aus der Ruhe bringen. Die Lektorin Kerstin Lücker half mir akribisch und mit großem Sprachgefühl dabei, Dzuliferis komplizierte Welt verständlich zu Papier zu bringen. Sie brachte mich auch mit ihren Nachfragen ins Schwitzen. Alle möglichen Sachfragen wollte sie präziser beantwortet wissen, immer wieder hakte sie nach und wollte hier oder da die Chronologie der Ereignisse besser verstehen. Das war eine Riesenhilfe, ich bin dankbar für die liebevolle Kleinarbeit.

Die Kartografin Heike Boschmann gestaltete drei Landkarten, was nicht einfach war, denn auf viel Ausgangsmaterial kann man sich in einem so entlegenen Waldstück nicht stützen. Zum Glück nahm sie die Herausforderung an, obwohl die vagen Auskünfte meiner indigenen Informanten eine Kartenmacherin wohl auch in die Verzweiflung treiben könnten: »Der Fluss geht dort weiter, aber ohne Wasser, man kann den Fluss nicht mehr sehen, und das Boot muss man auf dem Rücken tragen.« Auf einer der Expeditionen reiste der Fotograf Giorgio Palmera mit, der sich von praktischen Herausforderungen grundsätzlich nicht abschrecken lässt. Das wusste ich schon von etlichen gemeinsamen Unternehmungen. In den Dörfern stand er meist schon vor Sonnenaufgang auf, um das erste Licht für stimmungsvolle Aufnahmen zu nutzen, und mehrfach setzte er seine Drohne mit gewagten Flugmanövern durch den Urwald aufs Spiel. Er steuerte die großartigen Fotos für den Umschlag und die Bilderstrecke in der Buchmitte bei.

Die brasilianische Botanikerin Dr. Luiza de Paula von der Universität Minas Gerais, die schon für das Buch *Der letzte Herr des Waldes* die korrekten Bezeichnungen aller Pflanzen und Tiere identifiziert hatte, war begeistert von dieser neuen Herausforderung. Sie wollte gerne die Nutz- und Heilpflanzen eines Traditionsvolkes in einem entlegenen Waldstück am Amazonas kennenlernen, stellte aber eine Bedingung für ihr Mitwirken: Diesmal fuhr sie selber mit, um sich die Bäume, Blüten, Lianen und Krabbeltiere (»Diese hier sind tödlicher als die anderen«) persönlich statt nur auf Fotos anzuschauen.

Unser zeitweiliger Kapitän Adalberto blieb unbeirrt auf Kurs, als unser Boot auf dem Rio Negro in einen Wirbelsturm geriet und das Verdeck dabei abgerissen wurde. Sein Kollege Silva stellte unter Beweis, dass er sich auf die Wartung von Außenbordmotoren am Ende der Welt versteht, der Bootsverleiher Odemar nahm es sportlich, dass wir seine Schiffsschraube wegen eines Wasserfall-Unfalls in Tunuí verbeult wieder abgaben. Ohne sie alle wäre hier kaum etwas zustande gekommen – danke schön! Viele Kollegen, Freunde und Bekannte haben über die Jahre wertvolle Ideen beigetragen, Büros zur Verfügung gestellt, Literaturtipps geschickt, mir ein Traumhaus am Lago Maggiore fürs Schreiben ausgeliehen, Schokoladenmüsli und Kaffeekapseln in literarischen Mengen eingekauft und mir Mut zugesprochen. Ich bin ihnen zu Dank verpflichtet – und kann sie unmöglich alle nennen.

Der größte Dank gebührt aber der Schamanenfamilie von Hipana. Mein geduldiger Co-Autor Dzuliferi hielt einen wahren Marathon aus Interviews mit mir aus, manchmal, bis ihm die Augen zufielen. Ercilia, Eugenio, José Felipe, der inzwischen verstorbene Manuel da Silva und seine Frau

Flora waren immer wieder zu Interviews und Antworten auf meine nervtötenden Nachfragen bereit. Plinio Figueiredo Ferreira, der Dorflehrer von Hipana, erwies sich als unerschöpflicher Quell für medizinische Fragen und theologische Geschichten. Irineu Baniwa erklärte mir die traditionelle Landwirtschaft und zeigte mir, wie der Baniwa-Pfeffer hergestellt wird.

Der Jaguarschamane Mário Joaquim da Silva kommt in dieser Erzählung, vielleicht unfairerweise, schlecht weg. Aber er ist diese Rolle gewohnt: Er pflegt seinen Ruf als Furcht einflößender Schamane mit einem Interesse an der dunklen Seite der Macht. Ich habe mich darüber gefreut, dass er mir ein komplettes Ritual, eine Reise in die Andere Welt, vorführte und dass mich seine Familie in Pana-Pana und in Itacoatiara-Mirim mit offenen Armen empfing. Mários Großneffe Moisés Luiz da Silva und dessen Vater Luiz da Silva verbrachten viele Stunden mit mir und halfen mir bei Feinheiten der Baniwa-Grammatik und der Schreibweisen aus der Klemme.

Mehrere Behörden und Organisationen waren daran beteiligt, unsere Reise durch die Indianerreservate bis an die heiligen Stätten von Hipana und ins Grenzgebiet zu Kolumbien zu ermöglichen. André Baniwa und Isaias Fontes von der indigenen Selbstverwaltung FOIRN schenkten uns Vertrauen für dieses Projekt, Jackson Duarte, Linete Ruiz Ferreira und José Ribamar Lima von der Indianerschutzbehörde FUNAI stellten Genehmigungen aus, und der damalige Chef des Heeres in São Gabriel, General Omar Zendim, autorisierte unsere Flussüberfahrten. Edson Caldas Lopes von der Gesundheitsbehörde im Dienst der indigenen Bevölkerung, Sesai, beriet uns in Logistikfragen, organisierte einen Bereitschaftsdienst für eventuelle Nottransporte, und einmal ließ er 100 Liter Treibstoff flussaufwärts schicken, weil uns ein Teil unseres eigenen Benzins gestohlen worden war. Das Instituto Socioambiental stellte wertvolle Kontakte in São Gabriel her und half bei der Beschaffung von Archivmaterial. Dem Brigademajor Hugo Volkmer gratuliere ich noch mal zur erfolgreichen Eroberung der Ortschaft Hipana, und ich danke ihm für die lehrreichen Gespräche und den freundlichen Empfang bei seiner Familie in Brasilia.

Wesentliche Fingerzeige zu historischen, anthropologischen und religionswissenschaftlichen Fragen gab mir Robin Wright, den ich mehrere Male interviewen konnte, bevor mir überhaupt die Idee eines Buches kam. Wright und sein Kollege, der Amazonas-Archäologe Michael Heckenberger, empfingen mich an der University of Florida, und viele weitere Experten klärten in persönlichen oder telefonischen Interviews meine Fragen. Ich danke sehr herzlich Elise Capredon von der Sorbonne-Universität, Robin Rodd von der chinesischen Duke Kunshan University, Friedrich Lüth vom Deutschen Archäologischen Institut in Berlin, Eduardo Neves von der Universität in São Paulo, Carlos Augusto »Tijolo« da Silva von der Amazonas-Universität in Manaus, João Barreto Tukano vom Zentrum für Indigene Medizin in Manaus sowie Magda Magris und Carlos Botto von der Universität Caracas.

Der Journalist Fabiano Maisonnave, Amazonas-Korrespondent der Folha de São Paulo, verschaffte mir Zugang zu Hintergrundgeschichten aus der Regionalpolitik von São Gabriel. Der Klimaforscher Carlos Nobre erklärte mir geduldig die Rolle der Amazonasregion als ein Wasserspeicher der Welt und die Gefahr einer raschen Versteppung der ganzen Region. Márcio Meira drückte mir nach unserem Gespräch sein Standardwerk über die Geschichte von Kolonisierung und Ausbeutung am oberen Rio Negro in die Hand. Ich kann gar nicht alle Experten nennen, die mir im Verlauf der Recherchen mit linguistischen Spezialproblemen, biotechnischen Einschätzungen oder historischen Quellenbestimmungen geholfen haben.

Stattdessen beschließe ich die Dankesliste mit einer kulinarischen Empfehlung: Wer jemals nach São Gabriel da Cachoeira am Rio Negro reist, sollte eine Reservierung bei Dona Brazi machen.[163] Die in ganz Brasilien gefeierte Sterneköchin vom Volk der Baré lebt für einen Teil des Jahres mitten im Amazonaswald, den anderen Teil verbringt sie in der Stadt, aber selbst dort betreibt sie kein Restaurant. Sie stellt bloß hin und wieder ein paar Plastikstühle vor ihr Haus. Man muss sich danach erkundigen, wo das ist. Aber jeder sollte im Leben einmal einen tagesfrischen Raubfisch aus dem Rio Negro gegessen haben, serviert mit vergorenem Maniokgift und Dona Brazis krossen Ameisen mit dem feinen Hauch von Limonen- und Fenchelgeschmack.

Allen zusammen: Danke, dass dieses Buch möglich geworden ist.

Glossar

- **Abiu-Baum:** Der Abiu (*Pouteria caimito*) ist ein in der Amazonas-region weitverbreiteter Obstbaum aus der Familie der Sapotenge-wächse, der häufig in der Nähe der Häuser gepflanzt wird und eine Höhe von bis zu 35 Metern erreicht. Ein ausgewachsener Abiu-Baum kann einige Hundert, manchmal sogar 1000 Früchte tragen. Sie sind ungefähr pfirsichgroß, gelb und schmecken süßlich. Abiu-Früchte sind begehrt, aber sehr verderblich, sie müssen also schnell gegessen werden.
- **Açaí-Palme:** Diese Palmen aus der Familie Arecaceae tragen vio-lettfarbene Früchte, aus denen ein nahrhafter Brei hergestellt wer-den kann, der sich gesüßt seit vielen Jahren auch in westlichen Län-dern zu einem Modenahrungsmittel für Gesundheitsbewusste entwickelt hat. Indigene Völker verarbeiten die Früchte gerne auch zu einem Wein, und sie finden ihren Weg in einige indigene Biersor-ten. Der umgangssprachliche Sammelbegriff Açaí umfasst mehrere Spezies wie zum Beispiel *Euterpe oleraceae* und *Euterpe precatoria*.
- **Adabi:** Adabis sind Ruten, mit denen die jungen Männer bei den Ini-tiationsfesten vor einigen Jahrzehnten noch blutig geschlagen wur-den, siehe Koch-Grünberg, 1921. Heute wird das Auspeitschen bei den Huhuteni am Rio Ayari nur noch in einer sehr sanften, symbo-lischen Form praktiziert.
- **Adlerknochen:** Die Blasrohre, mit denen sich die Schamanen gegenseitig die Pariká- oder Niopo-Droge in die Nase blasen, werden bei den Huhuteni Pariká-Knochen oder Adlerknochen genannt. Tat-sächlich werden sie offenbar aus unterschiedlichen Tieren herge-stellt. Dzuliferi sagt, dass sein eigener Knochen von einem *Gavião*, also von einem Harpyenadler (*Harpia harpyja*) stammt. Sein Schwa-ger José Felipe erzählt, er besitze ein solches Blasrohr aus dem Stor-chenvogel *Jabiru* (*Jabiru mycteria*). In der anthropologischen

Literatur werden auch ausgehöhlte Jaguarknochen als mögliche Alternative erwähnt. Die Knochen werden schmerzhaft tief in die Nasenlöcher eingeführt, und die Droge wird mit einem kurzen kräftigen Stoß hineingeblasen. Üblicherweise erledigen die Lehrlinge das für den Meister und umgekehrt. Malirinai, die alleine arbeiten, besitzen außerdem einen gegabelten Knochen, mit dem sie sich die Droge selber in die Nase blasen können.

- **Andere Welt:** Die Parallelwelten, in die die Malirinai mithilfe der Droge Pariká reisen können, legen sich in mehreren Schichten und Ebenen über unsere irdische Gegenwart. Um an spezifische Orte in diesen Parallelwelten zu gelangen, gehen, klettern und fliegen die Huhuteni-Schamanen auf festgelegten Pfaden entlang der Nabelschnur der Welt, die durch das gesamte Universum führt und am Ort Hipana unsere diesseitige Welt berührt. Entlang der Nabelschnur können sie nach oben steigen, bis sie den Anderen Himmel erreichen, an dem die Sonne Heeri steht. Sie begegnen dort zahlreichen Götterwesen, ihren Helfern und den Seelen von Verstorbenen. Die Malirinai können auch abwärts in die Unterwelt der noch nicht geborenen Wesen klettern. Dorthin wandern nach dem Tod auch die sterblichen Überreste irdischer Körper, weshalb dieser Teil der Anderen Welt auch der Ort unserer Knochen genannt wird. Ein Überblick über dieses komplexe System von Parallelwelten samt Karten und einer Art Flugplan findet sich in den Arbeiten des US-amerikanischen Anthropologen und Religionswissenschaftlers Robin Wright (Wright, 2013).
- **Angriffsschamanen:** Dieser Begriff wird in der anthropologischen Literatur häufig für die »böse« Spielart des Schamanismus verwendet, für den Einsatz schamanischer Mittel und der Zauberkraft, um anderen Menschen zu schaden oder sie zu töten. Bei den Baniwa und anderen Völkern in der Region agieren sowohl voll ausgebildete Schamanen als Angriffsschamanen, etwa für die Verteidigung ihres Dorfes oder einfach gegen Bezahlung, als auch Halbschamanen, die informell ein paar Fertigkeiten erworben haben. Solche Praktiker werden auch als Hexenmeister bezeichnet, was freilich wegen der Konnotationen aus der europäischen Geschichte und der Kolonialgeschichte ein problematischer Begriff

ist, oder als *Mantís* in der von den Missionaren geprägten indigenen Einheitssprache *lingua geral*. In der Baniwa-Sprache lautet der Begriff *Manhene Iminali*, was auf den Einsatz von Gift (*Manhene*) hindeutet. Das Wirken solcher »bösen« Zauberer kann aber mit oder ohne Gift geschehen.

- **Bacaba-Palme:** Die wild wachsende Palmspezies *Oenocarpus bacaba* aus der Familie der Arecaceae.
- **Baniwa:** Das Volk der Baniwa – das auch Walimanai, Curipaco und Waakuenai genannt wird – bevölkert das Dreiländereck zwischen Brasilien (rund 7000 Menschen), Venezuela (rund 7000 Menschen) und Kolumbien (rund 3500 Menschen). Die meisten Baniwa leben entlang der Flüsse Rio Negro, Ayari und Içana. Sie teilen sich in mehrere Clans auf, deren wichtigster der Huhuteni-Clan von Dzuliferi ist. Weitere einflussreiche Clans sind die Walipere-Dakenai und die Dzauinai.
- **Baré:** Ein Volk von etwa 16.000 Menschen, das hauptsächlich am Oberlauf des Rio Negro und am Rio Xié lebt. In kriegerischen Auseinandersetzungen waren sie über Jahrhunderte hinweg besonders gefürchtete Feinde der Baniwa. In der Kolonialzeit fingen sie im Auftrag weißer Herren Sklaven unter den Baniwa und auch bei anderen Völkern der Region. Heute machen die Baré einen großen Teil der Bevölkerung in der Kleinstadt São Gabriel aus.
- **Benzedor:** Aufsager von Beschwörungsformeln, siehe *Maliri*.
- **Benzimentos:** Zaubersprüche, also Gebetsformeln und Gesänge mit Wirkungsmacht, siehe *Maliri*.
- **Brotfruchtbaum:** Der Brotfruchtbaum *Artocarpus altilis* aus der Familie der Maulbeergewächse (Moraceae) ist ein großer, stattlicher Obstbaum, der 20 Meter Höhe erreichen kann. Seine Früchte sind rundlich und wiegen bis zu drei Kilo. Sie können gekocht, gegrillt, in Süßspeisen oder als rohes Obst verspeist werden. Man kann sie trocknen und zu einem Mehl mahlen, das sich für Brote und Süßgebäck eignet. Die Samen des Brotfruchtbaums sind ebenfalls essbar und werden wie Esskastanien über dem Feuer oder in einem Kochtopf zubereitet.
- **Burití-Palme:** Die Zweige und Blätter dieser Palmenspezies (*Mauritia flexuosa*) aus der Familie der Arecaceae werden unter

anderem für das Decken von Häusern verwendet. Ihre Früchte können roh gegessen oder zu Saft oder Süßspeisen verarbeitet werden.

- **Caapi:** *Banisteriopsis caapi* ist eine Schlingpflanze aus der Familie der Malpighiengewächse und wird wegen ihrer psychotropen Eigenschaften bei vielen Völkern der Amazonasregion als Rauschmittel zubereitet. Caapi ist der bekannteste Bestandteil des heute auch im Westen als Modedroge bekannten Ayahuasca-Gemischs. Siehe dazu den Eintrag über das Volk der *Piaroa*.
- **Caraná:** Zweige und Blätter der Caraná-Palme (*Mauritia carana*) aus der Familie der Arecaceae werden unter anderem zum Decken von Dächern genutzt. Dzuliferi und sein Vater preisen die insekten- und schädlingsabweisenden Eigenschaften dieses Baumaterials.
- **Cashiri-Bier:** Für das hausgemachte Bier der Amazonasvölker gibt es zahlreiche Rezepte. Als Basis werden in der Regel geröstete *Macaxeira*-Fladen zerkleinert und in einer Holz-, Aluminium- oder Plastikschüssel mit frischem Wasser zwei Tage lang zum Gären in der Tropenhitze angesetzt. Als weitere Zutaten können Süßkartoffeln, Açaí-Früchte und diverse Kräuter und Obstsorten zum Einsatz kommen. Der Gärungsprozess wird häufig durch Spucke beschleunigt, und das Resultat wird geknetet, durch ein Korbsieb gepresst und als lauwarmes Getränk serviert. Cashiri schmeckt süß-säuerlich, steigt schnell in den Kopf und macht einen Blähbauch, weil der Gärungsprozess beim Runterschlucken nicht stoppt. Der frühe deutsche Amazonasreisende Theodor Koch-Grünberg notierte 1903: »Höchst unappetitlich wie sein Aussehen ist auch die Zubereitung dieses am ganzen oberen Rio Negro und seinen Nebenflüssen [...] so beliebten Getränkes.«
- **Chibé:** Ein schlichtes amazonisches Grundnahrungsmittel aus Wasser und Maniokmehl, das in der Regel leicht vergoren serviert wird und einen säuerlichen Geschmack hat.
- **Curare:** Sammelbezeichnung für eine Reihe unterschiedlicher alkaloidhaltiger Gifte, die die Völker im Amazonasraum aus unterschiedlichen Pflanzen gewinnen. Die meisten dieser Pflanzen sind Kletterpflanzen. Die gebräuchlichsten kommen aus den Gattungen *Chondrodendron* (aus der Familie der Mondsamen-

gewächse) und *Strychnos* (aus der Familie der Brechnussge-
wächse). Zur Herstellung gehört ein sehr zeitaufwendiger Gärungsprozess. Curare wirkt selbst bei Streifschüssen und lähmt
das Atemsystem der getroffenen Tiere. Schon frühe Amazonasforscher berichteten beeindruckt von der starken Wirkung der
amazonischen Jagdgifte, etwa der Naturforscher Alexander von
Humboldt, der im 19. Jahrhundert diese Region bereiste (von
Humboldt, 2015/1816-1831).

- **Estrago:** Dieses portugiesische Wort, das übersetzt »Schaden« bedeutet, wird bei den Huhuteni als Sammelbegriff für verschiedene
Formen böser Zaubersprüche und Flüche verwendet, die einzelnen Menschen oder einer Dorfgemeinschaft Krankheiten oder
seelischen Schaden zufügen sollen. Beim Estrago wird in aller Regel kein physisches Gift verabreicht.
- **Filaria:** Portugiesische Umgangssprache für die Parasitenkrankheit Filariose, die durch verschiedene mikroskopisch kleine Würmer aus der Gruppe der Filarien übertragen wird. Sie befällt, je
nach der Art des Wurms und dem Verlauf der Krankheit, unterschiedliche Körperteile und Gewebe. Eine berüchtigte Variante ist
die sogenannte Flussblindheit, bei der die Erreger das Auge besie-
deln und zerstören. Auch die Elephantiasis ist gefürchtet, das ext-
reme Anschwellen des Lymphgewebes an Beinen und Armen. Filariose wird operativ und mit Wurmmitteln behandelt, was aber
nicht ganz einfach ist: Das massenhafte Absterben der Würmer
durch ein Medikament kann seinerseits zu einer Vergiftung des
Körpers führen
- **Forró-Tanz:** Forró ist eine populäre Musikrichtung, die ursprünglich bei der siedelnden brasilianischen Landbevölkerung beliebt
war, also bei den Ackerbauern, Viehzüchtern und Holzfällern. Sie
hat sich inzwischen in alle Landesteile und sozialen Gruppen aus-
gebreitet, gerade auch bei vielen indigenen Völkern im Amazonasraum. Forró-Schritte sind leicht zu erlernen. Es wird ausgesprochen eng getanzt.
- **Goldgräber:** Goldexploration hat im Amazonasgebiet seit den
Siebzigerjahren immer wieder im großen Stil stattgefunden, und
auch am Rio Içana kam es in der Grenzregion zwischen Brasilien

und Kolumbien 1973 zu einem ersten Goldrausch. Zwischen 1981 und 1986 wurde in dieser Gegend eine größere Goldmine betrieben, und seit Mitte der Achtzigerjahre suchten große, staatlich-militärisch geförderte Bergbauunternehmen wie Paranapanema und Goldmazon auf dem Gebiet der Baniwa nach Gold und beteiligten sich an zwei größeren Minenprojekten. Sie genossen dabei nach zahllosen Berichten von Zeitzeugen die Unterstützung der Polizei, des Militärs und der sogenannten Indianerschutzbehörde Brasiliens. Der Ort Tunuí Cachoeira wurde, wie Alberto es berichtet, zu einem wichtigen Goldumschlagplatz. Bis heute gibt es klandestine Goldgräber-Operationen im ganzen amazonischen Regenwald, die klein anfangen, bei einem Goldrausch aber schnell von Tausenden oder gar Zehntausenden Schürfern überrannt werden können. Im Augenblick ist das in der Nähe des Gebiets der Huhuteni beim Nachbarvolk der Yanomami der Fall. Entlang der Flüsse Içana und Ayari ist das Goldschürfen im größeren Stil heute verboten, aber trotzdem gibt es heimlich betriebene Minen.

– **Heeri:** Die Sonne der Anderen Welt, siehe *Andere Welt*.
– **Inambú-Vogel:** Der von den Huhuteni besonders verehrte Inambú, auch *Inhambu* genannt, ist ein Laufvogel der Gattung *Crypturellus* aus der Familie der Steißhühner. Diese Vögel sind unauffällig dunkel gefärbt, machen sich im Wald aber durch ihren besonders lauten, melodischen Gesang bemerkbar. Sie ernähren sich von Früchten und Insekten.
– **Inyaime:** Der gefürchtetste Dämon in der Baniwa-Kultur. Inyaiyme ist der Totengott und verkörpert in vielen Kontexten das Böse.
– **Jaguarschamane** (in der Baniwa-Sprache *Dzato Dzauika*): Siehe *Maliri*.
– **Jararaca-Schlange:** Jararacas sind Giftschlangen aus der Gattung der *Bothrops*, der Amerikanischen Lanzenottern, die zur Familie der Vipern gehören. Mehrere Spezies werden unterschieden, von denen die am stärksten verbreitete die Art *Bothrops jararaca* ist. Diese Schlangen haben in der Regel einen braunen Körper mit einem dunklen dreieckigen Muster, das sich hervorragend zur Tarnung im Laub und auf dem Waldboden eignet.

- **Kalidzamai-Lied:** Traditionsvölker am Amazonas überliefern geografische Informationen in der Regel mündlich. Bei den Huhuteni etwa werden sie von schamanischen Praktikern in den sogenannten Kalidzamai-Liedern weitergegeben. Sie enthalten eine Fülle von Informationen, die zum Beispiel Reiseberichte, Reisedauern und eine Beschreibung der Pflanzen, Tiere, Menschen und Geisterwesen entlang der Wege umfassen. Das gesammelte Wissen ist so gewaltig, dass die Gesänge mehrere Tage lang anhalten können. Das Kalidzamai auswendig zu lernen ist eine Aufgabe älterer Benzedores und Zeremonienmeister. Häufig teilen sie sich die Aufgabe untereinander auf.

- **Klapperschlange:** Die Gattung der Klapperschlangen aus der Familie der Vipern ist nach ihrer charakteristischen Schwanzrassel benannt. In Brasilien gibt es nur eine einzige Klapperschlangenart (*Crotalus durissus*), von der allerdings allein im Amazonasraum mindestens fünf Subspezies unterschieden werden.

- **Koka** (*Hipatú*)**:** Die Blätter der Kokasträucher (*Erythroxylum coca*) aus der Familie der Rotholzgewächse enthalten verschiedene Alkaloide, zu denen auch Kokain gehört. Die betäubende Wirkung des Koka wurde schon von den Inkas genutzt, und die Blätter werden bis heute in der Andenregion gekaut. Sie können Hunger und Müdigkeit bekämpfen. Die Weiterverarbeitung zur wirkungsstarken Droge Kokain erfordert sehr viele Kokablätter und einen aufwendigen chemischen Prozess.

- **Kuwai:** Der wichtigste Gott in den Mythen der Huhuteni wird auch bei zahlreichen anderen Völkern im Arawak-Sprachraum verehrt. In der Mythologie war Kuwai der missgestaltete Sohn des Schöpfergotts Niaperikuli und seiner Frau Amaru, dessen Körperteile und Körperöffnungen Töne und Melodien produzierten, als wären sie Instrumente. Sein Vater verbannte Kuwai zunächst in den Wald, dann in die Andere Welt, und schließlich wurde Kuwai in einem Opferfeuer verbrannt. Er wurde zu gewaltig und ungestüm und drohte die Schöpfung seines Vaters zu zerstören. Kuwai lebt heute in der Anderen Welt und ist der Herr über die Musik, die Krankheiten und die Gifte. Malirinai-Schamanen können diesen Gott auf ihren Seelenreisen besuchen und um

Unterstützung bei einer Heilung bitten. Er erscheint ihnen in den Gestalten mehrerer unterschiedlicher Spezies von Faultieren. Kuwai ist auch der Pate der Initiationsrituale bei den Huhuteni, allerdings wird er den jungen Männern dort als ein sehr ambivalenter Gott vorgestellt: Bei Wutanfällen über das Fehlverhalten der Menschen wird er gewalttätig und verwandelt sich in den Todesgott Inyaime.

– **Kuwai-Routen** (*Kuwé Duwákalumi*)**:** Nach Kuwais Tod von der Hand seines Vaters wuchs aus der Asche des Opferfeuers ein Baum. Der Schöpfergott Niaperikuli stellte daraus Flöten her, die die gleichen Geräusche machen können wie einst sein missgestalteter Sohn. Diese Flöten – die eher eine Art Trompeten aus hohlen Bäumstämmen, Rinde und Lianen sind – wurden in der Mythologie der Huhuteni von aufsässigen Frauen gestohlen und an ferne Orte verbracht. Niaperikuli musste weite Reisen unternehmen, um die Flöten wiederzufinden. Diese Reisewege sind in mindestens 18 Berichten detailliert dargestellt, worin wichtige Orte und Routen beschrieben werden, die für Handel, Flucht, Verstecke und Kriegslisten benutzt werden können. Diese Kuwai-Routen erstrecken sich über mehrere Regionen Südamerikas und umfassen Land- und Wasserwege durch Steppen, Gebirge und den Wald, durch Schluchten, über Flüsse und Seen und entlang von Küsten. Die Arawak-Völker, zu denen unter anderem die Baniwa, die venezolanischen Warekana und die mit ihnen historisch verfeindeten Baré gehören, saßen keineswegs in ihren jeweiligen Heimatorten fest, sondern sie pflegten Beziehungen zu Verwandten und Handelsverbindungen mit fremden Völkern über eine weitläufige Region. Das Wissen über die Kuwai-Routen wurde bei den Baniwa auch in der Zeit der Sklaverei und Gefangenschaft in geheimen Zirkeln und Kulten weitergegeben.

– **Macaxeira:** Eine besondere Varietät des Maniok, die kein oder sehr wenig Gift enthält.

– **Macumbeiro** (m), **Macumbeira** (w)**:** Seit dem 16. Jahrhundert wurden afrikanische Sklaven nach Brasilien gebracht und vor allem im Nordosten des Landes angesiedelt, wo es große Zuckerrohrplantagen gab. Die Verschleppung von Arbeitskräften aus

Afrika wurde aus Sicht der Kolonialherren wegen der »Faulheit« notwendig, also wegen der passiv-aggressiven Widersetzung indigener Sklaven gegen die unbezahlte Arbeit. Afrikanische Sklaven brachten religiöse und spirituelle Praktiken mit, die sich zu eigenen brasilianischen Formen wandelten, zum Beispiel *Candomblé*. Im brasilianischen Sprachgebrauch werden Geisterheiler und Wahrsager dieser Kulturen halb abschätzig, halb ängstlich *Macumbeiros* genannt, aber Dzuliferi verwendet dieses Wort hier unschuldig, weil er kein anderes kennt. Dass brasilianische Indigene sich spirituellen Rat bei Nachfahren afrikanischer Sklaven holen, gehört zu den Ironien der brasilianischen Kolonialgeschichte. Diese Praxis ist weitverbreitet, und bis heute finden sich Macumbeiros und Macumbeiras in Manaus und São Gabriel.

– **Malikai:** Zauberkraft, also Wissen und Macht der Schamanen, ein Sammelbegriff für die schamanischen Praktiken und Fähigkeiten der Malirinai. Der Erwerb von Malikai wird bei den Huhuteni-Schamanen aber auch als eine körperliche Transformation beschrieben, als ein allmähliches Absterben des menschlichen Körpers und das Wachstum eines »Zaubererkörpers« (*Maliri Dakipe*).

– **Malikai Dapana:** Schamanenhaus, oder präziser: das »Haus des schamanischen Wissens und der Macht«.

– **Maliri** (Sg.), **Malirinai** (Pl.): Dzuliferi verwendet drei Begriffe zur Benennung der schamanischen Praktiker seines Volkes, die jeweils etwas unterschiedliche Gruppen erfassen. Maliri ist beim Volk der Baniwa, zu dem Dzuliferis Huhuteni-Clan gehört, der Sammelbegriff für alle Praktiker schamanischer Techniken. Damit sind in erster Linie die praktizierenden Schamanen im engeren Sinne gemeint, die mithilfe der Psychodroge Pariká in andere Welten reisen. Im weiteren Sinne werden dazu auch die Benzedores gezählt, also die Aufsager von Beschwörungsformeln (Benzimentos), die bisweilen ähnliche Heilungserfolge wie Schamanen erzielen können; außerdem bestimmte Arten von Zeremonienmeistern und Liedersängern mit magischen Fähigkeiten und die Praktiker schädlicher, dunkler Magie, welche man grob auch als Hexenmeister bezeichnen kann. Die Bezeichnung des Jaguarschamanen hingegen, *Dzato Dzauika* in der Baniwa-Sprache, wird ausschließlich für die Pariká-schnupfenden Praktiker verwendet, und zwar für den höchsten Rang unter ihnen. Der Begriff lautet wörtlich übersetzt: »Schamane, der sich durch die Droge Pariká in einen Jaguar verwandelt«. Dieser Status setzt eine jahrelange formelle Ausbildung voraus, ein Studium bei einem oder mehreren Meistern, jahrelange Fastenkuren, sexuelle Abstinenz und den Dauergebrauch psychotroper Drogen. Als Jaguarschamane muss man Nahtoderfahrungen beim Drogengebrauch gemacht haben und nicht nur in die Andere Welt, sondern auch in den Anderen Himmel der Götter gereist sein, der in mehreren Ebenen schichtweise darüberliegt. Jaguarschamanen wird die Fähigkeit zur Heilung besonders schwerer Krankheiten zugeschrieben, und auch die Gabe, über weite Distanzen und in die Zukunft zu blicken. Die Institution des Jaguarschamanen ist bei etlichen anderen Kulturen der Region bekannt, und häufig erkennen sich diese ranghöchsten Praktiker aus unterschiedlichen Kulturen gegenseitig an. Der Begriff des Jaguars (*Panthera onca*) wird unter anderem deswegen verwendet, weil diese Tiere neben der Anakondaschlange (verschiedene Spezies aus der Gattung *Eunectes*) und dem Harpyenadler (*Harpia harpyja*) als das mächtigste Tier im Amazonaswald gelten. Wenn Schamanen voneinander träumen, erscheinen sie sich gegenseitig als Raubkatzen, und bei der Heilung von Krankheiten verstehen sie ihren Mund als das Maul eines Raubtiers, das die Krankheiten aus den Menschen heraussaugt und -frisst. *Pajé* wiederum ist der in ganz Brasilien gebräuchliche Sammelbegriff für Medizinmänner, Heilpraktiker und Schamanen. Er stammt aus der Tupí-basierten *lingua geral*, also der von Missionaren vereinheitlichten Sprache für viele indigene Völker. Dzuliferi spezifiziert diesen Begriff hier noch weiter, indem er von »echten Schamanen der alten Art« spricht. Er verwendet dafür den portugiesischen Ausdruck *pajé de verdade*, in Abgrenzung zu weniger gründlich ausgebildeten Halbschamanen und einer wachsenden Zahl gar nicht ausgebildeter Poseure in der Region.

- **Maloca:** Sammelbezeichnung für die Rund- oder Langhäuser vieler Traditionsvölker im Amazonasraum. Als das Dorf Hipana in den Zwanzigerjahren des vergangenen Jahrhunderts begründet wurde, bestand es zunächst nur aus einem einzigen Langhaus. Später forderten die katholischen Missionare, dass die Dorfbewohner Einfamilienhäuser errichten sollten, was ab den Fünfzigerjahren geschah.

- **Mamíyule-Liebeszauber:** Eine Beschwörungsformel, die in eine Tabakzigarre oder einen Parfümflacon hineingesprochen wird und die Attraktivität eines Mannes erhöht.
- **Manhene-Gift:** In der Baniwa-Sprache ist Manhene der gebräuchliche Oberbegriff für verschiedenste Sorten Gift. Dieses Wort bedeutet zugleich auch »Geheimnis« oder »Man weiß es nicht«.
- **Maniok:** Die Maniokpflanze *Manihot esculenta* aus der Familie der Wolfsmilchgewächse bildet die Grundlage der Landwirtschaft im Baniwa-Volk. In den Pflanzungen der Familien finden sich mehr als 60 unterschiedliche Varietäten, wovon die süßliche, ungiftige *Macaxeira* eine besonders beliebte und nützliche ist. Die Maniokzubereitung ist je nach Variante ein sehr aufwendiger Prozess, weil vor dem Verzehr die Gifte herausgepresst werden müssen, die in den Pflanzen enthalten sind.
- **Maraca:** Die Rassel eines Maliri-Schamanen. Sie enthält Steine, deren Herkunft in der Anderen Welt verortet wird und die für die Schamanen ständige Begleiter sind, was Dzuliferi »wie Haustiere« nennt. Die Rassel hat kleine Löcher, damit die Steine rausgucken können, und ist häufig mit bestimmten Vogelfedern und anderen wichtigen Symbolen geschmückt.
- **Maracaimbara-Gift:** Eines von zahlreichen Giften, die im Baniwa-Volk im Einsatz sind. Ob Dzuliferis Bruder Silvestre und die anderen genannten Todesopfer tatsächlich Opfer von Maracaimbara-Vergiftungen wurden, kann im Nachhinein nicht überprüft werden. Der Vorwurf ist aber realistisch und der Einsatz dieses Gifts keine Erfindung. In der Krankenstation von São Gabriel da Cachoeira sind Vergiftungsfälle aus dem Volk der Baniwa inzwischen bestens bekannt. Im Hintergrundgespräch für dieses Buch berichtete ein hochrangiger Mitarbeiter des örtlichen Gesundheitsdienstes von den zahlreichen Fällen. Die Verabreichung von Maracaimbara-Gift wurde besonders im Zusammenhang mit

Streitigkeiten unter Familien oder nach großen politischen Zusammenkünften wie beispielsweise Evangelischen Kirchentagen diagnostiziert. Die pharmakologische Bezeichnung der Substanz und ihre pflanzliche Basis konnten nicht recherchiert werden, sie waren auch den Ärzten in São Gabriel nicht bekannt, aber sie wissen, dass Maracaimbara unter anderem zu einer starken Anämie führt und in einigen Fällen mit einem intravenös verabreichten Vitamincocktail geheilt werden kann.

- **Niaperikuli:** Der Schöpfergott, der die heutige, diesseitige Welt erschaffen hat und an den Wasserfällen von Hipana die ersten Menschen aus der Unterwelt zog. Niaperikuli ist der mittlere einer Dreifaltigkeit von Brüdern. Sein älterer Bruder Dzuliferi ist der Herr über den Tabak und der erste Schamane, sein jüngerer Bruder Mawerikuli war der erste Gott, der sterben musste.

- **Niopo-Pflanze:** Eine besonders stark wirkende psychotrope Pflanze aus der Familie der Hülsenfrüchtler, *Anadenanthera peregrina*, die geschnupft wird und intensive Nahtoderfahrungen bescheren kann. Niopo wird in der Regel nicht bei den Huhuteni eingesetzt, aber bei den Piaroa, den Yanomami und anderen benachbarten Völkern.

- **Novas Tribos:** Ein einflussreicher und umstrittener Verbund evangelischer Missionseinrichtungen, der unter anderem die Bibel in viele Sprachen der traditionellen Völker übersetzen lässt. Wegen ihrer Einflussnahme auf native Kulturen sind die Novas Tribos immer wieder in Konflikt mit Gruppen für die Rechte indigener Völker und auch mit den Behörden geraten.

- **Pajé:** Eine Bezeichnung für Schamanen, genauer siehe *Maliri*.

- **Paka:** Das Paka (*Cuniculus paca*) ist ein Nagetier, das in den tropischen Wäldern von Mexiko bis Brasilien und Paraguay vorkommt. Es ist braun und hat weiße Flecken. Pakas leben am liebsten in der Nähe von Wasser und ernähren sich von Pflanzen. Sie werden typischerweise sechs bis zwölf Kilo schwer. Bei den Huhuteni sind Pakas eine besonders beliebte Jagdbeute.

- **Papageien:** Vögel aus der Familie der Psittacidae, zu denen die Papageien und Aras gehören. Volkstümlich werden sie häufig alle als Papageien bezeichnet.

- **Pariká:** Als Pariká bezeichnen die Baniwa und andere Völker der Region bestimmte Spezies des Virolabaums (*Virola* spp.), eines Muskatgewächses, das von den Anden über das Amazonastiefland bis hin zu den Antillen gefunden wird. Die Pariká-Pflanze stammt also aus der gleichen botanischen Familie wie der Muskatnussbaum (Myristicaceae). Ihr Harz enthält den psychotropen Wirkstoff Dimethyltryptamin (DMT). Es ist in bestimmten Wachstumsphasen des Baums hoch genug konzentriert, um eine der stärksten bewusstseinsverändernden Drogen der Welt herzustellen. DMT wird in Südamerika auch aus anderen Pflanzen gewonnen, etwa den zerdrückten Samen der Hülsenfruchtgewächse *Anadenanthera peregrina* und *Anadenanthera colubrina* (Schultes, Hofmann & Rätsch, 1998; Rodd, 2004). Im Gespräch haben Alberto und andere Mitglieder der Familie bestätigt, dass früher auch andere Pflanzen und Kräuter (»pirí-piriaca«), die nicht näher bestimmt werden konnten, als Pariká-Alternativen zum Einsatz gekommen sind.
- **Patauá-Palme:** Eine wild wachsende Palmspezies aus der Familie der Arecaceae: *Oenocarpus bataua.*
- **Pfeffer:** Der Sammelbegriff »Pfeffer« umfasst bei den verschiedenen Clans des Baniwa-Volks mindestens 78 Pflanzenvarietäten aus der *Capsicum*-Gattung, wobei 80 bis 90 Prozent zum *Capsicum chinense* oder *Capsicum frutescens* gezählt werden. Um ein Austrocknen oder Zermatschen zu verhindern, werden die Pfefferfrüchte in große Blätter (*Cecropia* spp.) eingewickelt und mit dünnen Schlingpflanzen zusammengebunden. Sie wachsen meist auf der Schwarzerde in Pflanzungen auf abgeholztem Wald nahe den Dörfern und werden frisch verarbeitet oder getrocknet und dann in einem Mörser zerstoßen, gesiebt und in einer Mischung mit bis zu 12 Prozent Salz aufbewahrt. Salz wird traditionell aus einer Wasserpflanze namens *Carurú* gewonnen (aus der Gattung *Rhyncholacis*), die zwischen den Steinen der Wasserfälle wächst. Verkohlt enthalten diese Pflanzen Sodium- und Kaliumsalze. Allerdings kommt heute eher in Kolumbien gewonnenes Fleur de Sel oder in der Stadt gekauftes kommerzielles Salz zum Einsatz. Die Baniwa sind für ihre außergewöhnlich scharfen und zugleich aromatischen Pfeffermischungen

bekannt. Der Indianerselbstverwaltung FOIRN ist es zusammen mit Nichtregierungsorganisationen gelungen, solchen Pfeffer auch nach den erforderlichen Hygienevorschriften für den Export herzustellen, was der Organisation und einigen Dörfern eine Einkommensquelle verschafft (Lopes da Silva, 2018). Baniwa-Pfeffer wird inzwischen von einigen Sterneköchen verwendet, etwa dem brasilianischen Fernsehkoch Alex Atala, und hat seinen Weg in europäische Gourmet-Küchen gefunden (Trefaut, 2013).

– **Piabo-Fisch:** Sammelbegriff für sardinengroße Fische verschiedener Spezies, die zu bestimmten Zeiten den Rio Ayari flussaufwärts reisen und auch die Wasserfälle hinaufspringen. Viele Piabos gehen den Huhuteni dabei in die Köcher.

– **Piaçaba:** Eine Naturfaser, die aus einer bestimmten Palme (*Leopoldinia piassaba*) gewonnen wird.

– **Piaroa-Volk:** Die Piaroa sind ein Volk von schätzungsweise 16.000 Menschen, das überwiegend rings um den Orinoco-Fluss im venezolanischen Amazonasgebiet und zu kleineren Teilen in Kolumbien lebt. Die Älteren des Volkes beherrschen noch ihr fast ausgestorbenes Idiom aus der Sprachgruppe Saliban. Sie überliefern eine Schamanenkultur und Kosmologie, in der eine starke psychoaktive Droge namens *Niopo* die Hauptrolle spielt. Niopo enthält einen höheren DMT-Anteil als das Pariká der Huhuteni und verursacht heftige Todeserfahrungen und intensive Psychotrips. Die Piaroa setzen außerdem die Blätter der Schlingpflanze *Banisteriopsis caapi* ein, alias *Yage* (Burroughs & Ginsberg, 1963), die als Bestandteil der psychotropen Modedroge Ayahuasca große Bekanntheit in westlichen Kreisen erreicht hat. Sie verwenden außerdem Tabak und eine Reihe weiterer psychoaktiver Kräuter (Rodd, 2004; Monod, 1976). Bis heute sind die Piaroa-Schamanen als eine Art spiritueller Auftragsmörder gefürchtet. In beiden bedeutsamen Schamanenfamilien der Huhuteni, also der Familie von Albertos Vater Manuel und von Moisés Großonkel Mário, ist es die Sitte, einige Lehrjahre bei den Piaroa zu absolvieren.

– **Piraíba-Fisch:** Der Piraíba (*Brachyplatystoma filamentosum*) ist ein gewaltiger amazonischer Süßwasserfisch, der bis zu 2,50 Metern lang werden kann und bis zu 300 Kilo wiegt.

- **Piranha-Baum:** So bezeichnen die Huhuteni zwei ganz unterschiedliche, hochgiftige Baumgewächse, die nicht näher bestimmt werden konnten.
- **Pirarara-Fisch:** Bei dem furchterregenden Flussmonster, das den Goldsucher im Ayari-Fluss aufzufressen drohte, handelte es sich vermutlich um einen Fisch der Spezies *Phractocephalus hemioliopterus*, der entgegen Albertos Angaben den Biologen zufolge nur eine Länge von 1,5 Metern und ein Gewicht von 60 Kilo erreichen kann. Der Pirarara ist ein Allesfresser, der auf dem Grund der Flüsse lebt. In der wissenschaftlichen Literatur ist von Pirarara-Angriffen auf Menschen nichts bekannt, aber dass eine solche Begegnung Todesangst auslösen kann, wird von Flusstauchern bestätigt.
- **Possanga:** Sammelbegriff für Hausmedizin, die zum Beispiel aus Schlingpflanzen, Kräutern, Moosen, Bienenwaben oder Tieren und Insekten hergestellt wird. Solche Mittel sind häufig Familiengeheimnisse, und sie sind gegen eine Fülle von Beschwerden im Einsatz. Im Buch geht es konkret um den Possanga-Liebestrunk, der im Hipana-Dorf aus mehreren geheim gehaltenen Zutaten hergestellt wird und Frauen attraktiver macht.
- **Schwarzwasserfluss:** Schwarzwasserflüsse – in Abgrenzung zu Flüssen mit weißem oder klarem Wasser – sind ein verbreiteter Gewässertyp in den Tropen. Das Wasser wird »schwarz« genannt, aber in der Regel ist es dunkelbraun gefärbt, weil es in Mooren oder humosen Regenwaldböden entspringt. Es ist sauer und nährstoffarm, also gibt es darin relativ wenige Fische. Die im Amazonasgebiet gefürchteten Mücken- und sonstigen Insektenplagen fallen im Bereich von Schwarzwasserflüssen milder aus. Das überschwemmte Land bekommt ebenfalls nur wenige Nährstoffe ab. Die dunkle Färbung rührt daher, dass das Wasser kaum Schwebestoffe und Sedimentpartikel enthält, die das Sonnenlicht reflektieren könnten. In der brasilianischen Amazonasmetropole Manaus werden Bootsausflüge zum sogenannten »Treffen der Wasser« angeboten, wo der hellbraune Weißwasserfluss Solimões und der düstere Schwarzwasserfluss Rio Negro sich zum Amazonasstrom vereinen. Man kann dort die unterschiedlichen Wasserfärbungen genau sehen.

- **Stechmücken:** Wenn Dzuliferi von Mücken spricht, die verschiedene Krankheiten von Malaria bis Dengue übertragen können, meint er Moskitos aus der Familie der Culicidae. Ein noch größeres Ärgernis sind in dieser Gegend aber winzige Stechfliegen aus der Familie Simuliidae, die sehr schmerzhafte Stiche hinterlassen.
- **Sucuri-jú-Schlange:** In Südamerika leben vier Arten der Würgeschlange Anaconda, Spezies aus der Gattung *Eunectes,* die zu mehreren Metern Länge heranwachsen können.
- **Tapir:** Der Tapir (*Tapirus terrestris*) ist ein graubraun gefärbtes Tier aus der Familie der Tapiridae, das schweinförmig aussieht und im Tenharim-Gebiet die Größe von Rindern annehmen kann. Es ist aber kein Schwein, sondern näher verwandt mit Pferden und Rhinozerossen. Der Tapir lebt bevorzugt auf offenen Flächen oder im Wald in der Nähe von Wasserstellen.
- **Terra Firme:** *Terra firme* auf Portugiesisch oder *terra firma* auf Latein bedeutet wörtlich übersetzt »feste Erde«. Es ist eine Waldform im tropischen Regenwald, die etwa die Hälfte des Amazonasgebiets bedeckt. Terra-Firme-Böden werden nie vom Wasser übertretender Flüsse überschwemmt, weshalb sie in der Regel arm an Nährstoffen sind, also an Humus und Biomasse. Trotzdem ist die Vegetation dort besonders artenreich, und die Bäume wachsen 20 Meter oder höher. Ein kompliziertes System aus mehreren Vegetationsschichten, Pflanzen, Pilzen, Insekten und Mikroben sorgt für einen hocheffizienten Kreislauf der biologischen Wertstoffe. Terra Firme wird daher von den Regenwäldern in Überschwemmungsgebieten unterschieden. Zeitweise überschwemmte Gegenden sind als *Várzea* bekannt und dauerüberfluteter Wald wird *Igapó* genannt.
- **Tiradentes:** Tiradentes, mit bürgerlichem Namen Joaquim José da Silva Xavier (1746–1792), war ein Freiheitskämpfer im goldreichen brasilianischen Bundesstaat Minas Gerais, der die Unabhängigkeit von den Portugiesen und eine Abschaffung der Sklaverei erreichen wollte. Seine Verschwörung wurde niedergeschlagen und der Freiheitskämpfer hingerichtet; später wurde sein Todestag zu einem Nationalfeiertag bestimmt.

- **Traíra-Fisch:** Der Traíra-Fisch (mehrere Spezies aus der Gattung *Hoplias*) ist ein mittelgroßer Raubfisch, der eine Länge von etwa 50 Zentimetern erreicht und üblicherweise nachts gefangen wird.
- **Tucandera-Ameise:** Die Ameisenart *Paraponera clavata* wird zwischen 18 und 25 Millimetern lang und hat eine dunkelrote Färbung. Ihr Biss ist so schmerzhaft, dass einige Opfer ihn schon als »schlimmer als eine Gewehrkugel« bezeichnet haben, weshalb dieses Tier in der Umgangssprache auch als »Gewehrkugelameise« bezeichnet wird. Die Tucandera-Ameise ist unter verschiedenen Bezeichnungen im ganzen Amazonaswald bekannt.
- **Tucunaré-Fisch:** Der Tucunaré-Fisch (mehrere Spezies aus der Buntbarsch-Gattung *Cichla*) stammt aus den Flüssen des Amazonasbeckens, ist aber heute in ganz Brasilien weitverbreitet und beim Sportfischen beliebt. Er wird bis zu einem Meter lang.
- **Uacu-Baum:** Der wild wachsende Uacu-Baum (*Monopteryx uaucu*) gehört zur Familie der Hülsenfrüchtler (Fabaceae) und kann bis zu 25 Meter hoch werden. Seine kleinen Früchte können nicht sofort verzehrt werden. Sie werden erst über dem Feuer angeröstet, dann in Wasser gekocht und schließlich etwa drei Tage lang im Flusswasser eingeweicht, um die Bitterstoffe herauszulösen.
- **Uará-Nüsse:** Aus der Familie der Goldpflaumengewächse, wahrscheinlich die Spezies *Parinari sprucei*.
- **Ucuqui-Baum:** Der Ucuqui-Baum (*Pouteria ucuqui*) gehört zur Familie der Sapotengewächse und wächst bis zu einer Höhe von 40 Metern heran. Seine eierförmigen braunen Früchte, die etwa fünf Zentimeter lang werden, gehören zu den beliebtesten im Amazonaswald – bei den Menschen, aber auch bei vielen Wildtieren wie zum Beispiel Wildschweinen, Pakas, Tapiren und Agutis.
- **Uirapixuna:** Eine Obstbaum-Spezies der Gattung *Swartzia* aus der Familie der Hülsenfrüchtler (Fabaceae), deren Früchte eine dünne, aber sehr nahrhafte, fett- und eiweißhaltige Schicht Fruchtfleisch besitzen. In der Baniwa-Sprache heißen sie Uirapixuna, und in der Sprache der benachbarten Tucanovölker sind sie als *Toa* bekannt.
- **Umari:** Der Umari-Baum (*Poraqueiba sericea*) ist vor allem im nord- und südwestlichen Amazonasgebiet verbreitet. Seine Früchte

können verschiedene Farben haben, von Goldgelb bis beinahe Schwarz, weshalb diese Bäume im Volksgebrauch noch mal in mehrere Subspezies unterteilt werden: die gelbe Umari, die schwarze Umari und so weiter. Nur das Fleisch der Früchte kann verzehrt werden. Es muss dafür bereits reif und weich sein und hat einen eigentümlich kräftigen Geschmack. Umari-Früchte enthalten viel Fett und Beta-Carotin.

- **Unkontaktierte Völker:** Im äußersten nordwestlichen Amazonasgebiet Brasiliens leben nach Auskunft der Behörden noch 20 verschiedene indigene Völker und einige im Wald verstreute Gruppen, die als »unkontaktiert« gelten. Sie führen also ein nomadisches oder dörfliches Leben nach traditioneller Art und lehnen Einflüsse aus den westlich geprägten Mehrheitsgesellschaften Brasiliens, Kolumbiens oder Venezuelas ab. Dzuliferi benutzt im portugiesischen Original den präziseren Ausdruck *sem-contatos*, »ohne Kontakt«, weil es Kontaktversuche und Kontakterfahrungen in der Vergangenheit häufig gegeben hat. Inzwischen gibt es eine ausführliche Literatur und Debatte darüber, was es wirklich heißt, wenn indigene Völker »ohne Kontakt« leben. In quasi allen Fällen ist auszuschließen, dass diese Volksgruppen wirklich völlig isoliert von der Mehrheitsgesellschaft existieren: Sie wissen von ihr, besitzen häufig auch Gegenstände wie Messer oder Äxte, die sie durch Handel mit anderen Volksgruppen oder durch Diebstahl erworben haben. Häufig hatten sie in ihrer Geschichte traumatische Begegnungen mit Kolonisatoren: Sklavenfänger, Goldgräber, Drogenschmuggler und so weiter. Üblicherweise wird davon ausgegangen, dass die isoliert lebenden Völker also nicht irgendwelche unentdeckten Überbleibsel aus einer früheren Menschheitsepoche sind, sondern dass sie aufgrund ihrer Erfahrungen irgendwann freiwillig auf Abstand zur Mehrheitsgesellschaft gegangen sind. Siehe dazu die Informationen der brasilianischen Indianerschutzbehörde (Fundação Nacional do Índio, kein Datum), die Diskussionen bei dem US-amerikanischen Entdecker Scott Wallace (Wallace, 2011) und bei dem Ethnobiologen Mark Plotkin (Plotkin, 2020).

- **Urucum:** Die Urucum-Pflanze (*Bixa orellana*), auf Deutsch Annattostrauch, trägt stachlige Früchte mit leuchtend roten Samen, aus der man eine stark färbende Paste herstellen kann. Zahlreiche Amazonasvölker benutzen sie zum Färben und für die Körperbemalung.

– **Walimanai Ihriu:** Ein Ausdruck der Baniwa-Sprache für alle Ungeborenen, also künftige Generationen von Menschen und anderen beseelten Wesen, die noch auf die Welt kommen werden.

– **Yoopinai:** Sammelbegriff für eine große Vielfalt oft feindlich gesonnener Geisterwesen, die in ihrer eigenen Parallelwelt in den Felsen, im Wasser, zwischen den Bäumen und in der Luft leben und die manchmal im Diesseits die Gestalt bestimmter Tiere und Insekten annehmen. Maliri-Schamanen können die Yoopinai in ihrer wahren Gestalt erblicken und sogar ihre Dörfer und Städte besuchen. Sie berichten, dass die Yoopinai in ihrer eigenen Welt wie gewöhnliche Menschen aussehen. Die Yoopinai befinden sich aber im Dauerkrieg mit den heutigen Menschen, weil der Gott Niaperikuli sie an den Rand gedrängt hat, um Platz für seine eigene Schöpfung zu schaffen. Die Yoopinai werden für zahlreiche Krankheiten und sogar für Entführungen verantwortlich gemacht.

Endnoten

1   Das »Zaubern« ist ein erklärungswürdiger Begriff. In der Ba-
    niwa-Sprache bezeichnet *Malikai* wörtlich die Zauberkraft, was
    als Sammelbegriff für die außergewöhnlichen spirituellen Fähig-
    keiten gebraucht wird, über die die Praktiker schamanischer
    Techniken verfügen. Für den Zweck dieses Buches erschien es
    angemessen, diese praktischen Seiten des Schamanismus als
    »Zaubern« zu bezeichnen und in der Folge auch *Malikai* mit
    »Zauberkraft« und *Maliri* (Plural: *Malirinai*) als »Zauberer« zu
    übersetzen. Das umfasst nicht alles, was Malirinai tun: Eine Dis-
    kussion über den Begriff wird im Schlusskapitel geführt.

2   Zur Erläuterung des Seelenkonzepts bei den Huhuteni-Scha-
    manen und zur Erläuterung ihrer kosmischen Reisen sind die re-
    ligionswissenschaftlichen Arbeiten von Robin Wright das Stan-
    dardwerk (Wright, 2013). Zu den pharmakologischen Aspekten
    solcher Vorstellungen siehe zum Beispiel die Forschung des Psy-
    chiaters Rick Strassman (Strassman, 2000) und die Arbeiten von
    Timmermann et al (Timmermann et al., 2018).

3   Die Bezeichnung »Häuptling« ist wegen des Kontexts der Kolo-
    nialgeschichte und wegen der Assoziation mit alten Vorstellun-
    gen von »primitiven« Stammesgesellschaften problematisch. Er
    wird hier aber verwendet, weil er die vieldeutige Rolle eines sol-
    chen Dorfvorstehers erfasst: Der »Häuptling« in Hipana ist
    einerseits ein sehr weltlicher Dorfvorsteher, der in einem Kon-
    sensverfahren von den Dorfbewohnern bestimmt wird. Histo-
    risch geht diese Rolle andererseits aber in eine Position als Ober-
    haupt in der wichtigsten Familie des Dorfes über, als größter
    Krieger (zur Zeit der großen Auseinandersetzungen mit den
    Nachbarvölkern) und als mächtigster Schamane (nachdem die
    größten Streitigkeiten beigelegt wurden). In diesem Sinne wer-

den »Häuptlinge« teils als politische, teils als familiäre und teils als geistliche Oberhäupter gesehen. Mit der Ankunft der Kautschuk-Kolonialherren und der Missionare bekamen dann auch diese bei der Auswahl des »Häuptlings« etwas zu sagen. Tatsächlich spielten sie bei der Einsetzung von José Velho Cornelio und von Dzuliferis Vater Manuel eine Rolle.

4 Schlüsselbezeichnungen aus der Baniwa-Sprache sowie wichtige Tier- und Pflanzennamen werden im Glossar erklärt.

5 Der Begriff »Indianer« wird in diesem Buch hin und wieder synonym mit dem Wort »Indigene« verwendet. Das entspricht dem Sprachgebrauch vor Ort, wo sowohl bei der Fremd- wie der Selbstbezeichnung der Völker zwischen »Índio« und »Indigena« abgewechselt wird. Alberto bezeichnet sich mit beiden Begriffen. In Deutschland ist es vor allem in der Fachliteratur heute üblich, lieber ausschließlich von »Indigenen« zu sprechen. Dies wird als politisch korrekter betrachtet als die Begriffe »Indianer«, »Indio« oder auch »Angehöriger eines Urvolks« und »Eingeborener«, die jeweils eigene problematische Wortgeschichten und Assoziationen aus der Zeit der Kolonisierung mitbringen. In den hier verwendeten Kontexten ist das Wort »Indianer« jedoch nicht so problematisch, wie viele meinen. Anders als im Spanischen hat der Begriff »Índio«, also Indianer im Portugiesischen, nicht die gleiche negative Konnotation. Die staatliche Behörde für den Schutz dieser Völker etwa heißt »Fundação Nacional do Índio«. Wörter wie »Indianerreservat« oder »Indianerschutzbehörde« sind in der portugiesischen Entsprechung gebräuchlich und werden daher in diesem Buch auch auf Deutsch verwendet. Den Begriff »Índio« benutzt Dzuliferi insbesondere dann für sich selber oder seine Angehörigen, wenn er sich beim Sprechen in die Sichtweise der Weißen hineinversetzt: »Glaubst du vielleicht, wir Índios bleiben ein Leben lang nur in unserem Dorf?« Weil er das mit System so macht, wird dieser Sprachgebrauch übernommen. Auf den Begriff »Eingeborene« wird wegen der diversen negativen Konnotationen im Deutschen hingegen verzichtet, obwohl sich nicht verleugnen lässt, dass das eine wörtliche Übersetzung des Begriffes »Indigene« ist. Der Begriff

»Urvölker« muss mit Vorsicht verwendet werden, weil nicht ganz klar ist, wie »ursprünglich« diese Völker sind und im Verhältnis zu was. Ihre Kultur verändert sich ja ständig weiter, so wie jede Kultur auf der Welt. In diesem Buch wird von »Völkern«, »Traditionsvölkern« und »Volksgruppen« gesprochen und nicht von »Stämmen«, aber wo es Sinn ergibt, wird die Selbstbezeichnung der verschiedenen Großfamilien mit ihren komplizierten Heiratsregeln und lose assoziierten weiteren Mitgliedern als »Clans« übernommen.

6 Die FOIRN ist der Dachverband der indigenen Völker und Organisationen am Oberlauf des Rio Negro, eine Bewegung, zu der 22 verschiedene Volksgruppen gehören. Eine laufend aktualisierte Selbstdarstellung der Organisation ist auf https://foirn.org.br (abgerufen am 9.07.2021) zu finden.

7 Viele Karten dieser Region lassen den Ayari so wie auch benachbarte kleine Flüsse schon in der Nähe der kolumbianischen Grenze enden, aber laut Dzuliferi ist das falsch. Der Autor Fischermann hat ortskundige indigene Anführer der Region befragt, die bestätigen, dass man auf dem Ayari noch »weit« bis nach Kolumbien hineinfahren könne. Allerdings komme man irgendwann nur noch mit einem kleinen Kanu weiter, und nach einigen Auskünften muss man stellenweise aussteigen und das Boot über längere Strecken tragen.

8 Vgl. Fischermann & Tenharim, Der letzte Herr des Waldes, 2018.

9 Einen regelmäßig aktualisierten Überblick über den Fortschritt der Rodungen und der sonstigen Zerstörung bietet die Medienorganisation Mongabay (Butler, 2020). Über ökonomische Hintergründe und ökologische Folgen der Amazonaszerstörung informiert umfangreich der US-amerikanische Ethnobotaniker und Amazonasforscher Mark Plotkin (Plotkin, 2020). Zu den politisch-ökonomischen Hintergründen der beschleunigten Amazonasabholzung in Brasilien, die seit der Coronavirus-Krise noch mal an Fahrt aufgenommen hat, siehe zum Beispiel ZEIT ONLINE (Fischermann, Jetzt wird das Amazonasgebiet geplündert, 2020).

10 Der Bericht des katholischen Missionswerks CIMI über Gewalt im Amazonasgebiet ist jährlich aktualisiert auf der Website der

Organisation abrufbar und enthält sowohl eine statistische Übersicht als auch beispielhafte Dokumentationen von Einzelschicksalen (Conselho Indigenista Missionário, 2020).

11 Zu den regionalen und globalen Klimaeffekten der Amazonaszerstörung siehe die Arbeiten des brasilianischen Klimaforschers Carlos Nobre (Nobre, Marengo & Soares, 2019) und die inzwischen klassisch gewordene Studie des Petersburg Nuclear Physics Institute (Makarieva & Gorshkov, 2010). Die These vom »Tipping Point« am Amazonas, nach der schon in wenigen Jahren eine weitgehende Versteppung einsetzen könnte, wird besonders gut nachvollziehbar von den Klimaforschern Thomas Lovejoy und Carlos Nobre erklärt (Lovejoy & Nobre, 2019).

12 Kürzlich erschienen dazu zwei Bestseller in Deutschland, einer von der Dschungel-Tierärztin Hannah Emde (Emde, 2020) und ein anderer von den Journalisten Dirk Steffens und Fritz Habekuß (Steffens & Habekuß, 2020).

13 Bemühungen, den Bioreichtum des Amazonasgebiets zu erforschen, wurden vor allem in Brasilien zu Beginn der Tausenderjahre stark vorangetrieben. Sie blieben später aber in einem Dickicht aus bürokratischen Regeln stecken. Selbst die wenigen Projekte, die damals angestoßen wurden, führten zu erstaunlichen Erkenntnissen und sogar einigen ökonomisch aussichtsreichen Produkten (Fischermann, Ein Dschungel wird abgewickelt, 2019). Besonderes Interesse gilt bei dieser nutzwertorientierten Richtung der Amazonasforschung den Werkstoffen, Nahrungsergänzungsmitteln und Heilpflanzen, siehe zum letzteren Aspekt (Dutra, Campos, Santos & Calixto, 2016). In Peru haben Biologen und Anthropologen mit indigenen Völkern zusammengearbeitet, um das lokale Wissen über rund 500 Heilpflanzen zu katalogisieren und in den Dienst der Forschung und der praktischen Medizin zu stellen (Hance, 2015).

14 Theodor Koch, der sich später Theodor Koch-Grünberg nannte, hat seine Reise auf dem Ayari damals ausgiebig protokolliert. Sein gut lesbarer und lebendiger Bericht gehört bis heute zur Standardliteratur für Ethnologen und Anthropologen (Koch-Grünberg, Zwei Jahre bei den Indianern Nordwest-Brasiliens,

1921). In einem anderen Werk hat er die Reliefzeichnungen ausgiebig dokumentiert, die er auf vielen Felsen fand (Koch-Grünberg, Südamerikanische Felszeichnungen, 1907).

15 Tatsächlich äußerten viele Mitglieder des Establishments von São Gabriel in Gesprächen die Meinung, dass das Goldschürfen im Indianerschutzgebiet legalisiert und kräftig ausgebaut werden sollte. Wichtige Geschäftsleute der Stadt, der indigene Bürgermeister, hochrangige Militärs und zahllose Politiker sind alle dieser Meinung. Bei den Häuptlingen aus den Dörfern der Region ist die Sache umstritten: Einige sind dafür, andere dagegen. Es ist bekannt, dass es seit Jahrzehnten immer wieder zu illegalen Schürfaktivitäten in der Region gekommen ist und dass mal korrupte Militärs, mal Politiker ihre Hände im Spiel hatten. Wir sind bei unseren Besuchen mehrfach auf klandestine Goldverkaufsstellen in São Gabriel hingewiesen worden, und wir sind Goldgräbern begegnet, für die der Trip in die Stadt eine willkommene Erholungspause war. Der brasilianische Investigativjournalist Fabiano Maisonnave sorgte 2018 für einen Skandal, als er über die Beteiligung eines hochrangigen Beraters des damaligen brasilianischen Präsidenten Michel Temer an Goldschürfprojekten im nordwestlichen Amazonsgebiet schrieb (Maisonnave, Assesor de Temer Tenta Explorar Minério Raro em Terra Indígena, 2018). Er berichtete später im persönlichen Gespräch, dass er sich nun für einige Zeit als »nicht willkommene Person« betrachte und São Gabriel aus Sicherheitsgründen meide.

16 Die Baniwa hatten spätestens im 18. Jahrhundert erste Kontakte mit weißen Kolonisatoren und wurden in großer Zahl als Sklaven gefangen. Einige Sklaven konnten aus der Gefangenschaft und Zwangsarbeit fliehen, und sie begründeten später neue Dörfer und Enklaven des Widerstands. Gegen Ende des 19. Jahrhunderts wiederholte sich diese Geschichte unter anderen Vorzeichen, und Angehörige der Baniwa spielten über Jahrzehnte hinweg eine wichtige Rolle als rechtlose Zwangsarbeiter in der Kautschukgewinnung (Andrello & Wright, 2018; Meira, 2018).

17 Diese These wird besonders von dem US-amerikanischen Anthropologen und Religionswissenschaftler Robin M. Wright vertreten,

der wie kein anderer die Gegend um Hipana erforscht hat und in den Siebzigerjahren selber dort lebte. Vergleiche Wright, 2013.

18 Tier- und Pflanzennamen sind im Glossar erläutert.

19 Ein Überblick über die gebräuchlichen Nutzpflanzen und ihre Klassifikation beim Baniwa-Volk findet sich bei Abraão et al., 2009. Vergleiche auch Lopes da Silva, 2018 und Cabalzar, 2010.

20 Das erste Langhaus entstand in Hipana in den Zwanzigerjahren des vergangenen Jahrhunderts. Die ersten einzelnen Familienhäuser auf der gerodeten Fläche oberhalb der Wasserfälle wurden in den Fünfzigerjahren gebaut.

21 Es handelte sich hier um den Pater Josef (José) Schneider, einen Tschechen, der dem Salesianerorden angehörte und der in der ganzen Region kämpferisch und gegen allerlei Widerstände katholische Missionsstationen errichtete.

22 Der Begriff »Großvater« wird von Dzuliferi durchgehend verwendet, wenn er von José, also José Velho Cornélio, dem früheren Häuptling in Hipana spricht. Es ist üblich, vertraute ältere Familienangehörige so zu nennen und anzusprechen, genau genommen war José für Dzuliferi aber ein Großonkel. José starb 1978. Er vererbte seine Insignien als Schamane, also seine Steine und sonstigen Instrumente, an Dzuliferis Vater Manuel sowie an Dzuliferis Schwager José Felipe.

23 Für eine ausführliche Darstellung der unsichtbaren Städte und der allgegenwärtigen Yoopinai-Geister, die zum Beispiel in den Felsen oder im Wasser leben können, siehe Vianna & Jackson, 2013. In der Mythologie der Huhuteni gibt es eine gewaltige Vielfalt von Yoopinai-Geistertypen, die in verschiedene Kategorien eingeteilt werden, die jeweils unterschiedliche Krankheiten auslösen und die ein ausgebildeter Schamane alle kennen muss. Überraschend wirkt in Dzuliferis Darstellung, dass solche Geisterwesen aus der Vorzeit in Autos durch ihre unsichtbaren Städte fahren sollen. Die Schamanenlehrlinge von Manuel da Silva berichten das aber so; es wird hier ungefiltert wiedergegeben. Traumbilder, die beim Gebrauch von Pariká entstehen, sind sicher nur in Maßen kontrollierbar. Bei einem Träumenden in der Moderne liegt es nahe, dass er auch von Städten mit Autos träumt und dass die verschiedenen

Seelen und Götterwesen einem Reisenden manchmal auch als moderne Menschen oder gar Weiße mit entsprechenden Attributen erscheinen.

24 Das Buch *Der letzte Herr des Waldes* (Fischermann & Tenharim, 2018) über das Amazonasvolk der Tenharim zeigt auf der Titelseite den Co-Autoren Madarejúwa Tenharim. Unter den Amazonasvölkern ist es üblich, sämtliche indigene Völker als »Verwandte« (*parentes*) zu bezeichnen, egal wie nah oder fern man sich geografisch, ethnisch oder kulturell steht.

25 In Mythen und Erzählungen der Baniwa und des Huhuteni-Clans werden Pfefferschoten als Pfeile der Götter beschrieben, die die Seelen der Fische und anderer Tiere töten, sie also für den gefahrlosen menschlichen Genuss vorbereiten. Der Schöpfergott Niaperikuli selber soll die Fische, die in einer früheren Epoche Feinde der Menschen waren, besiegt und getötet haben (Cornelio et al., 1999). Für weitere Informationen über den Pfeffer siehe das Glossar.

26 Die Töpfchen, die bei den Huhuteni üblich sind, fassen zwischen 200 und 500 Milliliter Curare-Paste.

27 Solche Teufelskreise aus Morden und Vergeltung beschrieb bereits Theodor Koch-Grünberg, als er zu Beginn des 20. Jahrhunderts die Huhuteni und andere Clans der Region besuchte (Koch-Grünberg, 1921). Auch die evangelikale Missionarin Sophie Muller (Muller, 2018/1952) berichtete von solchen Vorfällen in den Vierziger- und Fünfzigerjahren des vergangenen Jahrhunderts und fühlte sich dadurch in ihrer Missiontätigkeit bestärkt. Sie soll selber einen Giftanschlag überlebt haben.

28 Die entsprechenden Pflanzen und pharmakologischen Substanzen konnten nicht identifiziert werden.

29 Dzuliferi meint mit »andere« hier fremde Familien, die ihre eigenen Traditionen im Umgang mit der Kräuterheilkunde pflegen, zum Beispiel die Verwandten in Pana-Pana. Eine Familie muss sich zu den »Besitzern« bestimmter Gifte und Substanzen zählen, um rechtmäßig und ohne schlimme Folgen davon Gebrauch zu machen. Mutmaßlich stecken dahinter alte Vorsichtsmaßnahmen, weil viele heilende oder psychotrope Substanzen nur

sicher verwendet werden können, wenn man einen umfangreichen und über die Generationen mündlich überlieferten Beipackzettel beachtet.

30 Tatsächlich deuten andere Familienmitglieder Dzuliferis an, dass sie in Silvestres Fall und in einigen anderen Vergiftungsfällen einen Verdacht gegen konkrete Personen hegen. Manchmal hörte sich das so an, als sei die Identität der Mörder ein offenes Geheimnis, an anderen Tagen wurde das wieder geleugnet und als reine Vermutungen weggewischt. Dzuliferi möchte in diesem Buch keine konkreten Mordanschuldigungen erheben, er gibt aber den Verwandten aus Pana-Pana und ihrem Patriarchen Mário eine allgemeine Schuld an den tödlichen Ereignissen.

31 Der australische Anthropologe Robin Rodd (Rodd, 2004) spekuliert in seinen Studien über die venezolanischen Piaroa-Schamanen, die in enger kultureller Beziehung zu den Huhuteni stehen, über psychologische Zusammenhänge, die solche Wirkungen auslösen können. Er sieht eine Entsprechung zwischen den kulturellen Vorstellungen »vergrabener« oder »verschütteter« Gifte und Flüche und unausgesprochenen Konflikten und unbearbeiteten sozialen Spannungen in einzelnen Menschen oder einem ganzen Dorf. Rodd schlägt vor, dass die Projektion auf etwas Konkretes – ein physisch vorhandenes Gift, einen magischen Gegenstand, einen konkret benennbaren böse Magier als Feind – den Schamanen eine Möglichkeit zur quasi psychotherapeutischen Bearbeitung solcher Konflikte bietet. Er geht weiter als das und vermutet, dass die inneren Konflikte tatsächlich die Menschen auf psychosomatischem Wege physisch krank machen können, und schlägt auf dieser Basis eine Theorie für die Wirkungsweise bestimmter schamanischer Kuren vor. All das bedeutet nicht, dass die Huhuteni bei den hier geschilderten Geschichten etwa in Metaphern und Symbolen sprächen oder dass sie gezielt eine therapeutische Bildersprache anwendeten. Sie verstehen das hier Gesagte ganz konkret und wörtlich.

32 Selbstbezeichnungen verschiedener Völker, Clans und Dörfer haben sich über die Jahrzehnte immer wieder stark verändert,

und vielfach sind sie von den besuchenden Forschern und Missionaren verwechselt und falsch wiedergegeben worden. Es ist wahrscheinlich, dass »Zuli« Mullers eigene Schreibweise für »Dzuliferi« oder die gebräuchliche Kurzform »Dzuli« ist, also für den großen Namensvetter des Erzählers dieses Buches, der bei den Huhuteni als Urschamane verehrt wird.

33 Übersetzung dieses Auszugs von Thomas Fischermann. Muller hat ihre Erinnerungen ausführlich in Texten und Zeichnungen dokumentiert (Muller, 2018/1952). Ihre Missionsarbeit erwies sich als außerordentlich erfolgreich. Vor allem am unteren Ayari und am Rio Içana wurde Muller bald als Prophetin und messianische Figur verehrt. Die französische Ethnologin Elise Capredon hat die Geschichte und die politische Bedeutung der von Muller inspirierten Missionsstationen und der daraus hervorgegangenen Kirchen in ihren Forschungsarbeiten dargestellt (Capredon, 2016).

34 Verkleinerungsform von Teresa.

35 Das war keine kirchliche, sondern eine staatlich finanzierte Initiative, die vor Ort hauptsächlich auf einen engagierten Bürgermeister namens Evangelista zurückgeführt wurde – so lautete sein Name, es ist keine religiöse Bezeichnung. Die katholischen Patres traten in den Dörfern aber als die Gesichter der Schulverwaltung auf und übernahmen viel von der notwendigen Logistik und Organisation. So wurden ihnen vielfach auch die Schulspeisungen zugeschrieben.

36 Pater Carlos Galli vom Salesianerorden.

37 In Wirklichkeit hatte es in dieser Region auch zuvor schon seit vielen Jahrzehnten immer wieder Missionsbemühungen gegeben, was diese Aussage etwas verwirrend macht, die hier aber im Original so wiedergegeben wird. Missionare müssen als reisende Besucher schon eine Rolle gespielt haben, als in den Fünfzigerjahren die ersten Einfamilienhäuser in Hipana entstanden. Dzuliferi bezieht sich hier wohl auf eine spätere Welle, die mit der Ankunft des Paters José und der Eröffnung einer regelmäßigen Mission beginnt. Zur Vertiefung der Missionsgeschichte siehe Meira, 2018 und Capredon, 2016.

38 Die Missionare, von denen Dzuliferi hier spricht, gehören weit überwiegend sehr fundamentalistischen Richtungen des Protestantismus an: Es sind Evangelikale, Betreiber von Pfingstkirchen und Erweckungskulten, die bis heute unter den nicht katholischen Missionaren in der Amazonasregion tonangebend sind.

39 Tatsächlich hatte Muller die Gegend längst verlassen, als Dzuliferi in Hipana aufwuchs. Sie war nach Kolumbien weitergezogen. Dzuliferi fasst die Geschichte hier offenkundig im Zeitraffer zusammen, oder er spricht von den Schülern und Nachfolgern Mullers, die in der Gegend bis heute großen Einfluss haben. Siehe Capredon, 2016.

40 Auch hier fasst Dzuliferi eine lange und wechselvolle Geschichte voller gewaltsamer Auseinandersetzungen sehr kurz zusammen. Die Entscheidung, die Evangelischen zu vertreiben und den Patres den Vorzug zu gewähren, fiel ursprünglich schon in der Generation des Großvaters José. Albertos Vater Manuel behielt diese Entscheidung während seiner eigenen Amtszeit später bei.

41 Die Kosmologie der Huhuteni ist hier nur in einer Kurzfassung skizziert. Dzuliferi besitzt ein beachtliches Wissen darüber, aber er ist sich nicht immer sicher, wie viel davon er weitergeben darf. Für eine umfangreichere Darstellung auf der Basis jahrelanger Interviews seit den Siebzigerjahren siehe auch Wright, 2013 und Wright, 1998 und für eine Sammlung von Primärquellen einschließlich schamanischer Reiseberichte Cornelio et al., 1999.

42 Die genaue Route in die Andere Welt und den darüber liegenden Anderen Himmel wird von unterschiedlichen Schamanen jeweils ein bisschen anders wiedergegeben, für einige Beispiele mit vielen Details siehe Cornelio et al., 1999. Eine Art Flugkarte auf der Basis vieler Schamanen-Interviews findet sich bei Wright, 2013. Dzuliferi gibt hier seine Version wieder, die auf seinen eigenen Erfahrungen und den Erzählungen seiner Verwandten basiert.

43 Diese volkstümliche Geschichte von den überspringenden Krankheiten geht auf die wesentlich ernsthaftere Vorstellung der Huhuteni zurück, nach der die Malirinai verschiedene Krankheiten in ihren Körpern internalisieren und sie dort gedei-

hen lassen und unter Kontrolle bringen. Die Krankheiten leben fortan in den schamanischen Praktikern.

44 Malirinai lernen, eine Vielfalt von Krankheiten in mehreren Kategorien zu unterscheiden, gegen die sie Mittel von der Gottheit Kuwai erhalten können. Bestimmte Krankheiten können aber nicht mal mit diesen Heilmitteln Kuwais kuriert werden, dazu gehören nach Dzuliferis Auskunft bestimmte Vergiftungen beziehungsweise Verwünschungen mithilfe einer Zigarre. In diesen Fällen ist für eine Heilung eine andere schamanische Technik nötig, die die Benzedores beherrschen: das Gesundbeten mit präzise erlernten Beschwörungsformeln. Einige besonders mächtige Malirinai, so wie Dzuliferis Vater Manuel, beherrschen beide Methoden.

45 Wörtlich auf Portugiesisch: *Doenças do Índio*. Einige örtliche Ärzte und Mitarbeiter des Gesundheitsdienstes bestätigen diese Darstellung im Interview. Über die Ursachen spekulieren sie allerdings selbst. Mal wird mangelnde Diagnosetechnik als Erklärung herangezogen, warum bestimmte Krankheiten den untersuchenden Ärzten entgehen, zumal gründliche Diagnosen nach westlichem Standard in der Schnellabfertigung des öffentlichen Gesundheitssystems gar nicht versucht werden. Andere Male werden psychosomatische Beschwerden unterstellt. Tatsächlich richtet sich seit einigen Jahren viel Forschungsinteresse auf die Techniken von Schamanen und anderen traditionellen Heilern, die Abwehrkräfte des Körpers mit psychologischen Mitteln zu stärken. In Brasilien und anderen Ländern des Amazonasgebiets wurden Versuche gestartet, traditionelle Heiler in das schulmedizinische System einzugliedern und sie sogar in Krankenhäusern Patienten heilen zu lassen (Fischermann, Dr. med. Schamane, 2019). In Brasilien wurde das Recht auf eine solche alternative Behandlung für die Angehörigen indigener Völker sogar gesetzlich garantiert. In der brasilianischen Amazonashauptstadt Manaus wurde mit öffentlicher Hilfe ein Zentrum eingerichtet, in dem Schamanen die Laufkundschaft behandeln.

46 Die Initiation ist ein Ritual für alle jungen Männer einer Familie oder eines Dorfes, auch für die jungen Frauen gibt es ein entspre-

chendes Fest. Dass Dzuliferi erst mit 19 Jahren initiiert wurde, und gleich in einer so großen Gruppe, ist ungewöhnlich, wird von Dzuliferi aber nicht erklärt. Wahrscheinlich war es so, dass die katholischen Patres lange die traditionellen Praktiken verboten hatten oder dass man sie in vorauseilendem Gehorsam nicht stattfinden ließ. Diese Erklärung deckt sich mit Zeitzeugenberichten aus anderen Dörfern. Die Initiation wurde dann wohl später, als ein friedliches Nebeneinander zwischen Schamanen und Patres ausgehandelt war, in einer Art Sammelaktion nachgeholt.

47 Der Ort der Veranstaltung war im Nachbardorf von Hipana, das Ucuqui-Cachoeira heißt. Lontra, der Otter, war dort nach den Erläuterungen Dzuliferis eine Art höchster Maliri für die Region.

48 Die teilweise grausamen Initiationsrituale wurden bereits zu Beginn des 19. Jahrhunderts von Theodor Koch-Grünberg dokumentiert (Koch-Grünberg, 1921). Bei den Huhuteni und allgemein im Volk der Baniwa werden sie heute nur noch in sehr abgeschwächter Form praktiziert. Eine filmische Darstellung ist 2011 den Brüdern Moisés und Paulinho Baniwa gelungen; die vorgeführten Rituale erscheinen hier ausgesprochen harmlos (Baniwa & Baniwa, 2011).

49 Das muss sich um eine poetische Übertreibung handeln, denn der Weltrekord für den Hochsprung liegt beim Redaktionsschluss für dieses Buch bei 2,45 Metern.

50 Über die verwirrende Mehrdeutigkeit der Gottheit Kuwai gibt es eine ausgiebige anthropologische Literatur, für einen Einstieg siehe Wright, 2017.

51 Das ist keine metaphorische Aussage, sondern diese speziellen Flöten, die eine Trompetenform haben, werden tatsächlich luftdicht unter Wasser gelagert. Sie bleiben jahrzehntelang spielbar, wenn sie nach der Lagerung wieder fachgerecht instand gesetzt werden. Nichtinitiierte einschließlich der Frauen dürfen die Flöten nicht sehen, nur ihren Klang hören, deshalb nehmen sie am eigentlichen Initiationsritual nicht teil. Das tiefe, vielstimmige Brummen der Kuwai-Flöten ist in dem Dokumentarfilm *Podaali* dokumentiert (Baniwa & Baniwa, 2011).

52 Eine genaue Umrechnung ist nicht möglich, weil Dzuliferi das Jahr nicht mehr weiß, aber für Hipana muss dieser Betrag ein Vermögen gewesen sein. Die Real-Währung wurde in ihren ersten Jahren fast im Verhältnis von 1:1 gegen den Dollar getauscht, bei Redaktionsschluss des Buches lag das Verhältnis bei etwa 1:6.

53 Über die Unterwerfung und Ausbeutung der regionalen Völker durch Sklavenfänger und später durch Kautschukunternehmer und ausbeuterische Händler hat der Anthropologe und langjährige Funktionär der Indianerschutzbehörde FUNAI Márcio Meira ausgiebig geforscht (Meira, 2018). Der Erfolg katholischer und evangelischer Missionare in der Region war teilweise eine Reaktion auf diese ausbeuterischen Verhältnisse, weil die Kirchen den Menschen eine Befreiung vom Joch der Weißen versprachen (Capredon, 2016; Wright, 1999).

54 Baniwa-Kunsthandwerk, vor allem die geflochtenen Körbe, waren zu dieser Zeit eine begehrte Handelsware. Die Hersteller erhielten nur einen kleinen Bruchteil des Verkaufspreises. Einen Überblick über Kunsthandwerkprodukte der Baniwa und ihre Geschichte gibt Organização Indígena da Bacia do Içana (OIBI), 2015.

55 In der Theologie der Huhuteni gibt es umfangreiche Bestimmungen darüber, dass Frauen, insbesondere solche im fruchtbaren Alter, nicht in die Nähe von Pariká kommen dürfen. Nach den Vorstellungen der Huhuteni schadet das Pariká den Frauen, und umgekehrt verliert das Pariká seine Wirkung. Ein Maliri, der die Pflanze einnimmt und in Kontakt mit Frauen gerät, kann sehr krank werden oder sogar sterben. Ähnliche Vorstellungen sind bei etlichen Völkern der Region verbreitet, die DMT-haltige Mittel zubereiten.

56 Hier ist eine Art großer, schwarzer, essbarer Ameisen aus der Gattung *Atta* gemeint.

57 Der Uapes liegt etwa eine Tageswanderung vom Ayari-Fluss entfernt.

58 Zu den Kriegsgründen und Kriegsmethoden einschließlich des rituellen Kannibalismus und des Kinderraubs siehe Da Costa Oliveira, 2015.

59 Die Erzählungen der Baniwa-Männer über die kriegerische Rau-
cherkultur ihrer Vorfahren sind von diesen ganz wörtlich gemeint. Trotz des gestiegenen Alkoholpegels gab es keine Anzei-
chen für Scherzhaftigkeit und bewusste Übertreibungen. Solche
Erzählungen werden von Anthropologen heute auch nur selten
metaphorisch gedeutet, sondern eher als ein Ausdruck unterschiedlicher Realitäten gesehen, die gleichzeitig nebeneinander
bestehen (Viveiros de Castro, 2004). Siehe dazu aber auch Lévi-
Strauss, 1978. In der folgenden Erzählung vermischen sich wohl
historische Erfahrungen und weltanschauliche Verbindungen
zwischen dem Gebrauch von Tabak und der Ermordung von
Feinden. Der Einsatz schamanischer Mittel im Krieg wurde ausgiebig von dem brasilianischen Anthropologen Carlos Fausto erforscht (Fausto, 2001), siehe auch Whitehead & Wright, 2004. Für
einige beispielhafte Erzählungen der Kriege aus diesen Epochen
siehe Cornelio et al., 1999 und für einen wissenschaftlichen Überblick Da Costa Oliveira, 2015.

60 Diese Mamiyule-Geschichte gibt es in verschiedenen Versionen.
Allein Dzuliferi hat im Lauf unserer Interviews zwei ganz unterschiedliche Fassungen davon erzählt. Sie ist in einer weiteren
Variante auch bei Cornelio et al., 1999 dokumentiert. In einer der
ausführlichen Versionen berät ein in Liebesdingen erfolgreicher
und treuer Vogel zwei männliche Fische bei der Partnersuche
auf einem Fest. Die Fische waren zwar attraktiv, aber trotzdem
wollten nur die alten Frauen mit ihnen tanzen. Mit einer Zauberzigarre und gut gespielter Flötenmusik kamen die beiden Fische
doch zum Erfolg. Die Geschichte enthält für Heranwachsende
eine praxisnahe Darstellung des »Kampfplatzes« einer Tanzfläche mit Problemen wie Schüchternheit, Eifersucht und Selbstbehauptung. Man kann darüber spekulieren, dass eine solche soziale Orientierung zusammen mit »Zaubersprüchen« zur
Steigerung des Selbstbewusstseins eine Erfolg versprechende
psychologische Technik für mehr Erfolg bei der Partnersuche ist.
Dzuliferi hat dieser Interpretation teilweise – aber nur teilweise – zugestimmt. Er betont, dass es wie bei allen Beschwörungsformeln eine Erzählung und einen eigentlichen Zauber-

spruch gibt. Die Erzählungen würden öffentlich weitergegeben, die Beschwörungen blieben ein machtspendendes Geheimnis mit echter Zauberwirkung.

61 In einem späteren Gespräch erklärte Alberto, dass es sich hier nicht um ein einzelnes Kraut handelt, sondern um eine Mischung bestimmter Pflanzen aus dem Garten und aus dem Wald. Siehe auch das Glossar.

62 Moisés spricht hier vom Bruder seiner Mutter, der ebenfalls ein Schamane ist. Er ist nicht mit Großonkel Mário aus Pana-Pana zu verwechseln, von dem in diesem Buch überwiegend die Rede ist. Mário aus Pana-Pana ist der Bruder von Moisés Großvater.

63 Im Jahr 2012 war die venezolanische Landeswährung der Bolívar Fuerte (VEF), mit einem mittleren Wechselkurs von 5,50 VEF pro Euro notiert. Der Freund von Moisés musste also gut 1800 Euro zahlen, was eine astronomische Summe für die Baniwa im Içana-Gebiet ist.

64 Zur Bauweise der Piaroa-Schamanenhütten siehe Monod, 1976.

65 In einem späteren Interview sagte Moisés Baniwa, dass er sich selber vergewissert habe, dass zwei Tatverdächtige aus dem Dorf seines Freundes bald darauf gestorben seien. Der Freund selber war aber zum Redaktionsschluss des Buches, fast zehn Jahre nach der düsteren Prophezeihung der Piaroa, noch am Leben.

66 Gemeint sind hier die gleichen halblangen Bermudashorts aus Baumwoll- oder Plastikstoffen, die quasi zur Uniform bei Regenwaldvölkern geworden sind und die auch in Hipana alle tragen.

67 Die Bezeichnung Makú, oder *Maakunai*, wird hier als eine Sammelbezeichnung für eine Reihe unterschiedlicher Volksgruppen in dieser Region verwendet (Pozzobon, 1999/2018), die mit den Huhuteni nicht im engeren Sinne verwandt sind. Wenn Alberto trotzdem von »Verwandten« spricht, meint er es in dem allgemeinen Sinn, dass alle indigenen Völker sich als »Verwandte« begreifen.

68 Viele Völker im Amazonaswald bringen entlang der Wege ausgefeilte Signale aus abgebrochenen Zweigen, abgeschnittenen Schlingpflanzen und Markierungen an Bäumen an. Sie weisen ihre Verwandten damit auf Wege hin oder warnen sie vor Gefahren.

69 1989 wurde Manuel bei einer solchen Reise – allein rudernd im Kanu – von einer venezolanischen Filmcrew aufgenommen und interviewt. Das war also recht kurz nach seiner ersten Vertreibung aus seinem Heimatort Hipana. Da Silva, »Mandú«, war damals bei etlichen Völkern entlang der Strecke als berühmter Schamane bekannt, und er warnte vor einer damaligen Welle von Vergiftungen und tödlichen Zaubersprüchen. Sie stellten aus seiner Sicht eine Verirrung der schamanischen Praxis dar (Vidal & Whitehead, 2004). Manuels Ermahnungen wurden später zum zentralen Thema eines Dokumentarfilms namens *Las Advertencias de Mandú* (Gómez de la Espriella, 2006).

70 Übersetzt aus der Baniwa-Sprache:»Wo Kuwai war« oder »Wo Kuwai gereist ist«. Die Anthropologin Silvia Vidal (Vidal, 2000) beschreibt, welch konkrete Bedeutung die Mythen der Arawak-Völker über die Kuwai-Routen annehmen können. Es gibt mindestens 18 mythische Reiseberichte, in denen der Schöpfergott Niaperikuli nach den Flöten sucht, die aus dem Körper seines geopferten Sohnes Kuwai entstanden sind.

71 Das landschaftlich faszinierende Bergland von Yapacana, Venezuela, ist seit 1978 ein Naturschutzpark von 3200 Quadratkilometern. Es ist auch zu einem der stärksten Magnete für illegale Goldschürfer im Amazonasgebiet geworden. Goldschürfen ist dort von Gesetz wegen streng verboten, aber die illegalen Aktivitäten werden von kriminellen Banden aus Venezuela und Rebellengruppen aus Kolumbien organisiert, die auch mit dem regionalen und internationalen Drogenschmuggel in Verbindung stehen (SOS Orinoco, 2019).

72 Im Amazonasgebiet wird mit unterschiedlichen Technologien nach Gold gegraben: Minenschächte im Berg oder im Boden, das großflächige Abtragen von Flusssedimenten mit Wasserdruck (genannt »Bico Jato«), das Sieben von Flusssand unter Beigabe von Quecksilber (von einem Boot mit speziellen Aufbauten, das »Draga« genannt wird), Tauchen in Flüssen und Seen und der mechanische Abbau mit Baggern oder Spitzhacken. Die Goldsuche ist unkontrolliert, die Schächte sind einsturzgefährdet, und die Versorgung mit Sauerstoff und Licht unter Tage ist prekär.

Die Arbeit mit dem giftigen Quecksilber und anderen Chemiekalien richtet langfristige Gesundheitsschäden an. Es gibt zahlreiche tödliche Arbeitsunfälle, über die selten mal die Behörden benachrichtigt werden, außerdem Todesfälle durch Malaria, andere Tropenfieber wie Dengue, Pistolenduelle und Messerstechereien (Fischermann, Im Rausch der Zerstörung, 2015).

73 Die Pemón sind ein Volk von schätzungsweise 30.000 Menschen, die überwiegend in Venezuela und zu kleineren Teilen in Brasilien und den Guyanas leben.

74 In dieser Epoche beträgt der Gegenwert für 40 Gramm Gold etwa 400 Euro.

75 Sogar von Staats wegen sind in vielen Grenzgebieten am Amazonas Sonderregelungen für indigene Völker vereinbart, die ihnen ein freies Wegerecht zumindest innerhalb ihrer traditionellen Gebiete garantieren. In der Praxis wird das aber je nach der Laune der regionalen Politiker und Militärs gehandhabt. Der Ärger über die Ausweiskontrollen in der Goldgräberstadt könnte in diesem Fall allerdings auf einem Missverständnis beruhen. Das Schürfen ist für alle generell verboten, aber es kommt vor, dass die Polizei bei Landsleuten ein Auge zudrückt. Noch wahrscheinlicher ist hier Korruption ein Thema, und bestimmte Gruppen werden durch Geldzahlungen von den Polizeikontrollen ausgenommen. Für den Vorfall, den Dzuliferi beschreibt, kann das heute nicht mehr nachvollzogen werden und bleibt Spekulation.

76 Alberto bezieht sich hier auf ein brasilianisches Regierungsprogramm namens »Cesta Básica«, das Familien mit geringem Einkommen theoretisch die Lieferung einer monatlichen Essensration mit Reis, Bohnen, Öl und Nudeln garantiert. Für indigene Völker besteht vielerorts ein theoretisches Anrecht auf solche Lieferungen.

77 Diese Schildkröten (wahrscheinlich *Chelonoidis denticulata*) werden im Baniwa-Volk tatsächlich gelegentlich gegessen, aber in Hipana kommt das nur äußerst selten vor. Die Rede des Vaters ist hier bildlich gemeint: Schildkröten als langsame Tiere, die stets nur am Boden bleiben, im Gegensatz zu Affen als behände und allseits bewunderte Kletterer.

78 Im Einsatz sind die sehr preiswerten »Rasenmäher-Außenbord-motoren« von sechs bis 15 PS, die man in São Gabriel für weniger als umgerechnet 200 Euro kaufen kann.

79 Zum Zeitpunkt des Gesprächs entsprach das rund 200 Euro.

80 Das Konfiszieren solcher Bankkarten und der Anrechtscheine auf Sozialhilfe ist häufig eine Bereicherungspraxis durch Händler, die willkürliche Preise und Gebühren festlegen und die Karten am liebsten nicht wieder herausgeben, dokumentiert zum Beispiel bei Secretaria de Avaliação e Gestão da Informação, 2015. Die Praxis des Abhängigmachens durch Verschuldung lässt sich bis in die frühen Tage der Kolonisierung zurückverfolgen, und der Anthropologe und Historiker Márcio Meira (Meira, 2018) stellt das Geschäftsgebaren heutiger Händler in diese Tradition.

81 Etwa 10 Liter.

82 Etwa 50 Cent.

83 Entsprach zum damaligen Zeitpunkt einem Gegenwert von fast 6000 Euro, ein Vermögen, das sich für eine Existenzgründung eignet.

84 Die Rechtslage ist ein Graubereich, aber der Goldgräber liegt nicht ganz falsch. Die diversen Schutzgesetze sollten ursprünglich die kommerzielle Ausbeutung von Bodenschätzen in den Reservaten verhindern, aber das rein mechanische Goldsieben oder -schürfen für den Eigenbedarf einer indigenen Familie oder eines Dorfes gilt als zulässig. In der Praxis ist das selten eine relevante Frage, weil gute Erträge nur mit zusätzlichen Hilfsmitteln und giftigen Stoffen wie Quecksilber erzielt werden können.

85 Die wohl bisher umfangreichsten klinischen Studien mit DMT, der hauptsächlichen aktiven Substanz in der Droge Pariká, sind von dem US-amerikanischen Psychiater Rick Strassman durchgeführt worden (Strassman, 2000). Strassman fiel auf, dass vielen seiner Testsubjekte die unter DMT-Einfluss erlebten Welten als auffällig real erschienen. Sie erschienen ihnen sogar als realer als die üblicherweise erlebte Welt. Diesen Eindruck bestätigen Dzuliferi und die anderen in Hipana befragten Pariká-Konsumenten. Keinem von ihnen kommt es in den Sinn, an der Realität

des Erlebten zu zweifeln, keiner beschreibt das Erlebte als Halluzinationen oder als einen Rausch.

86 Über die Gründe des jahrzehntelangen Verstummens von Manuel da Silva kann hier nur spekuliert werden. Für dieses Buch wurde er direkt dazu gefragt, aber er wollte keine Auskunft geben und äußerte sich lediglich optimistisch über den Fortschritt dieser neuen Lehrlingsgeneration. Der Anthropologe und Religionswissenschaftler Robin Wright äußerte in einem Interview mit dem Autoren Fischermann die Vermutung, dass Manuel in Venezuela erlebt habe, wie der Schamanismus in den falschen Händen außer Kontrolle geraten kann, dass seine aggressive Seite schnell überhandnimmt und dass Schamanen von Politikern für Machtspiele missbraucht werden können. Wright, der Manuel persönlich gut kannte, bietet in diesem Zusammenhang auch noch eine ganz direkte Erklärung: »Er traute damals Alberto nicht.«

87 Eine detailliertere Darstellung der einzelnen Ausbildungsschritte, ihrer Variationen und der umfangreichen Regeln findet sich in den Arbeiten des Religionswissenschaftlers Robin Wright (Wright, 1998).

88 Wright reiste zu Beginn der Siebzigerjahre erstmals zu einer Expedition nach Hipana und machte die Erforschung der Baniwa-Jaguarschamanen zu seiner Lebensaufgabe. Seine Erlebnisse sind in mehreren Büchern und Papieren zusammengefasst. Zu einer kritischen Sicht auf Wrights Einfluss auf die Baniwa-Kultur gelangte die französische Anthropologin Elise Capredon (Capredon, 2018). Nach eigenen Angaben im Gespräch hat Wright über Jahrzehnte hinweg private und internationale Hilfsgelder für Hipana besorgt, damit Kulturprojekte und seine eigene Forschung finanziert und durchaus auch lokalpolitischen Einfluss zugunsten der Familie des Schamanen Manuel da Silva genommen. Einmal sah er sich genötigt, handgreiflich in einen Streit zwischen zwei Schamanen einzugreifen und sie zu entwaffnen. Albertos Schwester Ercilia berichtet, sie habe für diverse Jobs als Dokumentarin und Übersetzerin in Wrights Auftrag so viel Geld bekommen, dass sie einen Hausbau davon

finanzieren konnte. Zur Einordnung muss man allerdings wissen, dass man schon für wenige Tausend Euro in São Gabriel ein Haus bauen kann. Laut Wright begannen die Gespräche mit Alberto über den Bau einer Maloca im Jahr 2003, das Geld besorgte er über eine neoschamanische Stiftung in den USA. Zur Eröffnung des neuen Schamanenhauses 2008 reiste er gemeinsam mit Behördenchefs und Gästen dieser Gesellschaft aus den USA an und überreichte Manuel ein Preisgeld für sein Lebenswerk. Wright sagt im Interview, dass er sich heute mitschuldig am erneuten Aufflammen des Neides in Hipana fühlt und auch am Mord an Albertos Bruder Silvestre. »Natürlich fühle ich mich schuldig«, sagt er im Interview. »Ich hätte in der Lage sein sollen, das vorherzusagen, weil ich so viel über (das Dorf) weiß. [...] Aber die Idee für diesen Bau kam von Alberto. [...] Damals klang das nach einer guten Idee. Es war Albertos Projekt.« Für seine eigene geplante Grundausbildung zum Schamanen hat Wright nach eigenen Angaben kürzlich einen Preis von 8000 Reais verhandelt, was zum Zeitpunkt des Interviews etwa 2000 Euro entsprach. Die Ausbildung hat aber nie begonnen.

89 Zum damaligen Zeitpunkt entsprach das knapp 60 Euro.

90 Entsprach damals etwa 2750 Euro.

91 Knapp 14.000 Euro.

92 Die Fülle land- und forstwirtschaftlicher Techniken, die bei den Völkern am oberen Rio Negro bewahrt worden ist, erfährt seit einigen Jahren die Aufmerksamkeit zahlreicher Forscher (Cabalzar, 2010). Verschiedene Methoden kommen bei diesen Studien zum Einsatz, von begleitenden Beobachtungen bis zu einer Auswertung alter Mythen. Schon die 1999 entstandene Sammlung überlieferter Geschichten der Huhuteni (Cornelio et al., 1999) enthält zahlreiche Hinweise auf solche praktischen Umgangsregeln mit der Natur, die zu Geschichten der Götter und Kulturhelden verarbeitet sind. Sie enthalten auch Anreize für die soziale Reproduktion solcher Praktiken, etwa Hinweise auf Vorteile bei der Partnerwahl, wenn man bestimmte Anbau- und Jagdtechniken gut beherrscht.

93 Die feierliche Eröffnung des Schamanenhauses von Hipana wurde damals von Aktivisten für die indigene Sache als Erfolg gefeiert (Instituto Socioambiental, 2009). Vergleichbare Projekte zur Wiederbelebung schamanischer Traditionen waren damals am Uapes-Fluss auf der kolumbianischen Seite bereits bekannt (Jackson, 1995).

94 Zur Bedeutung solcher Todeserfahrungen beim Gebrauch von DMT-haltigen Substanzen siehe Timmermann et al., 2018 und Strassman, 2000.

95 Zum Zeitpunkt des Gesprächs etwa ein Gegenwert von 10 Euro.

96 Die brasilianische Regierung hatte 2013 damit begonnen, kubanische Ärzte einzufliegen, um medizinisch schlecht versorgten Gebieten besser zu helfen. In vielen Landstrichen stellen diese Ärzte die einzige medizinische Versorgung bereit, gerade auch im Amazonasgebiet.

97 Selbstmorde sind zu einer häufigen Todesursache unter indigenen Jugendlichen im Amazonasgebiet geworden (Conselho Indigenista Missionário, 2020). In der Umgebung von São Gabriel ist das Problem seit vielen Jahren besonders ausgeprägt (Viana, 2015).

98 Zum Zeitpunkt des Interviews entsprach das rund 200 Euro, ungefähr der brasilianische Mindestlohn.

99 Dzuliferis Darstellung ist sicher teilweise korrekt und beruht auf seinen konkreten Erfahrungen mit reisenden Wissenschaftlern und Autoren. Sie ist aber nicht ganz vollständig. Das in São Gabriel ansässige Forschungsinstitut ISA beispielsweise bietet in den Dörfern geradezu aggressiv Veröffentlichungen für die Fortbildung an, zusammen mit der Indianerschutzbehörde FUNAI und der Indianerselbstverwaltung FOIRN. Zuletzt sind einige groß angelegte Forschungsprojekte in solche Dokumentationen für die örtliche Bevölkerung gemündet: ein Verzeichnis heiliger Orte mehrerer Völker in der Region (Instituto Socioambiental, IPHAN & Ministerio de Cultura de Colombia, 2014) und eine Zusammenstellung land- und forstwirtschaftlicher Techniken samt ihrer Bezüge zur überlieferten Kosmologie und schamanischen Techniken (Cabalzar, 2010). *Best Practices* im Kunsthandwerk

werden von mehreren Organisationen dokumentiert und schriftlich sowie in der Form von Kursen, öffentlichen Präsentationen und sogar Radioprogrammen vermittelt (Organização Indígena da Bacia do Içana [OIBI], 2015). Der US-amerikanische Forscher Robin Wright hat alle Tonaufnahmen und schriftlichen Dokumente aus seiner Arbeit kostenlos über das Internet der Öffentlichkeit zur Verfügung gestellt (The Archive of the Indigenous Languages of Latin America, 2020).

100 Zum Zeitpunkt dieses Interviews etwa 20 Euro.

101 Der Uaupes-Fluss führt stromaufwärts nach Kolumbien und steht wohl im übertragenen Sinne für Einflüsse aus diesem Nachbarland. Mários Geschichte kann man als einen verschlüsselten Hinweis auf Gold- und Diamantengräber deuten, die im oberen Ayari-Uaupes-Gebiet arbeiten und an der Verseuchung der Flüsse beteiligt sind. Allerdings ist nicht davon auszugehen, dass Mário hier bewusst Codes oder Metaphern formuliert, wie es bei einem Erzähler in modernen westlichen Kulturen vielleicht der Fall wäre. Solche Geschichten sind in aller Regel wörtlich zu verstehen.

102 Mário will an dieser Stelle offenbar vor allem eine unvorstellbar hohe Summe ausdrücken und nicht wirklich für Geld diesen Zauber ausführen. Er hat offenbar keine ganz klaren Vorstellungen von der Währungsumrechnung. Drei Millionen kolumbianische Pesos wären zum Zeitpunkt des Gesprächs knapp 800 Euro wert gewesen, drei Millionen brasilianische Reais aber knapp 700.000 Euro.

103 Zwischen 15.000 und 30.000 Euro.

104 Der staatliche brasilianische Ölkonzern Petrobras wurde in den Regierungsjahren der brasilianischen Sozialisten Luiz Inácio »Lula« da Silva und Dilma Rousseff (2003-2016) dazu verpflichtet, eine Fülle sozialer und kultureller Projekte zu fördern. Der Aufbau der Maloca im Dorf von Luiz wurde teilweise durch ein von Petrobas finanziertes Dokumentarfilmprojekt ermöglicht. Die damals beteiligte Wissenschaftlerin Deise Montardo hat die Vorgänge dahinter dokumentiert (Montardo, 2011).

105 Das Heben der Kuwai-Flöten durch die Familie Mários ist in dem Dokumentarfilm *Podaali* dargestellt, auch der Klang dieser Flö-

ten ist dort zu hören (Baniwa & Baniwa, 2011). Tatsächlich versucht derzeit ein Teil der Familie rings um Luiz und seine Söhne, weitere Fördermittel einzutreiben und mythische, verlorene Orte der Baniwa zu dokumentieren. Dazu zählen verschüttete Petroglyphen und Höhlenmalereien, mythische Orte im Quellgebiet des Ayari und Orte mit viel Schwarzerde, wo Archäologen jahrtausende alte Siedlungen vermuten und die für die Baniwa mythische Bedeutung haben.

106 Das war eine berufsethische Zwickmühle: Für Informationen Geld zu bezahlen verstößt eigentlich gegen journalistische Regeln, siehe dazu auch die Erläuterungen im Schlusskapitel. Hier blieb freilich wenig Entscheidungsspielraum. Im Haus eines in der ganzen Region bekannten Giftmischers, mit schweren Waffen an der Wand, galt es, eine mögliche Erpressungssituation zu entschärfen. Am Ende haben wir uns darauf geeinigt, 300 Reais zu bezahlen, was zum damaligen Zeitpunkt etwa 70 Euro entsprach, die an Mários Söhne für ihre Übersetzungsleistungen und sonstige praktische Hilfen gingen.

107 Die Dornen und Holzstücke werden durch Splitter aus einer großen Vielfalt an Materialien repräsentiert, wobei jede Sorte für eine bestimmte Krankheit steht. Die »Haare« sind keine Tier- oder Menschenhaare, sondern sie werden aus den Fasern der Burití-Palme gemacht.

108 Das hier verwendete Konzept des »Besitzens« materieller und immaterieller Dinge, des »Beherrschens«, unterscheidet sich von westlichen Vorstellungen, siehe Brightman, Fausto & Grotti, 2016 und Fausto, 2000 sowie Fausto, 2008.

109 Für eine Definition und Ideengeschichte des westlichen Neoschamanismus siehe (Scuro & Rodd, 2015). Vergleiche auch das Standardwerk der Szene (Harner, 1980) und als jüngeres Beispiel den Film *The Twelve* (Girard & Martens, 2019).

110 Dies berichtete beispielsweise *DER SPIEGEL* (Sander, 2018). Einen Selbsterfahrungsbericht bei Raves, Ritualen und Schamanentreffs an etlichen Orten auf der Welt schrieb der Schriftsteller Carl von Siemens (Siemens, 2018). Die Literatur rings um das Thema erlebt in jüngster Zeit einen Boom. Selbst das sachlich-in-

formative Einführungsbuch zum Thema Schamanismus des deutschen Ethnologen Klaus Müller (Müller, 1997) hat sich inzwischen zu einem Bestseller entwickelt. Ebenfalls zu einem Bestseller wurden die 2013 erschienenen Memoiren des Amazonas-Schamanen Davi Kopenawa vom Yanomami-Volk, dokumentiert von dem Anthropologen Bruce Albert (Kopenawa & Albert, 2013). Sie haben das Interesse am Amazonas-Schamanismus neu beflügelt. Der deutsche Filmemacher Rüdiger Sünner fasste 2020 den Dialog zwischen dem Westen und schamanischen Kulturen in seinem Film *Wildes Denken* zusammen (Sünner, 2020). Das Interesse an der Droge Ayahuasca hat eine neue Welle spekulativer Literatur über die psychologischen und weltanschaulichen Seiten des Drogenkonsums von Amazonas-Schamanen begründet, siehe als ein Beispiel von vielen (Winkelman, 2009).

111 Burroughs & Ginsberg, 1963.

112 Vgl. Castaneda, 1968.

113 Vgl. Thomas & Humphrey, 1996.

114 Siehe bei Fausto, 2001.

115 Vidal, 2000.

116 Für Darstellungen im Überblick siehe Wright, 1998; Andrello, 2012 und Meira, 2018.

117 Whitehead, 2003.

118 Viveiros de Castro, 2004.

119 Viana, 2015 und persönliches Gespräch mit Moisés Luiz da Silva, dem Großneffen des Maliri Mário.

120 Fausto, 2001.

121 Gallegos, 1977/1935.

122 Vidal & Whitehead, 2004, vergleiche dazu auch die historische Videodokumentation Gómez de la Espriella, 2006.

123 Für beispielhafte historische Berichte vergleiche Koch-Grünberg, 1921 und Muller, 2018/1952.

124 Fischermann, Hipana im Amazonaswald, 2018; Fischermann, Dr. med. Schamane, 2019.

125 Die französische Anthropologin Elise Capredon deutet solche geschickte Vermittlung zwischen den Welten als einen klassischen schamanischen Kunstgriff, der spätestens seit der Kolonisierung

erlernt wurde und bis heute gut funktioniert. Vergleiche Capredon, 2018.

126 Belege dazu bei Iubel, 2015 und Maisonnave, Índio, Prefeito Petista Flerta com Bolsonaro, 2018.

127 Für eine Einführung in diese Sprache und für wichtige Vokabeln empfiehlt sich das Baniwa-Portugiesisch-Wörterbuch von Henri Ramirez (Ramirez, 2001). Eine weitere Vertiefung vor allem kultureller und religiöser Begriffe findet sich bei Da Costa Oliveira, 2015.

128 Siehe dazu das Schlusskapitel über die Methodik in Fischermann & Tenharim, 2018.

129 Viveiros de Castro, 2004.

130 Kopenawa & Albert, 2013.

131 Bassnett & Trivedi, 1998; Niranjana, 1992; Jobs & Mackenthun, 2013.

132 Cornelio et al., 1999.

133 Lévi-Strauss, The Sorcerer and His Magic, 1963.

134 Langdon, 1992.

135 Narby, 2001.

136 Wright, 2013.

137 Clarke, 1962.

138 Fischermann, Ein Dschungel wird abgewickelt, 2019.

139 Plotkin, 2020.

140 Vergleiche auch die Überblicksarbeiten von Dutra, Campos, Santos & Calixto, 2016 und die bei Hance, 2015 beschriebenen Arbeiten einer Zusammenarbeit zwischen westlichen Biologen und indigenen Pflanzenexperten.

141 Fischermann, Macht Seife hier krank?, 2015.

142 Rodd, 2004. Über andere Kulturen dieser Region, die teilweise sehr ähnliche Praktiken pflegen, gibt Winkelman, 2021 einen Überblick.

143 Siehe dazu die Beschreibungen des schamanischen Praktikers Davi Kopenawa vom Volk der Yanomami in Kopenawa & Albert, 2013. Ein Überblick und eine Kategorisierung solcher Geisteszustände findet sich bei Winkelman, 2009. Zu pharmakologischen und psychiatrischen Untersuchungen dieser Zustände vergleiche Strassman, 2000.

144 Beschrieben bei Da Costa Oliveira, 2015.

145 Sünner, 2020.

146 Vergleiche Viveiros de Castro, 1998; Viveiros de Castro, 2002.

147 Fischermann & Tenharim, 2018.

148 Capredon, 2016; Wright, 1999. Auch Koch-Grünberg (Koch-Grünberg, 1921) berichtete von solchen messianischen Bewegungen.

149 Koch-Grünberg, Südamerikanische Felszeichnungen, 1907.

150 Diese Hypothese ist nicht so unwahrscheinlich, wie sie vielleicht beim ersten Lesen klingt, allerdings hängt das auch von der Definition ab, was eine »Hochkultur« ist. Der Archäologe Carlos Augusto da Silva unterhält an der Amazonas-Universität in Manaus eine ganze Sammlung von Fundstücken aus dem Amazonasraum, die jahrtausendealt sind und auf erstaunlich weit entwickelte kulturelle Kenntnisse hindeuten, etwa mathematische Muster auf Keramiken oder sogar Arten früher Schriftzeichen. Über diese untergegangenen Kulturen ist in der Regel nichts bekannt (da Silva, 2016).

151 Die Gegend um São Gabriel ist immer wieder Zielort für New-Age-Pilgerer und Ufo-begeisterte Touristen geworden (Timmermann et al., 2018; Batista & Sabbag, 2006).

152 Berichte über Tatunca Nara sind zu einem eigenen Genre des deutschen Amazonas-Journalismus geworden, einen guten Überblick haben vor einigen Jahren die Journalisten Alexander Smoltczyk und Jens Glüsing im *SPIEGEL* veröffentlicht (Smoltczyk, 2014).

153 Siehe beispielsweise die Arbeiten von Eduardo Neves (Neves, 1999), der dem Feld durch neue Hypothesen über eine massenhafte Besiedlung des Amazonasraums in früheren Epochen sowie durch den Einsatz neuer technischer Forschungsmethoden einen Anstoß gab. Die Ausgrabungsarbeiten des US-amerikanischen Archäologen Michael Heckenberger, der in der östlichen Amazonasregion rings um den Rio Xingu auf überraschend komplexe Anlagen stieß (Heckenberger & Góes Neves, 2009), inspirierte später ein Buch (Grann, 2009) und sogar einen Spielfilm namens *The Lost City of Z* (Gray, 2016). An der Amazonas-Universität in Ma-

naus hat der Archäologe Carlos Augusto da Silva eine außergewöhnliche Sammlung von Werkzeugen und Keramik zusammengetragen, die teilweise viele Tausend Jahre alt sind und auf vergessene, einst hoch entwickelte Kulturen hindeuten (da Silva, 2016). Neves, Heckenberger und da Silva wurden für dieses Buch interviewt.

154 Siehe beispielsweise die Reiseerlebnisse des Conquistadoren Francisco Orellana, dessen Leben von dem US-amerikanischen Autoren Buddy Levy in einer spannenden Biografie beschrieben wird (Levy, 2011).

155 Der Autor Douglas Preston (Preston, 2013) bezeichnete die neuen Gerätschaften der Forscher einmal ironisch als »El-Dorado-Maschinen«.

156 Frühzeitig griff das beispielsweise der britische *Guardian* auf (Phillips, 2010). Seit vielen Jahren schon erscheinen regelmäßig Berichte über rätselhafte Entdeckungen im Regenwald und Spekulationen über ihre Geschichte. Das reicht von wissenschaftsnahen Publikationen bis zur Boulevardpresse wie der britischen *The Sun* (Murphy, 2017).

157 Diese These wird bei (Neves, 1999) besonderes ausführlich dargelegt.

158 Guy, 2020.

159 Da Silva, 2010.

160 Siehe dazu beispielsweise Hermenegildo, O'Connell, Guapindaia & Neves, 2017 und Levis, Costa, Bongers & Peña-Claros, 2017.

161 Siehe dazu unter anderem The Archive of the Indigenous Languages of Latin America, 2020.

162 Instituto Socioambiental, IPHAN & Ministerio de Cultura de Colombia, 2014; Cabalzar, 2010.

163 Trefaut, 2013.

Verwendete Literatur

Abraão, M., Shepard Jr., G., Nelson, B., Baniwa, J., Andrello, G. & Yu, D. (2009). Baniwa Vegetation Classification in the White-Sand Campinarana Habitat of the Northwest Amazon. *Landscape Ethnoecology*, 83ff.

Andrello, G. (Hrsg.). (2012). *Rotas de Criação e Transformação: Narrativas de Origem dos Povos Indígenas do Rio Negro*. São Gabriel da Cachoeira: FOIRN/ISA.

Andrello, G. & Wright, R. M. (12. September 2018). *Instituto Socioambiental*. Von Povos Indígenas no Brasil: Baniwa: https://pib.socioambiental.org/pt/Povo:Baniwa abgerufen am 12.07.2021.

Baniwa, M. & Baniwa, P. (Regisseure). (2011). *Podáali: Um Documentário da Música Baniwa* [Kinofilm].

Bassnett, S. & Trivedi, H. (Hrsg.). (1998). *Postcolonial Translation: Theory and Practice*. London: Routledge.

Bataille, G. (1973). *Théorie de la Religion*. Paris: Gallimard.

Batista, A. & Sabbag, A. R. (2006). *Turismo e Ufologia: Ufo Turismo*. Brasília: Dissertation.

Blanes, R. & Espírito Santo, D. (2014). *The Social Life of Spirits*. Chicago/London: The University of Chicago Press.

Brightman, M., Fausto, C. & Grotti, V. (Hrsg.). (2016). *Ownership and Nurture: Studies in Native Amazonian Property Relations*. New York: Berghahn.

Buchillet, D. (2013). Mythology, Shamanism and Epidemic Diseases: A View from the Upper Rio Negro Region. In P. Epps & K. Stenzel, *Upper Rio Negro: Cultural and Linguistic Interaction in Northwestern Amazonia* (S. 441–474). Rio de Janeiro: Museu Nacional/Museu do Índio/Funai.

Burroughs, W. S. & Ginsberg, A. (1963). *The Yage Letters*. San Francisco: City Lights Books.

Butler, R. A. (16. 8 2020). Rainforest Information. *Mongabay*. Abgerufen am 12.07.2021 von Amazon Destruction: https://rainforests.mongabay.com/amazon/amazon_destruction.html

Cabalzar, A. (Hrsg.). (2010). *Manejo do Mundo: Conhecimentos e Práticas dos Povos Indígenas do Rio Negro, Noroeste Amazônico.* São Paulo und São Gabriel da Cachoeira: ISA/FOIRN.

Capredon, E. (2016). *Les Églises autonomes. Évangélisme, chamanisme et mouvement indigène chez les Baniwa de l'Amazonie brésilienne.* Paris: Dissertation.

Capredon, E. (5/8 2018). Derrota Interna, Sucesso Exterior: A Patrimonialização do Xamanismo entre os Baniwa (Alto Rio Negro – Amazonas). *Horiz. Antropol., 24*(51), 105-134.

Castaneda, C. (1968). *The Teachings of Don Juan: A Yaqui Way of Knowledge.* Berkeley: University of California Press.

Castro Fernandes, A. & Moura Fernandes, D. (2006). *Bueri Kãdiri Marîriye: Os Ensinamentos que não se Esquecem.* Santo Antônio: UNIRT/FOIRN.

Castro Fernandes, A. & Moura Fernandes, D. (1996). *A Mitologia Sagrada dos Desana-Wari Dihputiro Põrã.* Cucura do Igarapé Cucura und São Gabriel da Cachoeira: UNIRT/FOIRN.

Cavalcante Gomes, D. M. (1/2007). The Diversity of Social Forms in Pre-Colonial Amazonia. *Revista de Arqueología Americana, 25.*

Clarke, A. C. (1962). Hazards of Prophecy: The Failure of Imagination. In *Profiles of the Future: An Enquiry into the Limits of the Possible.* New York: Harper & Row.

Conselho Indigenista Missionário. (2020). *Relatório: Violência Contra os Povos Indígenas no Brasil: Dados de 2019.* Brasiília: CIMI.

Cornelio, J. M., Fontes, R., Da Silva, Manuel, Da Silva, Marcos, Manuel, L., Da Silva, I. & Maria. (1999). *Waferinaipe Ianheke: A Sabedoria dos Nossos Antepassados. Histórias dos Hohodene e dos Walipere-Dakenai do Rio Aiari.* São Gabriel da Cachoeira: ACIRA/FOIRN.

da Costa Oliveira, T. L. (2015). *Os Baniwa, Os Artefatos e a Cultura Material no Alto Rio Negro.* Rio de Janeiro: Doktorarbeit.

da Silva, C. A. (2010). *A Dinâmica do Uso da Terra nos Locais Onde Há Sítios Arqueológicos: O Caso da Comunidade Cai N´Água, Manaquiri-AM*. Manaus: Dissertation.

da Silva, C. A. (2016). *Área de Interface Ceramista Pretérita: A Coleção Arqueológica José Alberto Neves*. Manaus: Dissertation.

Dutra, R. C., Campos, M. M., Santos, A. R. & Calixto, J. B. (10/2016). Medicinal Plants in Brazil: Pharmacological Studies, Drug Discovery, Challenges and Perspectives. *Pharmacol Res.*

Elena, M. (Vol. 13 2918). Documenting Ritual Songs: Best Practices for Preserving the Ambiguity of Alto Perené (Arawak) Shamanic Pantsantsi ›Singing‹. *Language Documentation & Conservation*, S. 197–230.

Emde, H. (2020). *Abenteuer Artenschutz: Als Tierärztin im Dschungel*. München: Malik.

Fausto, C. (2000). Of Enemies and Pets: Warfare and Shamanism in Amazonia. *American Ethnologist, 26*(4), 933–956.

Fausto, C. (2001). *Warfare and Shamanism in Amazonia*. Cambridge: Cambridge University Press.

Fausto, C. (2008). Donos Demais: Maestria e Domínio na Amazônia. *Mana, 14*(2), S. 329–366.

Fischermann, T. (27. August 2015). Im Rausch der Zerstörung: Tief im Amazonaswald wird illegal nach Gold gesucht. Eine Drecksarbeit für die Schürfer, ein Todesurteil für die Umwelt. Wer profitiert von diesem Geschäft? *DIE ZEIT.*

Fischermann, T. (17. September 2015). Macht Seife hier krank? *DIE ZEIT.*

Fischermann, T. (28. November 2018). Hipana im Amazonaswald: In der Heimat der Zauberer. *ZEIT Magazin.*

Fischermann, T. (23. Januar 2019). Dr. med. Schamane: Lassen sich traditionelle Heilmethoden und moderne Medizin versöhnen? *DIE ZEIT.*

Fischermann, T. (29. 8 2019). Ein Dschungel wird abgewickelt. *DIE ZEIT.*

Fischermann, T. (30. 5 2020). Jetzt wird das Amazonasgebiet geplündert. *ZEIT ONLINE.*

Fischermann, T. & Tenharim, M. (2018). *Der letzte Herr des Waldes.* München: C. H. Beck.

Fischermann, T., Klopp, T. & Vowinckel, A. (2018). Die Jaguar-schamanen sterben aus. Deutschlandfunk [Radiofeature].

Fotiou, E. (2010). Encounters with Sorcery: An Ethnographer's Account. *Anthropology and Humanism, 35*(2), 192–203.

Frantz, R. A. (2014). Índios e Missionários: A Continuidade do Massacre. Arbeitspapier.

Fundação Nacional do Índio. (Kein Datum). *Povos Indígenas Isolados e de Recente Contato.* Abgerufen am 12.07.2021 von FUNAI: http://www.funai.gov.br/index.php/nossas-acoes/povos-indigenas-isolados-e-de-recente-contato?limitstart=0#

Gallegos, R. (1977/1935). *Canaíma.* Madrid: Espasa-Calpe.

Girard, O. & Martens, L. (Regisseure). (2019). *The Twelve: A Tale of Wisdom and Unity* [Kinofilm].

Grann, D. (2009). *The Lost City of Z: A Tale of Deadly Obsession in the Amazon.* New York: Vintage.

Gray, J. (Regisseur). (2016). *The Lost City of Z* [Kinofilm].

Gómez de la Espriella, C. (Regisseur). (2006). *Las Advertencias de Mandú* [Kinofilm].

Guy, J. (2. Dezember 2020). *Spectacular Eight-Mile Frieze of Ice Age Beasts Found in Amazon Rainforest.* Von CNN: https://edition.cnn.com/style/article/amazon-rainforest-ice-age-paintings-scli-intl/index.html abgerufen am 12.07.2021.

Hance, J. (24. 6 2015). Amazon Tribe Creates 500-Page Traditional Medicine Encyclopedia. *Mongabay.* Von: https://news.mongabay.com/2015/06/amazon-tribe-creates-500-page-traditional-medicine-encyclopedia/ abgerufen am 12.07.2021.

Harner, M. (1980). *The Way of the Shaman.* New York: Harper.

Heckenberger, M. J. (2004). *The Ecology of Power: Culture, Place and Personhood in the Southern Amazon, AD 1000–2000.* New York: Routledge.

Heckenberger, M. & Góes Neves, E. (11. 6 2009). Amazonian Archaeology. *Annual review of Anthropology, 38*:251–266.

Hermenegildo, T., O'Connell, T. C., Guapindaia, V. L. & Neves, E. G. (2017). New Evidence for Subsistence Strategies of Late

Pre-Colonial Societies of the Mouth of the Amazon Based on Carbon and Nitrogen Isotopic Data. *Quaternary International*.

Humboldt, A. von (2015/1816–1831). *Reise in die Äquinoktial-Gegenden des Neuen Kontinents*. (H. Hauff, Hrsg.) eClassica.

Instituto Socioambiental. (23.12.2009). *Inaugurada Escola de Xamãs no Rio Aiari, na Terra Indígena Alto Rio Negro (AM)*. Von Instituto Socioambiental: https://site-antigo.socioambiental. org/ abgerufen am 12.07.2021.

Instituto Socioambiental, IPHAN & Ministerio de Cultura de Colombia (Hrsg.). (2014). *Cartografia dos Sítios Sagrados: Iniciativa Binacional Brasil-Colômbia/Primeiro informe de Avanços*. São Paulo/Brasília/Bogotá.

Iubel, A. F. (2015). »Gestão Indígena« na Prefeitura de São Gabriel da Cachoeira: Alianças, Expectativas e Transformações Políticas. *Revista de Antropologia da UFSCar, 7*(2), 79–97.

Jackson, J. (1995). Preserving Indian Culture: Shaman Schools and Ethno-Education in the Vaupés, Colombia. *Cultural Anthropology, 10*(3), 302–329.

Jobs, S. & Mackenthun, G. (2013). *Agents of Transculturation: Border-Crossers, Mediators, Go-Betweens: Cultural Encounters and the Discourses of Scholarship*. Münster: Waxman.

Kapfhammer, W. (1996). *Große Schlange und Fliegender Jaguar: Zur mythologischen Grundlage des rituellen Konsums halluzinogener Drogen in Südamerika*. Neulengbach: Holos.

Koch-Grünberg, T. (1907). *Südamerikanische Felszeichnungen*. Berlin: Ernst Wasmuth.

Koch-Grünberg, T. (1921). *Zwei Jahre bei den Indianern Nordwest-Brasiliens*. Stuttgart: Strecker und Schröder.

Koch-Grünberg, T. (1927). *Indianermärchen aus Südamerika* (Berliner 2014 Ausg.). Jena: Holzinger.

Kopenawa, D. & Albert, B. (2013). *The Falling Sky: Words of a Yanomami Shaman*. (N. Elliott & A. Dundy, Übers.) Boston: Harvard University Press.

Lagrou, E. (5/8 2018). Anaconda-Becoming: Huni Kuin Image-Songs, and Amerindian Relational Aesthetics. *Horiz. Antropol.*, 24(51), 17–49.

Langdon, J. M. (1992). *Portals and Power: Shamanism in South America*. (G. Baer, Hrsg.) Albuquerque: University of New Mexico Press.

Levis, C., Costa, F., Bongers, F. & Peña-Claros, M. (3. 3 2017). Persistent Effects of Pre-Columbian Plant Domestication on Amazonian Forest Composition. *Science*, 355:925–931.

Lévi-Strauss, C. (1955). *Tristes Tropiques* (revidierte 2012 Ausg.). (J. Weightman & D. Weightmann, Übers.) London: Penguin Classics.

Lévi-Strauss, C. (1963). The Sorcerer and His Magic. In C. Lévi-Strauss, *Structural Anthropology* (S. 167–85). New York: Basic Books.

Lévi-Strauss, C. (1978). *Myth and Meaning*. London: Routledge.

Levy, B. (2011). *River of Darkness: Francisco Orellana's Legendary Voyage of Death and Discovery Down the Amazon*. New York: Bantam.

Lopes da Silva, A. (Hrsg.). (2018). *Baniwa Jiquitaia Pepper: Pimenta Baniwa Jiquitaia*. São Gabriel da Cachoeira/São Paulo: OIBI/FOIRN.

Lovejoy, T. E. & Nobre, C. (2019). Amazon tipping Point: Last Chance for Action. *Science Advances*(5).

Müller, K. E. (1997). *Schamanismus: Heiler, Geister, Rituale*. München: C. H. Beck.

Maisonnave, F. (24. 6 2018). Assesor de Temer Tenta Explorar Minério Raro em Terra Indígena. *Folha de São Paulo*.

Maisonnave, F. (24. 5 2018). Índio, Prefeito Petista Flerta com Bolsonaro. *Folha de São Paulo*.

Makarieva, A. M. & Gorshkov, V. G. (2010). The Biotic Pump: Condensation, Atmospheric Dynamics and Climate. *International Journal of Water*, 5(4), S. 365–385.

Meira, M. (2018). *A Persistência do Aviamento: Colonialismo e História Indígena no Noroeste Amazônico*. São Carlos: Editora da Universidade Federal de São Carlos.

Milanez, F. (23. 7 2008). Contágio nas Matas. *Carta Capital*, 34–37.

Milanez, F. (11. 9 2013). Em Defesa das Almas Indígenas. *Política*.

Monod, J. (1976). Os Piaroa e o Invisível. In V. P. Coelho, *Os Alucinógenos e o Mundo Simbólico*. São Paulo: EDUSP.

Muller, S. (2018/1952). *Beyond Civilization*. Muriwai Books.

Murphy, M. (8. 3 2017). The Mysterious Amazon Forest Was Actually a Massive Experiment that Got Out of Hand 8000 Years Ago. *The Sun*.

Museu do Índio, Rio de Janeiro. (2015). *Reconhecimento dos Rios Içana, Ayari e Uaupés: Apontamentos Linguísticos e Fotografias de Curt Nimuendajú*. Rio de Janeiro: Editora UFPE.

Narby, J. (2001). *Die Kosmische Schlange: Auf den Pfaden der Schamanen zu den Ursprüngen modernen Wissens*, aus dem Englischen von Sabine Mehl. Stuttgart: Klett-Cotta.

Neves, E. G. (1999). Changiung Perspectives in Amazonian Archaeology. In G. G. Politis & B. Alberti, *Archaeology in Latin America*. London/New York: Routledge.

Niranjana, T. (1992). *Siting Translation: History, Post-Structuralism, and the Colonial Context*. Oakland: University of California Press.

Nobre, C. A., Marengo, J. A. & Soares, W. R. (Hrsg.). (2019). *Climate Change Risks in Brazil*. Cham: Springer.

Oliveira Montardo, D. L. (2011). A Música Indígena no Mundo dos Projetos: Etnografia do Projeto »Podáali – Valorização da Música Baniwa«. *Revista Transcultural de Música, 15*.

Organização Indígena da Bacia do Içana (OIBI). (2015). *Arte Baniwa: Cestaria de Arumã*. São Gabriel da Cachoeira und São Paulo: OIBI/FOIRN/ISA.

Phillips, T. (10. 11 2010). Stone Age Etchings Found in Amazon Basin as River Levels Fall: Drought in Brazil Reveals Engravings up to 7000 Years Old – Evidence of an Ancient Civilisation. *Guardian*.

Plotkin, M. J. (2020). *The Amazon: What Everyone Needs to Know*. New York: Oxford University Press.

Pollan, M. (2018). *How to Change Your Mind: The New Science of Psychedelics*. London: Allen Lane.

Pozzobon, J. (1999/2018). *Etnias Maku*. Von ISA: Povos Indígenas no Brasil: https://www.indios.org.br/en/Povo:Hupda abgerufen am 12.07.2021.

Pozzobon, J. (2002). *Vocês, Brancos, Não Têm Alma. Histórias de Fronteiras*. Belém: Museu Paraense Emilio Goeldi.

Preston, D. (29. 4 2013). The El Dorado Machine: A new scanner's rain-forest discoveries. *New Yorker*.

Ramirez, H. (2001). *Dicionário da Língua Baniwa*. Manaus: Editora da Universidade do Amazonas.

Ribeiro, M. F. (9. 6 2017). *Estadão: Eu na Floresta: Quem são e Como Vivem os Povos da Amazônia*. Von Primeiro Centro de Medicina Indígena da Amazônia é inaugurado em Manaus: https://sustentabilidade.estadao.com.br/blogs/eu-na-floresta/centro-medicina-amazonia/ abgerufen am 12.07.2021.

Rodd, R. (2003). Märipa: To Know Everything: The Experience of Power as Knowledge Derived from the Integrative Mode of Consciousness. *Anthropology of Consciousness, 14*(2), S. 60–88.

Rodd, R. (2004). *The Biocultural Ecology of Piaroa Shamanic Practice*. Perth: Dissertation.

Sünner, R. (Regisseur). (2020). *Wildes Denken: Europa im Dialog mit spirituellen Kulturen der Welt* [Kinofilm].

Sahlins, M. (2017/1972). *Stone Age Economics*. Oxon: Routledge Classics.

Sander, D. (15. 12 2018). Plötzlich sprachen die Bäume. *DER SPIEGEL*, S. 101–102.

Schultes, R. E., Hofmann, A. & Rätsch, C. (1998). *Plants of the Gods: Their Sacred, Healing and Hallucinogenic Powers*. Rochester: Healing Arts Press.

Schultz, M. (Regisseur). (2010). *The Spirit Molecule* [Kinofilm].

Scuro, J. & Rodd, R. (2015). Neo-Shamanism. In *Encyclopedia of Latin American Religions*. Switzerland: Springer International Publishing.

Secretaria de avaliação e Gestão da informação; Ministério do desenvolvimento social e combate à fome. (2015). *Estudos Etnográficos Sobre o Programa Bolsa Família entre Povos Indígenas*. Brasilia.

Shanon, B. (2003). Os Conteúdos das Visões da Ayahuasca. *Mana, 9*(2).

Siemens, C. v. (2018). *Der Tempel der magischen Tiere: Drei Reisen.* München: Malik.

Smoltczyk, A. (2014). Ich bin Tatunca. Punkt. *DER SPIEGEL* (27).

SOS Orinoco. (Januar 2019). *Gold Mining Activity in Yapacana National Park.* Von https://sosorinoco.org/wp-content/uploads/2020/07/PNY_EN_20190314.pdf abgerufen am 12.07.2021.

Steffens, D. & Habekuß, F. (2020). *Über Leben: Zukunftsfrage Artensterben: Wie wir die Ökokrise überwinden.* München: Penguin.

Strassman, R. (2000). *DMT: The Spirit Molecule: A Doctor's Revolutionary Research into the Biology of Near-Death and Mystical Experiences.* Rochester: Park Street Press.

The Archive of the Indigenous Languages of Latin America. (2020). Von https://ailla.utexas.org abgerufen am 12.07.2021.

Thomas, N. & Humphrey, C. (Hrsg.). (1996). *Shamanism, History, & the State.* Ann Arbor: University of Michigan Press.

Timmermann, C., Roseman, L., Williams, L., Erritzoe, D., Martial, C., Cassol, H., ... Carhart-Harris, R. (2018). DMT Models the Near-Death Experience. *Frontiers in Psychology, 9.*

Tramacchi, D. (2006). *Vapours and Visions: Religious Dimensions of DMT Use.* Queensland: Dissertation.

Trefaut, M. d. (2013). *Dona Brazi: Cozinha Tradicional Amazônica.* São Paulo: BEÍ.

Viana, N. (15. 5 2015). São Gabriel e Seus Demônios. *Agência Pública.*

Vianna, B. & Jackson, J. (2013). De Deslocamentos e Alter-Ações. Os Ataques Yóopinai e os Sentidos da Doença entre os Baniwa. In M. M. Amoroso, *Paisagens Ameríndias. Lugares, Circuitos e Modos de Vida na Amazônia.* São Paulo: Editora Terceiro Nome.

Vidal, S. M. (2000). Kuwé Duwákalumi: The Arawak Sacred Routes of Migration, Trade, and Resistance. *Ethnohistory, 47*(3-4), 635-667.

Vidal, S. M. (2003). The Arawak-Speaking Groups of Northwestern Amazonia, Amerindian Cartography as a Way of Preserving the Past. In N. L. Whitehead, *Histories and Historicities in Amazonia.* Lincoln and London: University of Nebraska Press.

Vidal, S. M. & Whitehead, N. L. (2004). Dark Shamans and the Shamanic State: Sorcery and Witchcraft as Political Process in Guyana and the Venezuelan Amazon. In N. L. Whitehead & R. M. Wright, *The Anthropology of Assault Sorcery and Witchcraft in Amazonia* (S. 51–82). Durham: Duke University Press.

Viveiros de Castro, E. (1996). Images of Nature and Society in Amazonian Ethnology. *Annu. Rev. Anthropol.*(25), S. 179–200.

Viveiros de Castro, E. (Vol. 4 1998). Cosmological Deixis and Amerindian Perspectivism. *Journal of the Royal Anthropological Institute.*

Viveiros de Castro, E. (2002). *A Inconstância da alma selvagem – e outros ensaios de antropologia.* São Paulo: Cosac & Naify.

Viveiros de Castro, E. (2004). Perspectival Anthropology and the Method of Controlled Equivocation. *Tipití: Journal of the Society for the Anthropology of Lowland South America, 2*(1).

Wallace, S. (2011). *The Unconquered: In Search of the Amazon's Last Uncontacted Tribes.* New York: Broadway Books.

Whitehead, N. L. (Hrsg.). (2003). *Histories and Historicities in Amazonia.* Lincoln and London: University of Nebraska Press.

Whitehead, N. L. & Wright, R. M. (Hrsg.). (2004). *In Darkness and Secrecy: The Anthropology of Assault Sorcery and Witchcraft in Amazonia.* Durham/London: Duke University Press.

Winkelman, M. (2007). Shamanic Guidelines for Psychedelic Medicines. In M. Winkelman & T. Roberts, *Psychedelic Medicine: New Evidence for Hallucinogenic Substances as Treatments, Vol 2* (S. 143–167). Westport: Praeger/Greenwood.

Winkelman, M. (2009). Shamanism: Ancient and Future Survival. In M. C. Bronson & T. R. Fields, *So What? Now What? The Anthropology of Consciousness Responds to a World in Crisis* (S. 204–229). Newcastle upon Tyne: Cambridge Scholars Publishing.

Winkelman, M. J. (2021). Anthropology, Shamanism, and Hallucinogens. In C. S. Grob, *Handbook of Medical Hallucinogens* (S. 46ff). New York: The Guildford Press.

Wright, R. M. (1998). *Cosmos, Self, and History in Baniwa Religion: For Those Unborn.* Austin: University of Texas Press.

Wright, R. M. (2004). The Wicked and the Wise Men: Witches and Prophets in the History of the Northwest Amazon. In N.L. Whitehead & R. M. Wright, *In Darkness and Secrecy: The Anthropology of Assault Sorcery in Amazonia* (S. 82–109). Durham: Duke University Press.

Wright, R. M. (2017). As Tradições Sagradas de Kuwai Entre os Povos Aruaque Setentrionais: Estruturas, Movimentos e Variações. *Mana, 23*(3), 311–355.

Wright, R. M. (2018). *»A Joyful Place«: Baniwa Jaguar Shaman's Songs and Historical Change.* Gainesville: Arbeitspapier.

Wright, R. M. (1999). O Tempo de Sophie: História e Cosmologia da Conversão Baniwa. In R. M. Wright, *Transformando os Deuses: Os Múltiplos Sentidos da Conversão entre os Povos Indígenas no Brasil.* Campinas: Editora da Unicamp.

Wright, R. M. (2013). *Mysteries of the Jaguar Shamans of the Northwestern Amazon.* Lincoln and London: University of Nebraska Press.

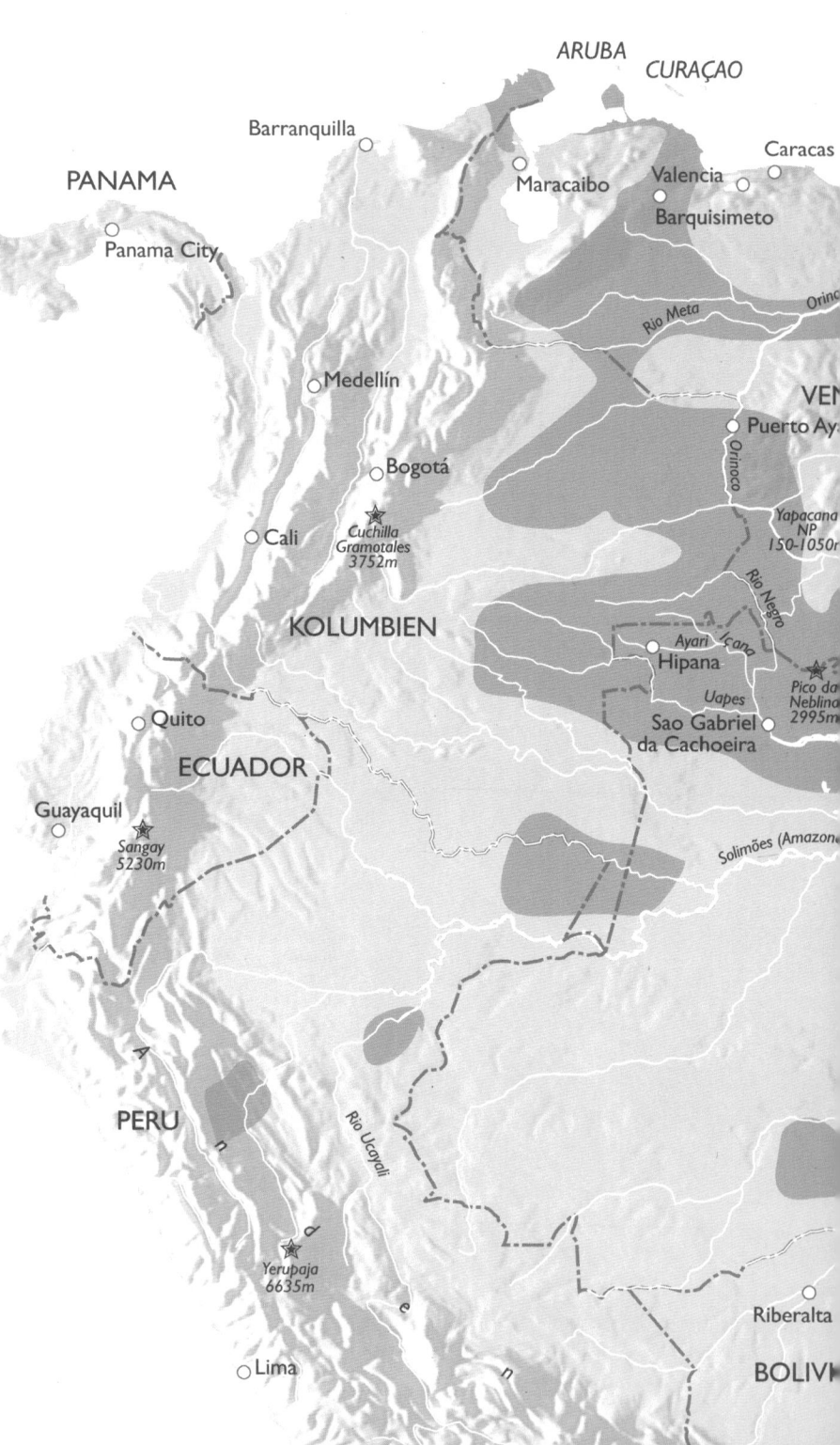